Bertrand Piccard
Die richtige Flughöhe

PIPER

Zu diesem Buch

Bertrand Piccard begeisterte mit seiner Weltumrundung in einem Ballon und vielen weiteren Flugexperimenten. Doch er ist nicht nur Flugexperte und Abenteurer der Lüfte, sondern er arbeitet auch seit vielen Jahren als Psychiater. In diesem Buch entwickelt er aus diesen beiden Erfahrungen heraus wertvolle Gedankenanstöße: Wie gehen wir damit um, wenn uns der Wind des Lebens kräftig durchschüttelt und in eine bestimmte Richtung treibt? Wie reagieren wir auf unvorhergesehene Ereignisse? Wie können wir mit der Unsicherheit des Lebens umgehen und wann ist es wichtig, auch mal die Kontrolle abzugeben? Wie sollten wir kommunizieren, um gute Beziehungen zu anderen Menschen aufzubauen? Welche Rolle spielt Spiritualität für uns? Piccard inspiriert dazu, sich mit Entdeckerfreude den großen Fragen des Lebens zu widmen und zeigt anhand vieler Beispiele und konkreter Vorschläge, wie sich jeder Mensch persönlich weiterentwickeln kann.

Bertrand Piccard, geboren 1958, stammt aus der berühmten Schweizer Forscher-Dynastie der Piccards. Er selbst umrundete 1999 zusammen mit Brian Jones als erster Mensch die Welt in einem Ballon. Heute hält der gelernte Facharzt für Psychiatrie weltweit Vorträge über Kommunikationspsychologie, Krisenmanagement und Stressbewältigung. 2015 startete Piccard das aufsehenerregende Projekt Solar Impulse – die Weltumrundung mit einem Solarflugzeug.

www.bertrandpiccard.com sowie www.solarimpulse.com

Bertrand Piccard

DIE RICHTIGE FLUGHÖHE

Wie wir Ballast abwerfen und
ein besseres Leben führen können

Aus dem Französischen
von Dietlind Falk und Lisa Kögeböhn

PIPER

Mehr über unsere Autoren und Bücher:
www.piper.de

Von Bertrand Piccard liegen im Piper Verlag vor:
Spuren am Himmel
Die richtige Flughöhe

Die Originalausgabe erschien 2014 unter dem Titel
»Changer d'altitude. Quelques solutions pour mieux vivre sa vie«
bei Éditions Stock, Paris.

MIX
Papier aus verantwortungsvollen Quellen
FSC® C083411

Ungekürzte Taschenbuchausgabe
ISBN 978-3-492-31085-7
Piper Verlag GmbH, München
August 2017
© Bertrand Piccard 2014
© der deutschsprachigen Ausgabe:
Piper Verlag GmbH, München 2015
Umschlaggestaltung: Agentur Rothfos & Gabler, Hamburg
Umschlagabbildung: Ludwig Rauch und Cultura RM/J J D/
GettyImages
Satz: Kösel Media GmbH, Krugzell
Gesetzt aus der Palatino
Druck und Bindung: CPI books GmbH, Leck
Printed in the EU

Für die Momente im Leben, in denen wir uns unserer inneren Stärke bewusst werden.

INHALT

Einführung von Matthieu Ricard   11
Vorwort – Sie, ein Buch und ich   16

GEFANGEN IM WIND DES LEBENS?   21
    Erste Vorstellungen   21
    Der Wind des Lebens   23
    Kontrolle, Kraft und Geschwindigkeit   26
    Die Angst vor dem Ungewissen   26
    Unsere Komfortzone   28
    Das Joch der Weltanschauung   31
    Kämpfen oder loslassen?   33

KONTROLLIEREN ... NUR WAS?   36
    Sich selbst kontrollieren?   36
    Die Philosophie des Risikos   43
    Der menschliche Computer   44
    Zu sich kommen   46

BESSER FUNKTIONIEREN OHNE KONTROLLE?   51
    Wie sollte man heilen?   51
    Das Ungewisse schätzen lernen   54
    Das Abenteuer ist eine Geisteshaltung   58
    Kein Zurück   61

STRESS ODER FATALISMUS? — 65
Sich gegen den Wind stemmen? — 65
Die Situation annehmen — 66
Die Situation verstärken — 76

WIE KÖNNEN WIR BALLAST ABWERFEN? — 80
Verändern, was sich verändern lässt — 80
Ballast abwerfen — 82
Das Gegenteil unserer Gewohnheiten — 85
Die Freiheit, alles zu denken — 90
Pioniergeist — 92
Die Bienen und die Wespen — 97
Ein bisschen Provokation? — 101

WELCHE REALITÄT? — 106
Die anderen sind unsere Projektionsfläche — 106
Eine Beziehung baut sich auf — 109
1 + 1 ergibt selten 2 — 111
1 + 1 = 3 — 113
Über die eigenen Gefühle sprechen — 118
Erfahrungen teilen — 120
Unendlich viele verschiedene Realitäten — 124
Drei Werkzeuge: Metapher – Umdeutung – Metakommunikation — 127
Sprachliche Perversionen — 131
Win-win — 134

HYPNOSE: METHODE ODER PHILOSOPHIE? — 137
Jenseits des Spektakulären — 137
Ein ganz natürliches Phänomen — 140
Sich in Trance versetzen — 142
Der *Safe Place* — 143
Trance atlantisch — 145
Sich selbst beobachten — 149
Das Leid verwässern — 151

Graduelle Veränderungen	153
Die zeitliche Regression	155
Von einem Trauma geheilt werden	159
Die zeitliche Progression	163
Negative Hypnose	165
Eine andere Umgangsweise	171
Mit dem Problem gehen	176
Die Bedeutung des Paradoxen	178
Ganzheitliche Heilung	182
Meteorologe der Therapie	183

WOFÜR SIND KRISEN GUT?	186
Ein gewisses Maß an Stress ist vorteilhaft	186
Zu viel Stress wirft uns aus der Bahn	188
Stecken bleiben und um sich schlagen	189
Welche Fragen sollte man sich stellen?	191
Streben nach einem besseren Gleichgewicht	192
Neue Fähigkeiten entwickeln	194
Befreiung aus festgefahrenen Situationen	196
Krise und Chance	199
Das Leid annehmen?	204

GIBT ES EINE PÄDAGOGIK DER SCHICKSALSSCHLÄGE?	209
Das Leid – ein Tabu?	209
Sinn und Leid	214
Was lernen wir aus dem Leiden?	218
Annäherung an das Wesentliche	219
Psychiatrie und Religion	229
Die Kluft zwischen Psychiatern und Patienten	231

RELIGION ODER SPIRITUALITÄT?	235
Der Wunsch nach Erkenntnis	235
Zu viele Dogmen	237
Häresie	242

Jenseits der Religionen	244
Die Welt ist dualistisch	247
Die Gnade	252
Zweifel und Spiritualität	256
Der Sinn von Ritualen	262
GIBT ES EINE ANDERE WELT?	266
Eine Welt, die über uns hinausgeht	266
Zwischen Masse und Energie	268
Die Entscheidung fürs Paradies	273
Zeichen und Synchronizität	278
ÖKOMANISMUS ALS ZIEL	293
Die Macht der Kurzfristigkeit	293
Einen persönlichen Vorteil finden	297
Die politische Kluft	305
Ökomanismus	308
Solar Impulse	309
Und was ist mit Ihnen?	312
Danksagung	314

EINFÜHRUNG VON MATTHIEU RICARD

An Bertrand Piccard bewundern wir seit jeher, dass er es geschafft hat, allein durch die Kraft seiner Vorstellung, seine Kreativität, sein Durchhaltevermögen und seinen Mut Träume wahr werden zu lassen. In *Die richtige Flughöhe* lässt er uns an den Früchten seiner Erkenntnis teilhaben – und dies mit einer erfrischenden Natürlichkeit. Ihm geht es nicht darum, Theorien darüber aufzustellen, wie wir unser Leben am besten planen können. Er berichtet von eigenen Erfahrungen, die ihm heute besonders hilfreich erscheinen und ohne Weiteres in die Tat umgesetzt werden können.

Dabei ruft er uns vor allem in Erinnerung, dass alle Unzufriedenheit im Leben hauptsächlich auf dem Fehler beruht, sich die Gegenwart anders zu wünschen, als sie ist. Ein sinnloses Unterfangen. Jeden Tag stehen wir an einer Kreuzung, und alle Wege führen zu einem neuen Ausgangspunkt für eine unvorhersehbare Zukunft, deren inspirierte Architekten wir sein können. Unsere Angst vor dem Ungewissen verblasst, wenn wir die innere Stärke finden, die Unwägbarkeiten des Lebens nicht länger zu bekämpfen. Hierfür, so schreibt Bertrand, müssen wir uns vom Joch unserer vorgefertigten Überzeugungen lösen, denn: »Die meiste Zeit halten uns nicht die Winde des Lebens gefangen, sondern unsere eigene Art zu denken und unsere Existenz zu begreifen.«

Unser Geist kann unser bester Freund oder unser schlimmster Feind sein, und die Qualität jedes gelebten Moments ist eng mit der Art verknüpft, wie wir die Welt wahrnehmen. Ganz gleich, was passiert, wir können die Dinge immer wieder neu erfahren, und es liegt an uns, ob wir sie in ein gutes oder schlechtes Gefühl verwandeln.

Bertrand wehrt sich dagegen, »alles zu kontrollieren, alle Fragen zu beantworten, sich beruhigende Überzeugungen zurechtzustricken und vorgefasste Erklärungen anzunehmen«.

Unsere Kontrolle über äußere Umstände ist begrenzt, flüchtig und häufig sogar illusorisch. So schwer diese Bedingungen auch wiegen: Ob es uns gut oder schlecht geht, hängt häufig davon ab, wie wir unsere Erfahrungen deuten. Wir müssen uns also fragen, welche inneren Voraussetzungen wir erfüllen müssen, um Freude am Leben zu haben, und wie wir sie nähren können. Unsere Weltsicht zu ändern erfordert keinen naiven Optimismus, ebenso wenig wie gekünstelte Euphorie, die nur dazu dient, Gegenwind zu neutralisieren.

»Im Leben«, so Bertrand, »widerfahren uns immer wieder Situationen, die wir nicht ändern können, und doch haben wir gelernt, sie abzulehnen, statt sie zu unserem Vorteil zu nutzen. [...] Das chinesische Schriftzeichen für ›Krise‹ macht uns zu ebendieser Mut. Es besteht aus zwei Elementen: Das erste steht für Risiko und Gefahr, während das zweite das Konzept einer Handlung ausdrückt, die man ausführt, oder einer Chance, die man ergreift.« Die Steine, die sich uns in den Weg legen, sind an sich nicht wünschenswert, können aber zu Katalysatoren von Veränderung werden, wenn man sie zu nutzen weiß. Sich von Schicksalsschlägen nicht aus der Bahn werfen zu lassen bedeutet nicht, dass sie uns nicht nahegehen oder dass sie uns nichts anhaben können, doch sie verbauen uns nun nicht mehr unser Leben. Von höchster Bedeutung ist es, weder Angst noch Mutlosigkeit die Oberhand gewinnen zu lassen. Shantideva, ein buddhistischer Meister aus dem 7. Jahrhundert, ruft uns dies ebenfalls ins Gedächtnis: »Wenn es eine Lösung gibt, wozu der Unmut? Wenn es keine Lösung gibt, wozu der Unmut?«

Das Gleiche gilt auch für das Leid. Bertrand zitiert eine Studie, in der an Krebs erkrankte Menschen die Frage beantworten: »Hatte der Krebs in irgendeiner Form einen positiven Einfluss auf Ihr Leben oder Ihr Lebensgefühl? Wenn ja, welchen?« Etwa die Hälfte aller Befragten bejahte und gab als positive Aspekte an: ein intensiveres und bewussteres Leben, mehr Verständnis für andere, ein besseres Verhältnis zum Partner, eine verstärkte innerliche wie auch soziale Selbstentfaltung.

Im Buddhismus ist Leid nicht wünschenswert. Dies bedeutet jedoch keineswegs, dass man es sich nicht *zunutze machen kann*, um menschlich und geistig zu wachsen, wenn das Leid unvermeidbar ist. Der Dalai Lama erklärt es immer wieder: »Tiefes Leid kann unseren Geist und unser Herz öffnen, und so öffnen wir uns unseren Mitmenschen.« Leid kann eine außergewöhnliche Erfahrung sein. Es führt uns den oberflächlichen Charakter unserer Alltagssorgen vor Augen – dass die Zeit unvermeidlich verstreicht, dass wir verletzlich sind –, und vor allem führt es uns vor Augen, was tief in unserem Inneren tatsächlich zählt.

Wie wir diese Wellen des Leids erleben, hängt hauptsächlich von unserer Einstellung ab. Anstatt von ihnen überrascht zu werden und in Trauer zu verfallen, sollte man sich mit ihnen vertraut machen und sich innerlich auf sie vorbereiten, denn sie sind unvermeidbar: Krankheiten beispielsweise oder das Alter und der Tod. Körperliches oder psychisches Leid kann ungeheuer groß sein, ohne deshalb unseren positiven Blick auf unsere Existenz zu brechen. Wenn wir erst einmal einen gewissen inneren Frieden gefunden haben, ist es viel leichter, unsere seelischen Zustände zu halten oder schnell wiederzufinden, selbst wenn wir mit außergewöhnlich schweren äußeren Umständen konfrontiert sind.

Erlangen wir diesen geistigen Frieden ganz einfach dadurch, dass wir ihn uns wünschen? Wohl kaum. Das Leben lässt sich nicht durch reines Wünschen bestreiten. Und so ist der innere Frieden ein seelischer Schatz, den man nicht ohne Anstrengung erlangt. Wenn wir uns jedoch von unseren persönlichen Problemen überrollen lassen, und seien sie auch noch so groß, sorgen wir nur dafür, dass sich unsere Situation verschlimmert und wir für die Menschen um uns herum zur Last werden. Sämtliche Umstände werden dann als Angriff interpretiert, wir wehren uns verbittert gegen unser Los, und das bis zu dem Punkt, an dem wir die Sinnhaftigkeit unserer Existenz anzweifeln. Deshalb ist ein gewisser innerer Friede von essenzieller Bedeutung. Ohne unsere Sensibilität, unsere Liebe und unseren Altruismus aufzugeben können wir uns dann auf die Tiefen unseres Seins verlassen.

Bertrand widmet einen Teil seines Werks der Lösung von Konflikten, indem man die Perspektive seines Gegenübers einnimmt, sich öffnet und Verständnis zeigt, um gemeinsam Lösungen zu finden und eine noch größere Kluft möglichst zu vermeiden. Ein chinesisches Sprichwort sagt, mit einer Hand könne man nicht klatschen. Ebenso wenig kann man sich mit jemandem streiten, der die Konfrontation gekonnt vermeidet. Wohlwollen und innere Ruhe sind die besten Mittel, um aufkommenden Konflikten den Nährboden zu entziehen.

»Die Freiheit«, so Bertrand, »die wirkliche Freiheit liegt nicht darin, alles tun zu können, sondern alles denken zu können. In alle Richtungen zu denken und auf allen Höhen gleichzeitig, grenzenlos.« Schon Mahatma Gandhi sagte: »Die äußere Freiheit, um die wir kämpfen, hängt von unserer inneren Freiheit ab. Wenn dies die richtige Auffassung von Freiheit ist, müssen wir uns vor allem einer Veränderung in uns selbst widmen.«

In den Siebzigerjahren traf ein Tibeter einen alten Meister, den auch ich schon besucht habe, in der Nähe von Darjeeling in Indien. Er erzählte ihm zunächst von all seinen vergangenen Leiden, gefolgt von einer Liste all seiner künftigen Sorgen. Währenddessen wendete der spirituelle Meister vor sich ein paar Kartoffeln auf einem kleinen Grill. Nach einer Weile sagte er zu seinem jammernden Gast: »Was reibst du dich so auf wegen etwas, das vergangen ist, und wegen Dingen, die noch gar nicht existieren?« Verdutzt schwieg der Gast und blieb lange Zeit wortlos bei dem Meister sitzen, der ihm ab und zu eine wohlschmeckende, knusprige Kartoffel reichte.

Innere Freiheit erlaubt es uns, die Schlichtheit des Augenblicks zu genießen, befreit von Vergangenheit und Zukunft. Sich von Erinnerungen nicht einnehmen zu lassen bedeutet nicht, dass man keine nützlichen Lehren aus vergangenen Erfahrungen ziehen kann. Und sich von Zukunftsängsten frei zu machen bedeutet nicht, dass man der Zukunft nicht mehr mit wachem Geist begegnen kann, sondern lediglich, dass man unnötige Ängste vermeidet.

Zu einer solchen Freiheit gehören eine gewisse Geistesgegenwart, Transparenz und Lebensfreude. Sie werden aber durch ständige Sorgen und schlechte Vorstellungen unmöglich gemacht werden. Sie erlauben uns, Dinge mit innerer Ruhe zu akzeptieren, ohne in Passivität oder Schwäche zu verfallen. So lassen sich *sämtliche* Lebensumstände nutzen, die guten wie die schlechten, da sie uns Raum zum persönlichen Wachstum geben. Wir können vermeiden, dass wir abgelenkt oder arrogant werden, wenn uns das Glück hold ist, oder deprimiert, wenn uns das Leben übel mitspielt. So sind wir, ohne unsere Seelenstärke und unseren inneren Frieden zu verlieren, in der Lage, uns fortwährend dem Wohl anderer Menschen zu öffnen und uns guten Zwecken zu widmen, die jedem Augenblick einen Sinn verleihen.

Matthieu Ricard

VORWORT –
SIE, EIN BUCH UND ICH

Wie beginnt man ein Buch, das vom Leben erzählen soll?

Nicht von dem Leben, das wir von der Geburt bis zum Tod verleben, ohne uns Fragen zu stellen. Auch nicht von dem alltäglichen Leben voller Gewohnheiten und Sicherheiten, in dem wir uns damit begnügen, nur auf das zu reagieren, was uns stört. Nein. Es soll von einem Leben erzählen, in dem wir verstehen wollen, wohin die Reise geht, unsere Existenz spüren, uns steigern, uns entwickeln wollen; in dem wir das unbestimmte Gefühl haben, dass es irgendwo einen höheren Bewusstseinszustand gibt, der uns zu mehr Leistungsfähigkeit, Intelligenz und Weisheit befähigt; in dem wir uns bemühen, eine harmonischere Beziehung zu einer Welt zu entwickeln, die normalerweise an uns vorüberzieht.

Ich würde Ihnen gern erzählen, was ich von diesem Leben weiß, was mich meine Erlebnisse als Psychiater, Abenteurer und Luftfahrer gelehrt haben.

Ich würde Ihnen gern etwas über Hypnose erzählen, über Kommunikation, Krisenmanagement, Religion, Spiritualität, über all die Dinge, die uns manchmal helfen können, durch die Unwägbarkeiten im Wind des Lebens zu navigieren.

Doch wie finde ich von Anfang an die richtigen Worte, um mich verständlich zu machen und den Leser, der sich häufig bereits beim Überfliegen der ersten Zeilen eine endgültige Meinung bildet, sofort in meinen Bann zu ziehen? Und wie kann ich jemanden in genau dem Gemütszustand berühren, in dem er sich beim Aufschlagen dieses Buches befindet? Wie kann ich es vermeiden, falsche Erwartungen zu wecken?

Wer sind Sie, und wonach suchen Sie in Ihrem Leben?

Sie interessieren sich sicher für Gesundheitstipps, denn wer tut das nicht? Sie wissen vielleicht, dass ich Psychiater bin, spezialisiert auf Hypnose. Sie könnten also hoffen, dies sei ein Buch über Therapiemöglichkeiten.

Wenn Sie Flieger sind, werden Sie mich als Luftfahrer kennen. Sie wissen, dass mir die erste Erdumrundung ohne Zwischenlandung mit einem Ballon, dem Breitling Orbiter 3, gelungen ist und dass ich Solar Impulse ins Leben gerufen habe, ein Projekt mit dem Ziel, die Erde mit einem Solarflugzeug zu umrunden. Sie erwarten also möglicherweise ein Werk, das sich mit der Luftfahrt beschäftigt.

Oder aber einen Abenteuerbericht, schließlich vertrete ich die dritte Generation einer Familie von Forschern, die sowohl die Stratosphäre als auch die Tiefseegräben erobert haben. Der Stratosphärenballon und der Bathyscaph finden allerdings nur in diesem Vorwort Erwähnung ...

Die Vorträge, die ich vor Unternehmern halte, könnten Sie zu der Annahme verleiten, ein Buch über Management in den Händen zu halten. Das wäre nicht völlig falsch, mit der Einschränkung, dass es sich in diesem Fall um persönliches und nicht um projektbezogenes Management handelt ...

Und wenn Sie eines der Interviews gehört haben, die ich zu meiner spirituellen Suche gegeben habe, stößt dieses Thema Sie entweder ab oder aber Sie brennen darauf, jeden meiner Gedanken zu hören, und sei er auch noch so unbedeutend. Weil meine Gedanken mit Ihren Existenzängsten und religiösen Fragen zu tun haben ...

Doch wie schaffe ich es, von alledem etwas anzusprechen, ohne mich auf eins dieser Themen festzulegen? Am liebsten wäre es mir, wenn Sie einfach alles vergessen, was Sie von mir zu wissen glauben, damit Sie entdecken können, was ich denke und warum ich schreibe. Womit ich Ihnen vielleicht sogar neue Schubladen liefere, in die Sie mich stecken können.

Alles hängt natürlich auch von dem Gemütszustand ab, in dem Sie dieses Buch aufschlagen. Wie fühlen Sie sich gerade? Fühlen Sie sich unverwundbar, geschützt durch Ihre Überzeugungen und Gewissheiten? Bemühen Sie sich, nichts an sich heranzulassen, um die Verletzlichkeit zu vermeiden, die mit Sensibilität unweigerlich einhergeht?

Oder aber lassen Sie Ihre ganz eigene Schwachstelle zu, die es Ihnen ermöglicht, Dinge zu hinterfragen, und erlauben ihr, ihre tief greifende und wohltuende Wirkung zu entfalten?

Ich wende mich an Sie in Ihrer ganzen Sensibilität. An das menschliche Wesen, das wir alle in unserem Inneren tragen, mehr oder weniger versteckt oder vergessen, das aber jedes Mal wieder zum Vorschein kommt, wenn wir krank oder verängstigt sind, wenn wir jemanden verlieren, der uns wichtig ist, wenn wir glauben, im Wind des Lebens vom Weg abgekommen zu sein; jedes Mal, wenn wir die Hoffnung verloren haben oder – aber das kommt selten vor – wenn wir uns fragen, woher wir kommen und wohin wir gehen, was wir auf dieser Erde tun, isoliert in einem Winkel des Weltalls, umgeben von Abermillionen von Sternen. Ja, da kann einem wirklich schwindelig werden! Haben Sie Lust, diesen Schwindel zuzulassen, diese Fragen zu leben und herauszufinden, wie Sie sich derart von ihnen erfüllen lassen können, dass Sie auf einmal spüren, wie Sie mit Ihrem gesamten Wesen existieren? Sie können diese Fragezeichen natürlich vergessen und dieses Buch auf der Stelle wieder zuschlagen, um sich zu beruhigen und Ihre Komfortzone wiederherzustellen. Sie können aber auch die Lektüre fortsetzen und herausfinden, wohin sie uns führt, Sie und mich.

Ich schreibe für die Männer und Frauen, die durch bestimmte Erfahrungen in ihrem Leben verletzlich geworden sind, die es wagen, sich anzuhören, was in ihnen und anderen vor sich geht. Für diejenigen, die noch so etwas wie kindliche Unschuld spüren können. Die die Verbindung aufrechterhalten zwischen dem, was sie einmal waren, und dem, was sie einmal werden möchten. Für all jene, die darunter leiden, die Zeit verstreichen zu sehen, ohne zu wissen, warum sie eigentlich am Leben sind. Ich wende mich an diejenigen, die sich freiwillig in einen Zustand der Aufnahmefähigkeit versetzen, der es zulässt, dass man sie in ihrem tiefsten Inneren berührt, jenseits aller Schutzmauern und Sicherheiten, aller Grundsätze und anderer Überzeugungen.

Ist es möglich, sich an alle gleichzeitig zu wenden, ob sie nun auf der Suche nach Therapie, Abenteuer, Forschungsberichten, Managementratschlägen oder Spiritualität sind, und den einfachen Fragen Raum zu geben, die wir so häufig zu umgehen versuchen? Wie können wir unseren Drang nach Selbstverwirklichung am besten ausleben? Mit uns selbst? Mit anderen? Mit dem Leben? Durch die Suche nach dem, was unserer Existenz, dem Leiden und dem Tod einen Sinn gibt?

Ich habe dieses Buch absichtlich mit einer Reihe von Fragezeichen begonnen. Fragen statt Aussagen, Zweifel statt Gewissheiten. Dies mag denjenigen bedrohlich erscheinen, die vergessen, dass Fragen immer Türen öffnen, während Überzeugungen oft Gefängnisse sind, und dass Antworten nur jenen zugänglich sind, die den Mut haben, Fragen zu stellen. Umso besser! Wir kommen nur weiter, wenn wir in Kauf nehmen, dass dieses Unterfangen uns ein wenig aus der gewohnten Bahn wirft.

Sie werden auf den folgenden Seiten also keine in Stein gemeißelten Antworten erhalten, lediglich einige Lösungsvorschläge, die auf meinen Erfahrungen oder denen meiner Patienten oder der Frauen und Männer beruhen, die mich inspiriert haben. Ich lade Sie ein, gemeinsam mit mir einige Gedankengänge zu verfolgen, um zu ergründen, wie unser Leben zu einem bereichernden Abenteuer werden kann.

Und ich würde mich freuen, wenn Sie mir nach der Lektüre von Ihren Eindrücken berichten. Sind einige Passagen womöglich unverständlich, einige Ansichten zu kategorisch, einige Beispiele wenig überzeugend? Zögern Sie nicht, mir mitzuteilen, wie ich mich klarer ausdrücken und hilfreicher für Sie als Leser sein kann. Auf diese Weise schreibe ich mein nächstes Werk mit Ihnen gemeinsam …

Bertrand Piccard
changerdaltitude@bertrandpiccard.com

GEFANGEN IM WIND DES LEBENS?

Ganz gleich, wie unsere jeweiligen Träume vom Glück und unsere Hoffnungen auf Erfolg auch aussehen mögen, gewisse Ereignisse im Leben treffen uns unvorbereitet und treiben uns wie mehr oder weniger turbulente Winde in Richtung Ungewissheit. Unsere Furcht vor Kontrollverlust führt dazu, dass wir uns an vermeintliche Gewissheiten klammern, dass wir uns gegen jegliche Art der Veränderung wehren und uns ständig abrackern, um zu bekommen, was wir wollen. Macht uns das glücklich?

Erste Vorstellungen

Ich weiß nicht, wie es Ihnen geht: Mich berührt es jedes Mal zutiefst, wenn ich höre, wie ein Kind von seiner Zukunft spricht, als würde sie in jedem Fall in dieser Form eintreten. Kinder unterscheiden nicht zwischen ihren Träumen und Hoffnungen und der Realität einer unbekannten Zukunft. Unabhängig vom Alter stellen sie sich vor, dass sie, »wenn sie einmal groß sind«, einen Beruf ausüben, der ihnen gefällt, dass sie reich, schön und tolle Mütter/Väter und Ehefrauen/Ehemänner sein werden. Sie sagen nicht, »falls« es so kommen sollte – für sie ist alles nur eine Frage der Zeit. Ich finde diese absolute Gewissheit in ihrer Vorstellung, dieses natürlich Urvertrauen, zugleich wunderbar und furchteinflößend. Sie wissen noch nichts von all den Stolpersteinen, die mit der menschlichen Existenz einhergehen: Unfälle, Krankheiten, Gewalt, Missgunst, Ungerechtigkeit. Mich fasziniert ihre Arglosigkeit, ihre zuversichtliche Naivität, die im totalen Gegensatz zu unserer Lebenswirklichkeit steht. Aber sie beunruhigt mich zugleich, denn in diesen frühen Vorstellungen liegt auch der Keim für Enttäuschung, Leid und kommende Desillusionierungen.

Dieselben Befürchtungen wecken in mir Eltern, die sich für ihre Kinder wünschen, dass sie glücklich, intelligent, lebensfroh und kerngesund sein mögen. Voller Zärtlichkeit und Liebe widmen sie sich ihren Sprösslingen und stehen den Abwegen des Schicksals trotz allem gänzlich machtlos gegenüber.

Ist es uns nicht allen früher so gegangen, haben wir nicht alle geglaubt, dass unser Leben genau unseren Vorstellungen entsprechen würde, dass alles im Leben glasklar wäre und die Zukunft ein Klacks? Erinnern Sie sich noch daran? Haben Sie noch Zugang zu diesen kindlichen Gefühlen? Akzeptieren Sie die Gefühle, die heute Ihr Handeln lenken?

So unterschiedlich wir auch sein mögen, vieles haben wir gemeinsam: Wir alle haben Träume und Hoffnungen, wir fühlen uns angesichts der Lebensrealitäten häufig verwundbar, wir hängen schönen Erinnerungen nach und ängstigen uns, weil die Zeit viel zu schnell vergeht.

Was ist aus uns und unseren Ambitionen geworden? Die Zeit ist vergangen und hat uns altern lassen. Wir sind verheiratet, verwitwet, geschieden oder alleinstehend, erfreuen uns guter Gesundheit, sind krank oder haben eine Behinderung. Das Leben hat sämtliche Abstufungen von gut bis schlecht für uns bereitgehalten. Wir haben einen Job oder sind arbeitslos, im Ruhestand, in Führungspositionen oder freischaffend. Wir sind arm oder einsam, oder mit viel Glück durch gute Chancen und harte Arbeit reich oder berühmt geworden. Neigen wir nicht dazu, uns auf Lorbeeren auszuruhen, die uns nur durch Zufall zuteilgeworden sind, oder anderen die Schuld für Enttäuschungen zuzuschieben, die wir durch unsere eigene Blindheit selbst zu verantworten haben? Häufig fragen wir nach dem Sinn der Schicksalsschläge, die uns ereilt haben, oder aber wir ergeben uns ihnen wie gelähmt und voller Fatalismus. All das macht uns glücklich, unglücklich oder gleichgültig, angriffslustig oder resigniert, vielleicht auch betäubt vom Leid.

Die Unschuld von damals ist still und leise dem Realismus gewichen, einer Mischung aus Zufriedenheit und Enttäuschung, Stolz und Frust, Glück und Trauer. Wir nennen das »Reife«. Muss es so sein, dass diese Reife unsere Träume zum Platzen bringt, sobald das Band zerschnitten ist, das uns mit dem Kind in uns verbindet?

Wie konnte es so weit kommen? Was ist in uns und um uns herum passiert, dass sich unsere Hoffnungen im Laufe der Zeit in Luft auflösen, bis es am Ende so scheint, als hätte es sie nie gegeben? Wieso verändern die Welt und das Leben uns so sehr? Diese Frage habe ich mir schon immer gestellt, und in diesem Buch will ich gemeinsam mit Ihnen darüber nachdenken.

Mir scheint, das Problem liegt nicht so sehr im Lauf der Zeit, sondern eher darin, wie der Wind des Lebens weht, wie wir ihm begegnen und vor allem, welche Richtung wir in ihm erkennen. Verstehen wir, wer oder was unsere Schritte lenkt, oder auch nicht? Wissen wir, woher wir kommen, wohin wir gehen und warum?

Der Wind des Lebens

Was diese Welt für uns bereithält, ist unvorhersehbar und ebenso unkontrollierbar wie der Wind. Auf gesellschaftlicher Ebene gilt das für Moden und Trends, Naturkatastrophen, Kriege oder die Börse. Aber auch die Erwartungen unserer Mitmenschen, politische Entscheidungen, finanzielle oder wirtschaftliche Krisen, die Folgen der Globalisierung oder der Klimawandel sind Beispiele dafür.

Auf persönlicher Ebene sind Gesundheit, Krankheit, Unfälle, Todesfälle, Begegnungen, Erfolge, Krisen, Enttäuschungen, Liebe und Glück so launisch wie der Wind.

Die meisten Ereignisse im Leben passieren unerwartet, sie treten überraschend ein, ohne dass wir uns auf sie hätten vorbereiten können, und wie der Wind treiben sie uns ins Ungewisse.

Zunächst einmal haben wir also allen Grund, uns vor dem Wind des Lebens in Acht zu nehmen …

Denken Sie an Ereignisse, die wir nicht kontrollieren können und die selbst die ruhigsten und stabilsten Existenzen aus der Bahn werfen. Oft braucht es so wenig, um alles ins Wanken zu bringen. Eine Krankheit, ein Unfall, eine schicksalhafte Begegnung oder eine Scheidung. Ein politischer oder sozialer Wandel. Eine Naturkatastrophe. Eine Finanzkrise.

Ganz gleich, wer wir sind, ob von den Lebensumständen getragen oder gebrochen, letztlich suchen wir alle nach Erfüllung. Wir bemühen uns, trotz der Turbulenzen alles so gut wie möglich zu meistern. Und so versuchen wir, alle nur möglichen Hebel in Bewegung zu setzen, um unsere Ziele zu erreichen, wir stemmen uns gegen Wind und Wetter, ganz gleich, ob wir von höchstem Ehrgeiz geleitet werden oder uns mit der Suche nach ein bisschen Glück zufriedengeben. Wir brauchen das nötige Werkzeug, um uns selbst zu entwerfen, wir müssen Handlungs- und Lebensstrategien entwickeln.

Nicht immer ist es einfach zu verstehen, worin unsere Verantwortung der Geschichte besteht. Wir werfen unserem Schicksal vor – manchmal zu Recht –, dass es uns keine idealen Erfolgsvoraussetzungen beschert hat, und ziehen daraus den Schluss, wir hätten nicht die geringste Chance, unsere Ziele zu erreichen. Also platzt der Traum, manchmal schon in der Kindheit: Wer nichts mehr zu verlieren hat, resigniert oder rebelliert.

Aber wir sollten nie vergessen, dass unsere Verantwortung nicht an die Situation geknüpft ist, in die wir geboren wurden, sondern an das, was wir daraus machen! Wer diese oberste Regel nicht versteht, der verdammt sich selbst zu einem Leben voller Frust und Klage.

Ich kann mir nicht vorstellen, dass wir verdient haben, was das Schicksal uns beschert – dafür müsste man an Wiedergeburt oder Karma glauben, und ich ziehe es vor, mich auf unser jetziges Leben zu beschränken, was schon kompliziert genug ist. Unser Umgang mit dem Schicksal liegt jedoch ganz und gar in unserer Hand.

Für unseren Lebensentwurf brauchen wir Strategien, doch in Wirklichkeit lernen wir oft nur Weltanschauungen. Wir müssen uns Verhaltensweisen aneignen, die uns helfen, mit uns selbst und anderen Menschen umzugehen. Wir müssen lernen, die Zeichen zu deuten, was mit uns passiert und wie wir damit umgehen können; wie wir erahnen können, was sich hinter dem Schleier des Sichtbaren verbirgt. Anstatt in festgefahrenen Ansichten zu verharren sollten wir anerkennen, dass es Tausende Arten von Wirklichkeiten und Denkweisen gibt. Sowohl in der Familie als auch in der Schule wird uns zu häufig eine einseitige Auffassung unserer Existenz beigebracht, und unsere Ansichten werden umso fester in uns verankert, je mehr wir diejenigen bewundern, die sie uns vermitteln. Ein Börsenbroker an der Wall Street, eine evangelikale Familie und ein militanter Gewerkschafter leben vielleicht auf demselben Planeten, aber nicht in derselben Welt. Ihre Version der Realität hängt von Bildungsgrad, Erfahrungen und Glaubenssätzen ab, die sich im Laufe der Zeit ergeben haben. Doch sie alle sind sicher, dass sie recht haben, und würden ihre Ansichten jederzeit verteidigen.

Kontrolle, Kraft und Geschwindigkeit

Welcher Mittel bedienen wir uns in der westlichen Welt, weil wir Weltbilder mit Handlungsstrategien verwechseln? Vor allem sind es wohl Kontrolle, Kraft und Geschwindigkeit, die wir nutzen, um unserer eigenen Auffassung von der Realität möglichst viel Platz einzuräumen.

Wir lernen, dass wir kämpfen müssen, um zu bekommen, was wir wollen, und allem anderen zu widerstehen. Wille und Mut werden zu wichtigen Fähigkeiten stilisiert, die dazu da sind, Hindernisse und Turbulenzen zu überwinden. Kraft und Kontrolle sollen uns befähigen, unsere Zukunft unseren Wünschen gleichzumachen. Und das alles mit größtmöglicher Geschwindigkeit – je schneller, desto besser.

Wir lernen, uns so zu verhalten, als hinge alles nur von uns ab, obwohl dies bei Weitem nicht der Fall ist. Dies lenkt uns von der Unvorhersehbarkeit des Lebens ab. Was die Menschen um uns herum brauchen, ist oft dem entgegengesetzt, was wir selbst brauchen. So verfallen wir automatisch in den Kampfmodus: Wer ist der Stärkste? Und sobald uns eine Situation einmal über den Kopf wächst, grübeln wir plötzlich über unsere geheimnisvolle Existenz nach, zweifeln an uns und sind frustriert. Ganz besonders abscheulich finden wir es, wenn wir wieder einmal feststellen, wie machtlos wir sind.

Die Angst vor dem Ungewissen

Für Unsicherheit gibt es in unserer Gesellschaft keinen Platz mehr. Wir haben gelernt, uns vor ihr in Acht zu nehmen, seit Descartes und seine Anhänger behauptet haben, mit dem Verstand ließe sich alles erklären. Wir haben angefangen, das

Ungewisse als Bedrohung wahrzunehmen, als ginge es darum zu beweisen, wie intelligent und verantwortungsbewusst wir doch sind.

Bereits in jungen Jahren werden wir dazu angehalten, uns der Dinge sicher zu sein und unsere Annahmen zu festigen, als seien sie unser Schutzschild gegen Fragen und Zweifel. Unser Bildungsweg von den Naturwissenschaften über die Geschichte, Physik und Politik wird begleitet von logischen und einseitigen Erklärungen. Was sich nicht rational erklären lässt und nicht mit unserer Kultur übereinstimmt, wird beiseitegelassen. An manchen Schulen wird Darwin eingeimpft, an anderen wiederum die biblische Schöpfungslehre, statt beide Theorien nebeneinander zu lehren und zu vergleichen. Wir sind derart angewidert von der Mehrdeutigkeit, dass wir alles daransetzen, Erklärungen zu finden, das heißt zu *erfinden*. Wir sind bemüht, Antworten auf sämtliche Fragen zu finden und jedes Fragezeichen durch ein Ausrufezeichen zu ersetzen. Wir geben uns mit Teilerklärungen und Halbwissen zufrieden und wollen nicht einsehen, dass einige unserer Überzeugungen Vorurteile sind. Dabei wiegen uns unsere Vorurteile in Sicherheit. Wir sagen uns, dass die Natur jede Leere auszufüllen sucht, doch das stimmt nicht. Dem Menschen ist die Leere nicht geheuer, und es ist der Mensch, der all seine Zweifel mit Tatsachen ausfüllen will. Dabei vergessen wir: Ein offenes Herz und ein offener Geist sind davon abhängig, dass wir nicht aufhören zu fragen. Ein Ausrufezeichen setzt allem immer ein Ende.

Warum erlauben wir es Schülern und Studenten nicht, vor Fragen zu kapitulieren, auf die niemand je eine Antwort finden wird? Warum ermutigen wir sie nicht dazu? Warum lassen wir sie nicht über die Geheimnisse unserer Existenz staunen, um Neugier zu entwickeln, statt nach Sicherheit zu suchen? Nicht die Kinder sind es, die davor Angst haben, sondern wir, die Erwachsenen ...

Um unsere Ängste hinsichtlich der Unwägbarkeiten des

Lebens zu beruhigen, laufen wir Gefahr, uns unwissentlich im Alltagstrott einzusperren, und unsere Angewohnheiten werden zu Scheuklappen, durch die wir die Fragezeichen ausblenden, die uns umgeben. Wir leben, als gäbe es den Tod nicht, und verbannen aus unseren Gedanken, was wir nicht wahrhaben wollen.

Unsere Komfortzone

Wenn wir vor der Notwendigkeit, neue Dimensionen zu entdecken, die Augen verschließen, machen wir es uns nach und nach in unserer Komfortzone bequem. Sie ist gemütlich mit all den Dingen eingerichtet, die wir im Laufe der Zeit als Orientierungspunkte, Überzeugungen und Gewohnheiten etabliert haben. Sie beinhaltet unsere Art zu denken, uns zu verhalten, mit unserer Umwelt zu interagieren. Sie ist unsere Sicht aufs Leben, auf die Welt, auf die anderen und uns selbst. Sie besteht aus allem, was wir mit den Werkzeugen, die uns seit unserer Geburt in die Hand gegeben wurden, errichten konnten, aus all unseren Erfahrungen.

Sie ist zugleich unsere Stärke und unser Schwachpunkt. Sicherlich hilft sie uns dabei, nicht unterzugehen, doch in Wahrheit ist sie unsere einzige Möglichkeit, zu existieren. Oft sprechen wir von Kreativität, von Innovation oder Weltoffenheit und bewundern Pioniere und Erfinder, doch meistens sind dies eben nur leere Worte, von deren wahrer Bedeutung uns unsere Schutzhaltung abschneidet. Wie sollen wir jemals kreativ, innovativ sein, wenn wir uns nie aus dieser Komfortzone herausbewegen, die uns an unsere Gewohnheiten kettet?

Ohne es zu wollen bezahlen wir für unser Sicherheitsgefühl einen hohen Preis, denn auf die Momente, in denen der Wind des Lebens sich dreht und uns in eine neue Richtung treibt, sind wir nicht vorbereitet. Unsere mangelnde Flexibilität und das fehlende Verständnis für Gesamtzusammenhänge bringen uns ins Straucheln, sobald ein Ereignis unsere Fähigkeiten zum Selbstschutz, zur Gegenwehr und zur Kampfbereitschaft überschreitet. Haben Sie noch nie geschmunzelt, wenn Sie gehört haben, dass eine Gruppe Touristen in T-Shirts und Turnschuhen auf einem Berg in 4000 Metern Höhe von einem Unwetter überrascht worden ist? Sind wir selbst denn besser dafür ausgestattet, den Gipfel unseres Lebens zu erklimmen?

Wir haben unsere Überzeugungen, politisch, sozial, religiös, beruflich, individuell, moralisch, finanziell und was die Familie anbelangt, doch sie reichen nur aus, wenn der Wind immer aus derselben Richtung weht und keine Turbulenzen auftreten.

Was für Schlüsse ziehen wir, wenn unsere Sicherheitsvorkehrungen nicht mehr dazu ausreichen, uns im Gleichgewicht zu halten? Dass das Leben hart ist, ungerecht und grausam! Anstatt uns selbst einzugestehen, dass wir nicht genügend vorbereitet waren, dass wir nicht genug Weitsicht hatten, um zu verstehen, woher die Krise rührt, und dass wir unsere Denkweise ändern müssen.

Auf diese Art lassen wir viele Gelegenheiten zur Weiterentwicklung links liegen, die das Leben uns bietet. Denn mit der Zeit wollen wir nicht mehr nur gegen das Ungewisse kämpfen, sondern gegen sämtliche Eventualitäten im Leben, gegen alles, was uns davon abhält, die Ziele zu erreichen, die wir uns gesetzt haben. Wir lernen, uns gegen die Veränderungen zu wehren, die uns das Leben beschert. Wir betrachten sie als Bedrohungen, die uns daran erinnern, dass wir nicht sind, was wir zu sein glauben, und dass unsere Existenz vielleicht doch nicht genau den Sinn hat, den wir ihr geben wollen …

Ein Teufelskreis setzt sich in Gang und wird immer stärker. Wir wehren uns, wir kämpfen und festigen das Bollwerk, das uns vor den Dingen schützen soll, die außerhalb unserer

Kontrolle liegen. Wir nennen das Ganze natürlich nicht »Bollwerk«, sondern verwenden positive Ausdrücke: »Sicherheit«, »Rückzugsort«, »Fähigkeit«, »Willensstärke«. Dabei sind dies alles nur Mauern, die uns vor den unterschiedlichen Weisen schützen sollen, uns selbst und unsere Mitmenschen zu betrachten.

Innerhalb unseres Bollwerks horten wir immer weiter unsere Ansichten, unsere Gewohnheiten, unsere Überzeugungen. Wir entwickeln eine fragmentarische Sicht auf das Leben, die mit unseren inneren Überzeugungen übereinstimmt. Mit der Zeit verfestigen sich unsere Ansichten, werden durch Erfahrungen, die sie bestätigen, immer starrer, während wir zunehmend gegensätzliche Überzeugungen ablehnen, wenn sie unsere eigenen infrage stellen.

Sicher kann man mir vorwerfen, dass ich gleich im ersten Kapitel dieses Buches ein allzu düsteres Bild zeichne. Vermutlich finden Sie, dass ich übertreibe. Doch übertreiben würde ich nur, wenn ich den Eindruck erwecken würde, als täten wir all diese Dinge aus Dummheit, Egoismus oder ganz einfach, weil wir unsere Mitmenschen dominieren wollen. So ist es natürlich nicht. Wir haben uns lediglich angewöhnt, alles zu tun, damit unser Leben so reibungslos wie möglich abläuft und damit wir uns selbst verwirklichen können, ebenso wie die Menschen, die uns nahestehen. Das Problem ist nur: Irgendwann werden die Werkzeuge, die wir dafür verwenden, zu Steinen, die uns im Weg liegen.

Ebenso falsch wäre es, zu behaupten, wir alle würden die Dinge, die unsere Überzeugungen bedrohen, auf dieselbe Art abwehren. Manch einer würde dies gern tun, verfügt aber nicht über die nötige Kraft oder die nötigen Mittel und schafft es nicht. Diese Menschen werden dann als der Abschaum der Gesellschaft gebrandmarkt oder werden zum schwarzen Schaf in der Familie oder einer anderen Gruppe, deren Mitglieder die Kunst der Selbstbestätigung besser beherrschen.

Versuchen Sie einmal, dem sanftmütigsten und zurückhaltendsten Menschen in Ihrem Bekanntenkreis vorzuschlagen, das Leben aus einer Perspektive anzugehen, die seinen eigenen psychologischen, religiösen, politischen, sozialen oder moralischen Überzeugungen komplett zuwiderläuft. Worin besteht die Gefahr? Sie werden die Person destabilisieren. Sämtliche Ungewissheiten und Ungereimtheiten, die sie bisher so erfolgreich verdrängt und hinter die Außenmauern ihres Bollwerks verbannt hat, könnten plötzlich wie ein Trojanisches Pferd auftauchen und das zerbrechliche, flüchtige Idealbild einreißen, das sie zuvor in jahrelanger Kleinstarbeit aufgebaut hat. Die Reaktion kann auch aggressiv ausfallen, je nachdem, wie groß die Angst ist, die Sie durch diese Bedrohung der Schutzmechanismen hervorgerufen haben. Auch dieser Mensch ist in seinen eigenen Überzeugungen gefangen, ebenso wie Sie und ich.

Der erste Schritt in die Freiheit ist die Erkenntnis, dass es dieses selbst auferlegte Gefängnis gibt und dass außerhalb seiner Mauern eine andere Art zu leben liegt.

Das Joch der Weltanschauung

Die meiste Zeit halten uns nicht die Winde des Lebens gefangen, sondern unsere eigene Art zu denken und unsere Existenz zu begreifen. Dieser Satz wird denjenigen bedeutungslos erscheinen, die sich auf die paar Vorteile konzentrieren, die unsere Art zu funktionieren mit sich bringt. Und sicherlich erlaubt diese uns auch, ab und an auf einem Weg voranzuschreiten, auf dem wir glücklich und zufrieden sind. Das ist schön und gut, doch es bringt uns umso mehr dazu, unsere eigene Weltanschauung zu verteidigen und uns schließlich mit dieser Lebensart zufriedenzugeben, und sei sie auch noch so lückenhaft.

»Ist das denn nicht genug?«, könnten Sie mir entgegnen.

Wenn es Ihnen genug ist, wird Ihnen nicht gefallen, was Sie in diesem Buch lesen. Jede Verkündung einer Diagnose ist schmerzhaft, bevor mit der Behandlung begonnen werden kann. Wenn Sie jedoch, genau wie ich, das Gefühl haben, dass wir bisher immer nur gelernt haben, an der Essenz des Lebens vorbeizusegeln, dann wird Ihnen die weitere Lektüre sicher Vergnügen bereiten.

Die Essenz des Lebens? Dieser Punkt ist so subjektiv, dass ich ihn an dieser Stelle vielleicht nicht hätte erwähnen sollen. Subjektiv und nicht zu beweisen!

Lassen Sie es mich anders ausdrücken. All das, was uns als persönliches, familiäres oder materielles Glück zuteilwird, hängt vom Wind des Lebens ab. Seine Böen kommen und gehen. Einzig unsere inneren Fähigkeiten des Bewusstseins, der Güte und Weisheit können andauern und sind unabhängig von den Umständen. Alles andere kann jeden Moment fortgeweht werden.

Dies zu begreifen ist furchterregend. Deshalb ziehen wir es vor, nicht allzu sehr darüber nachzudenken, um die begründete Angst zu vermeiden, die uns jedes Mal ergreift, wenn die Lösungen, auf die wir zurückgreifen könnten, außerhalb unserer Komfortzone liegen.

Wir fühlen uns sicherer, wenn wir die Augen vor der Wirklichkeit verschließen. Genau deshalb machen uns die Überzeugungen, die wir uns angewöhnt haben, nicht zwangsläufig sofort unglücklich, nicht im Geringsten. Doch sie halten uns mit Sicherheit davon ab, einen Teil unserer Ziele zu erreichen. Nur wissen wir das nicht. Krücken sind sinnvoll, wenn sie eine Beeinträchtigung korrigieren. Wenn es uns genügt zu gehen, können sie uns helfen. Erst wenn wir rennen wollen, ist es Zeit, sich um die Beeinträchtigung selbst zu kümmern, um sich anschließend der Krücken zu entledigen.

Kämpfen oder loslassen?

Das Leben und unsere Mitmenschen haben uns beigebracht, unseren Mut darauf zu verwenden, uns gegen jede Veränderung zu wehren, die unser Gleichgewicht bedroht, und sei sie auch noch so unbedeutend. Wir haben gelernt, jede Unwägbarkeit zu bekämpfen, und versuchen, die Ziele zu erreichen, die wir uns gesteckt haben. Oft funktioniert das ganz gut, zumindest am Anfang. Aus vielen Situationen können wir nur erfolgreich hervorgehen, wenn wir kämpfen. Das Problem ist, dass wir nicht nur kämpfen, um etwas zu erreichen, sondern auch gegen die Dinge ankämpfen, die uns eine andere Richtung einschlagen lassen, als wir uns vorgenommen haben. Dabei ist dieser Kampf ganz unnötig, weil es ausreichen würde, unsere Überzeugungen und unsere vorgefertigten Annahmen über Bord zu werfen und die Situation anders aufzufassen. Obwohl es in gewissen Fällen notwendig ist zu kämpfen und zu kontrollieren, vergessen wir am Ende, dass dies Ausnahmen sein sollten, die die Regel bestätigen.

Im Grunde sollten wir sinnvollerweise nur das kontrollieren, was wir auch tatsächlich kontrollieren können. Alles andere nicht! Kennen Sie das arabische Sprichwort, das besagt, man solle nur bellen, wenn man auch beißen kann? Und genau dieses »alles andere«, auf das wir keinen Einfluss haben, das wir eben nicht beißen können, macht nun einmal den Großteil unserer Existenz aus. Dieses andere ist die Unwägbarkeit, die der Wind des Lebens mit sich bringt.

Wenn wir lernen, alles kontrollieren zu wollen, Veränderungen zu meiden und jegliche Ungewissheit zu hassen, verwandelt sich unsere gesamte Existenz in einen Albtraum. Dann haben wir uns nicht die nötigen Fähigkeiten angeeignet, um immer wieder aufzustehen. Wir wissen noch nicht einmal, wo wir nach ihnen suchen sollen.

Wenn wir hingegen begreifen, was die Ungewissheit für

uns bereithalten könnte, dann verwandelt sich das Leben in ein weites Feld voller Aufgaben und Entdeckungen, in ein Experimentierfeld, auf dem wir lernen können, neue Kräfte zu entwickeln, uns neue Lösungen auszudenken, um jenen Zustand des Erfolgsgefühls und des Glücks zu erreichen, nach dem wir alle streben.

Und was gilt es zu verstehen? Was gilt es zu entwickeln? Wenn ich Bücher zur Persönlichkeitsentwicklung lese, dann sind mir diese Worte zuwider, denn viel zu selten findet man dort konkrete Handlungsansätze. Die meisten Bücher beschreiben zwar das Ziel, das man erreichen sollte, aber nicht den Weg dorthin. Hundertfach habe ich gelesen, man solle loslassen. Doch den Dingen zu entsagen, die man sich tief im Innern am meisten wünscht, ist doch das Widernatürlichste überhaupt.

Wie soll man im alltäglichen Leben diesen Satz des Dalai Lama verstehen, geschweige denn anwenden: »Zu erreichen, was wir uns am meisten wünschen, ist nicht immer ein Segen.«? Wo ist die Gebrauchsanweisung?

Der gesunde Menschenverstand sagt uns, dass man sich nicht an Dingen festklammern sollte, die man ohnehin unmöglich erreichen kann. Aber woher soll man wissen, dass etwas unmöglich ist, bevor man es versucht hat?

Loslassen? Das scheint zunächst einmal unmöglich, sogar widersinnig. Man denke nur einmal an jene Geschichte über den Bergsteiger, der beim Klettern stürzt und sich plötzlich an den Rand einer Gebirgsspalte geklammert vorfindet. Bis zur Spitze über ihm sind es 1000 Meter, und 1000 Meter geht es unter ihm in die Tiefe. Im Sturz hat er sämtliche Seile und Haken und Karabiner verloren. Er ruft: »Kann mir jemand helfen?«

Eine kräftige Stimme meldet sich: »Hab Vertrauen. Lass los.«

Der Bergsteiger blickt noch einmal ins Nichts unter sich und ruft mit kläglicher Stimme: »Ist da jemand?«

Sicherlich geht es nicht darum, äußerlich einen Griff zu lösen, sondern in uns selbst – unsere Art zu funktionieren loszulassen. Es geht darum, zu entdecken, wie Turbulenzen uns guttun können, um besser zu funktionieren. Erst ab diesem Moment kann das Abenteuer unseres Lebens wirklich beginnen.

KONTROLLIEREN ... NUR WAS?

Wir müssen nicht lernen, die Welt zu kontrollieren, sondern unser eigenes Bewusstsein und unser Innenleben. Dann wird unser Handeln davon gelenkt, dass wir unsere Existenz im gegenwärtigen Augenblick spüren. Wir müssen in Kauf nehmen, unsere Komfortzone zu verlassen. Aber wollen wir wirklich die Überzeugungen und Automatismen aufgeben, die wir bisher zum Selbstschutz entwickelt haben?

Sich selbst kontrollieren?

Wie jedem anderen Menschen wurde auch mir beigebracht zu kontrollieren und für das zu kämpfen, was ich wollte. Zu versuchen, Herr über mich selbst und mein Leben zu sein. Ich spürte, wie notwendig das war, um leistungsfähig und erfolgreich zu sein, doch ich wusste nicht, wie ich es anstellen sollte. Bis zu dem Tag, an dem ich zum ersten Mal Deltaflieger am Schweizer Himmel sah. Damals war ich ein ehrgeiziger, aber ängstlicher Jugendlicher, meine Schüchternheit ließ mich arrogant wirken, und ich fand in diesem Sport genau die Art Befreiung, die ich brauchte. 18 Jahre meines Lebens habe ich versucht, meine Leistungsfähigkeit durch die Kontrolle über meine Flügel zu steigern ... und über mich selbst. Und das mit Erfolg, denn aus dem Kind, das Angst hatte, auf Bäume zu klettern, wurde so ein Europameister im Kunstfliegen.

Meine jahrelange Erfahrung im Freiflug hat mir gezeigt, wie sehr es mir in stressigen Alltagssituationen hilft, Gefahren beherrschen zu können. Ich lernte, mich in ungewohnten und riskanten Situationen wohlzufühlen, und eignete mir eine Konzentrationsfähigkeit und Reaktionsgeschwindigkeit an, die mich schon manches Mal aus brenzligen Situationen gerettet haben.

Vor allem habe ich entdeckt, wie sehr ich durch die Gefahr gezwungen war, mich auf den gegenwärtigen Moment zu konzentrieren. Besonders im Kunstflug wurde mir dies immer bewusster.

Um einen Looping auszuführen gab es damals keine technischen Hilfsmittel, kein Tachometer und keinen Beschleunigungsmesser – nur das Gefühl des Piloten. Im Sturzflug musste man also selbst die Geschwindigkeit einschätzen, jedes Flattern der Tragflächen spüren, jedes Schlackern der Kabel, indem man einschätzte, wie stark einem der Wind ins Gesicht blies oder wie viel Widerstand das Trapez gab, das man in den Händen hielt. Dann galt es, genau den richtigen Sekundenbruchteil abzuwarten, um die Stange nach vorn zu drücken, zunächst ganz leicht, dann energischer, bevor man sie wieder zurückzog, um den Looping abzuschließen und zur nächsten Figur überzugehen. Zu viel Schwung bedeutete eine zu hohe, gefährliche Beschleunigung, bei der auch das Gerät Schaden nehmen konnte. Zu wenig Schwung brachte zu wenig Wind unter die Flügel, sodass man kopfüber ins Straucheln geriet (wie bei einem Purzelbaum). Man musste also alles gleichzeitig sehen und spüren und alles im richtigen Moment tun. Die Summe all der Dinge, die ich gleichzeitig zu beachten hatte, überschritt jede Alltagssituation bei Weitem. Das Risiko, von den Eindrücken überwältigt zu werden und sich aus dem Konzept bringen zu lassen – Panik zu bekommen –, wurde zu meinem ständigen Begleiter. Die Panik ist immer weit gefährlicher als die Gefahr an sich, und man muss sein Möglichstes tun, um zu lernen, sie zu vermeiden ...

An jedem Looping und jeder Schraube faszinierte mich, wie meine geistige Präsenz es mir in jeder einzelnen Sekunde möglich machte, all diese Eindrücke auf einmal wahrzunehmen. Der Fokus meiner Prioritäten verlagerte sich jedes Mal abrupt in diesen einen Augenblick: Die notwendige Konzentration, um die gefährliche Situation zu überwinden, ließ keinen Platz für meine Alltagssorgen. Häufig führte sie mir sogar deren Sinnlosigkeit vor Augen. Hier gab es weder Zukunft noch Vergangenheit, keine Gedankenketten, die mein Gehirn überfielen, keine Automatismen, um mein Leben zu lenken.

Das Fliegen zu erlernen – die Begegnung mit dem Augenblick – hat mich völlig verändert. Ich entdeckte etwas, was mir niemand je beigebracht hatte, weder in der Schule noch sonstwo.

Man hatte mir beigebracht, die Vergangenheit sei die Quelle aller Lebenserfahrung und Traditionen, der Ursprung der Weisheit. Man müsse die Vergangenheit kennen, um sich selbst zu verstehen. All das stimmt, reicht aber nicht aus.

Auch hatte man mir natürlich die Bedeutsamkeit der Zukunft beigebracht, die man sich entwerfen muss, die es minutiös zu planen gilt, um das künftige Gleichgewicht der eigenen Existenz sicherzustellen.

Natürlich muss man die Vergangenheit und die Zukunft in Betracht ziehen, doch das ändert nichts daran, dass der eine Moment, in dem ich mein Leben verändern will, in der Gegenwart liegt. In dem Moment, den ich gerade im Begriff bin zu leben. Für das Davor ist es bereits zu spät. Alles Danach ist noch Zukunftsmusik. Nur wird der gegenwärtige Moment zu häufig von gedanklichen Automatismen untergraben, die unsere Gedanken von uns selbst weglenken.

Bei jedem Start zog mich diese Magie erneut in ihren Bann: Hier gab es keinen Platz für etwas anderes als den Luftzug unter den Flügeln, den Druck des Trapezes in meinen Händen, den unglaublichen Anblick der Erde, die sich bewegte, während ich selbst ruhig und ausgeglichen dahinschwebte. Wenn ich nach einem Looping in eine Schraube überging, dachte ich nicht mehr daran, dass mich Tausende Zuschauer dabei beobachteten. Welche Bedeutung hatten da schon die Sorgen, die ich bis zum Moment des Abhebens mit mir herumgetragen hatte, in der Familie, finanziell oder beruflich? Welche Rolle spielten meine Persönlichkeit und meine Lebensweise überhaupt hier oben, wo ich mich doch gerade außerhalb jedweder Gewöhnlichkeit befand?

Ganz allein, in losgelöster Konzentration, einer Art aktiver Entspannung, entwickelte ich nach und nach ein Gespür für das Essenzielle, eine neue Form der Selbstwahrnehmung. Statt einfach nur zu leben spürte ich meine eigene Existenz, die direkt damit verbunden war, welche Fähigkeiten ich genau in diesem Moment brauchte. Natürlich handelte ich, doch vor allem fühlte ich mich handeln, und das mit einer Präzision und Konzentration, die ich nie erlernt hatte und die sich ganz automatisch einstellten.

Ich verstand, was die fernöstlichen Philosophen meinen, wenn sie von »tun lassen« und »leben lassen« sprechen. Man kann sich dazu zwingen, nur das zu tun, was man liebt, doch es wird einem nie so flüssig und perfekt von der Hand gehen, wie wenn man im Hier und Jetzt mit seiner eigenen Existenz verbunden ist.

Meine Erfahrungen standen in direktem Gegensatz zu Descartes berühmtem Satz: »Ich denke, also bin ich.« Mir wurde klar, dass man unmöglich »sein« kann, während man »denkt«. Wenn man denkt, zerstreut man sich, man projiziert sich an andere Orte und andere Zeiten. Man existiert nicht im gegenwärtigen Moment. Die einzige Möglichkeit, wahrhaftig zu existieren, bestand darin, sämtliche Eindrücke des Augenblicks zu spüren und die Zeit mithilfe einer neuen Formel anzuhalten: »Ich spüre, also bin ich.«

Wenn man spürt, dann nicht nur mit dem Intellekt, sondern vor allem auch mit dem Körper, der zu einem ganz eigenen Organ der Wahrnehmung wird. Unser Körper, der so oft als eine Art Last empfunden wird, wie ein Hindernis auf dem Weg der psychischen oder spirituellen Entwicklung, wird zum Zentrum bewusster Selbstwahrnehmung. Als wäre ein bewussterer Körper ein größeres Behältnis für die Seele.

Meine Erfahrungen bestätigten mir, dass ich mit der Psychiatrie und vor allem auch der Psychotherapie den richtigen Weg eingeschlagen hatte. Natürlich war es nicht mein Ziel, meine Patienten in Richtung Extremsport zu drängen. Aber ich war überzeugt, dass es möglich war, aus schwierigen Zeiten im Leben gestärkt hervorzugehen, und ich wollte meinen Patienten beibringen, innere Stärke und Selbstbewusstsein zu entwickeln, um verantwortungsbewusster mit ihrer Entwicklung umzugehen.

Viele psychische Probleme hängen mit der mangelnden Fähigkeit zusammen, sich seiner selbst im Hier und Jetzt bewusst zu sein und zu spüren, dass man in diesem Augenblick existiert. Die Mehrzahl der Angststörungen, wegen derer ich heute so häufig aufgesucht werde, lässt sich damit erklären, dass wir uns und unsere Probleme und Sorgen nur auf die Zukunft projizieren, ohne dass eine Lösung in Sicht wäre. Und bei der Projektion ist auch die Zerstreuung nicht weit, also ungenügende Selbsterkenntnis. Und so sehen wir uns einer Zukunft gegenüber, die nur düster und bedrohlich wirken kann: Kein Wunder, dass uns Kraft und Mut abhandenkommen.

Auch Nostalgie ist eine Projektion, nur diesmal in Richtung Vergangenheit. Wir fühlen uns nicht mit dem gegenwärtigen Augenblick verbunden, sondern mit vergangenen Zeiten. Dieser Aspekt ist von zentraler Bedeutung, wenn man beispielsweise Depressionen verstehen will. Ich spreche hier von Depressionen, die von einem Verlust oder Veränderungen der Lebensumstände herrühren, auf die wir keinen Einfluss hatten. Derartige Situationen, die Depressionen Tür und Tor öffnen, zeichnen sich durch den geradezu besessenen Wunsch aus, die Vergangenheit sowie Vergangenes zu ändern, das wir bereuen oder das uns Gewissensbisse bereitet.

Phobien hingegen lassen sich verstehen als Projektion eines Teils von uns selbst in eine Situation, ein Objekt oder ein Tier.

Dasselbe gilt in etwas geringerem Maß für Höhenangst oder Heimweh. Diese Gefühle sind nichts anderes als die Projektion unseres Selbst – auf vertikaler oder horizontaler Ebene – an einen anderen Ort als den, an dem wir gerade sind. All diejenigen, die an Höhenangst leiden, kennen dieses Bedürfnis, das bis zum Zwang reichen kann, nicht mehr hoch oben zu sein, sondern sicher auf dem Erdboden. Man spricht auch von der »mysteriösen Anziehungskraft des Abgrundes«. Allerdings ist das Ganze nicht viel mysteriöser als ein Baum, dessen Wurzeln zu kurz sind und der von einer Sturmböe ausgerissen wird.

Eine neue Verbindung zu uns selbst im jetzigen Moment und eine Bewusstsein für unseren Körper erreichen wir vor allem durch eine tiefere Atmung. Beides resultiert in einer spektakulären Neuzentrierung, die sogar zum Verschwinden der Höhenangst, ja sogar der Depression oder Angststörung führen kann. Man hat ihr schon viele fachliche Namen gegeben – »bewusste Meditation« oder »Mindfulness Meditation« –, doch klingen diese Bezeichnungen wie Übungen, obwohl es sich um eine ganz natürliche Lebensweise handeln sollte. Ich werde in einem späteren Kapitel zur Hypnose darauf zurückkommen. Mir ist wichtig, an dieser Stelle zu betonen, dass diese Art von Übungen für manche Menschen so natürlich ist, dass sie sie instinktiv leben, während andere Menschen sich so weit von dieser Lebensweise entfernt haben, dass sie meinen, sie existiere gar nicht. So lässt sich sicherlich die individuelle Toleranzschwelle für die Widrigkeiten und Krisen des Lebens erklären oder die Tendenz mancher Menschen, nach extremen Erfahrungen zu suchen.

Dennoch wäre es falsch, anzunehmen, nur die Suche nach Gefahr ermögliche die Entdeckung unserer eigenen Existenz oder die Entwicklung unseres Selbstbewusstseins. Es gibt viele andere Wege dorthin, die weit natürlicher sind, wie beispielsweise Musik, Tanz, Kunst oder Meditation. Doch mein eigener Weg führte über die Risikokontrolle und die Konfrontation mit der Gefahr. Dies ist der Ausgangspunkt für alles, was ich Ihnen vermitteln kann.

Ob nun bewusst oder unbewusst, suchen Extremsportler häufig genau das, trotz des schlechten Rufs, der ihnen bei vielen Menschen anhaftet. Natürlich fragt man sich, wie jemand darauf kommt, mit seinem Verhalten so vollends gegen alle Regeln des gesunden Menschenverstandes zu verstoßen.

Tatsächlich gibt es einige Extremsportler, die als Risikojunkies immer den nächsten Adrenalinkick suchen. Es ist eine Art Abenteuer-Verdrängung, eine etwas gefährlichere Art, der monotonen Existenz zu entfliehen, als bei anderen Menschen, wenn man vielleicht noch nicht den richtigen Platz im Leben gefunden hat. Man kann auch ein gewisses Streben nach Allmacht feststellen, die Konfrontation mit äußerlichen Grenzen, das Bedürfnis, jede Angst zu überwinden und dem Tod ein Schnippchen zu schlagen, wie es bei so vielen anderen Errungenschaften der Fall ist, die ein inneres Ungleichgewicht ausgleichen sollen, eine instabile psychische Grundverfassung oder ein geringes Selbstwertgefühl.

Eines schien mir in jedem Fall offensichtlich: Das ganz gewöhnliche Leben, das einzig auf unser Sicherheitsbedürfnis ausgerichtet ist, erfüllt nicht die notwendigen Bedingungen, um ein echtes Bewusstsein für sich selbst auszubilden. Es betäubt unsere Leistungsfähigkeit. Wir lernen, uns mehr auf die Außenwelt zu verlassen als auf uns selbst. Es braucht nicht viel mehr als die Panne einer Ampelanlage und das daraus folgende Chaos, um dies zu verdeutlichen. Unsere Neigung, nie über uns hinauszuwachsen und Risiken zu vermeiden, grenzt an Verdummung. Sei es aufgrund von mangelnden Eindrücken oder der Unfähigkeit, diese zu erkennen, wenn sie sich subtil andeuten.

Wenn ich an die Jahre zurückdenke, denen ich mein letztes Buch, *Spuren am Himmel*, gewidmet habe, wird mir wieder einmal klar: Das Einzige, was wir tatsächlich kontrollieren können, ist unser Bewusstseinszustand im Hier und Jetzt. Nur so können wir zur Hochform auflaufen. Durch diese Fähigkeit, die verstreichende Zeit intensiver zu gestalten, können wir den nötigen Abstand erzeugen, um innere Kraftreserven anzuzapfen, die wir brauchen, um die Situation zu meistern.

Die Philosophie des Risikos

Da ich sowohl Psychiater als auch Pilot bin, ist mir hartnäckige Kritik natürlich bestens bekannt. Gleichzeitig möchte ich aber auch auf die Grenzen dieser Urteile verweisen, die angeblich objektiv sind, sich also mit der Außensicht zufriedengeben. Meiner persönlichen Erfahrung nach fällt die philosophische Ebene unter den Tisch, wenn Extremsportler als »Psychopathen der Sportwelt« behandelt werden, wie es in der modernen Wissenschaft so häufig geschieht. Die Geburt der Psychoanalyse Anfang des 20. Jahrhunderts hat uns den Eindruck vermittelt, die Philosophie, und noch mehr die Spiritualität, seien jetzt überflüssig, um das menschliche Verhalten zu erklären, sodass unsere Erkenntnisse darüber lückenhaft bleiben. Doch genau diese Ebene hat mich damals, als ich das Deltafliegen erlernte, in ihren Bann gezogen, und ich würde an dieser Stelle gern ein wenig bei diesem Thema bleiben, wobei ich nicht jedes Extrem per se verteidigen möchte.

Um gleich zum springenden Punkt meines Anliegens zu kommen: Ich glaube, die größte Gefahr im Leben ist nicht der Extremsport, sondern sie besteht darin, den Alltag klaglos hinzunehmen und so zu funktionieren, wie wir es seit jeher gelernt haben: Immer weiter in unseren Gewohnheiten und Überzeugungen vor uns hin zu leben – in dem, was wir zu Unrecht »Realität« nennen.

Der menschliche Computer

Der Mensch in der westlichen Welt hat es die letzten Jahrhunderte über für richtig gehalten, seine geistigen Fähigkeiten auszubilden und sich gleichzeitig von seinem Körper zu distanzieren, der so zu einem Hemmnis seiner psychischen Entwicklung geworden ist. Hierunter leidet unsere spirituelle Entfaltung, denn indem wir unseren Körper vergessen, verlieren wir das Tor zu einem vollständigen Bewusstsein unserer selbst aus dem Blick. Wir sind also in eine gnadenlose Überbewertung des Denkens hineingerutscht und so zu eifrigen Anhängern des kartesianischen Gedankens geworden. Diese Übermacht des Denkens – und ihre umgehende Projektion auf Zeit und Raum – macht es uns unmöglich, den gegenwärtigen Augenblick zu leben. Wir lernen nicht mehr, dem Gefühl für unsere eigene Existenz Raum zu geben und unser Dasein ganzheitlich wahrzunehmen. Wie sollen wir die Lebenskraft wahrnehmen, die in uns steckt, und unser gesamtes Potenzial besser ausschöpfen, wenn sich unsere Gedanken permanent in Vergangenheit oder Zukunft verlieren? Die moderne Technologie ermöglicht uns mittlerweile, mit Menschen auf der ganzen Welt in Verbindung zu treten, doch gleichzeitig haben wir vergessen, wie wichtig eine Verbindung zu uns selbst ist. »Das klingt nach fernöstlicher Philosophie«, werden einige sagen. Das glaube ich nicht. Seit die Gedankenwelt an der Macht ist, sind wir ihre Sklaven.

Häufig dient der Pawlow'sche Hund mit seinen im Labor konditionierten Reflexen als Witzfigur. Etwa, weil wir vergessen wollen, dass der Mensch ganz genauso funktioniert? Uns konditionieren die positiven und negativen Erfahrungen, die wir im Leben gemacht haben, die Aufmerksamkeit unserer Mitmenschen und gesellschaftliche Regeln, Ängste und Sorgen. Und so sind wir, ob wir es nun wollen oder nicht, zu hoch entwickelten Pawlow'schen Hunden geworden. Oder um es moderner auszudrücken: zu menschlichen Computern. Unsere persönliche Software verarbeitet die Informationen, die wir erhalten, ganz automatisch und unbewusst, sodass wir vollautomatisch und nach vorgefertigten Mustern reagieren.

Diese Funktionsweise bietet für das Überleben unserer Spezies jede Menge Vorteile und ist insofern nicht ausschließlich negativ zu bewerten. Gleichzeitig jedoch verbauen wir uns durch unser unbewusstes Handeln viele Freiheiten, viel Spielraum und Entwicklungsmöglichkeiten. Wir sind zu Gefangenen unserer Gedanken und unseres automatischen Verhaltens geworden. Jede Aussicht auf Veränderung wird zur Krise und ruft automatisch Gefühle der Unsicherheit und der Furcht bis hin zu unnötiger Zukunftsangst hervor. Wir kennen unsere Feinde: Veränderungen, Skepsis und ungelöste Fragen, Kontrollverlust, das Ungewisse und Zweifel – ganz zu schweigen von der Rätselhaftigkeit des Lebens.

Also streben wir danach, alles zu kontrollieren, alle Fragen zu beantworten, uns beruhigende Überzeugungen zurechtzustricken und vorgefasste Erklärungen anzunehmen. Durch diese »gedankliche Konfektionsware« enden wir, ohne uns dessen bewusst zu sein, als Gefangene im Hochsicherheitstrakt, geschützt, aber unbeweglich. So verlieren wir unsere Freiheit und das Gefühl für unsere Existenz. Und wenn das häufig schwierige und fordernde Leben von uns verlangt, dass wir losrennen und uns verändern, um uns seinem Rhythmus anzupassen, versuchen wir es verzweifelt und spüren das schmerzhafte Gewicht all der sperrigen Überzeugungen auf unseren Schultern. Also leiden wir unter dem Leben, statt den Computer auszustöpseln und unseren inneren Pawlow'schen Hund zu töten, um endlich die richtigen Werkzeuge zu entwickeln: Anpassungsfähigkeit, innere Freiheit und Selbstbewusstsein.

Ich werde auf diesen Seiten versuchen, Sie dazu zu bringen, diese Dinge zu überdenken, auch wenn mir klar ist, dass es als extremes Risiko empfunden werden kann, alles infrage zu stellen …

Zu sich kommen

Das Deltafliegen hat mir intensive Momente ermöglicht, die mich gezwungen haben, aus meinen Automatismen aufzuwachen. Es hat mich rücksichtslos in Situationen geworfen, die ein völlig neues Handeln von mir verlangten. Ich fand mich in einer Welt der Unvorhersehbarkeit wieder, der Improvisation, des Zweifels, der Intuition, des Gefühls. So wurde es mir unmöglich, wie im Alltag zu handeln. Ich musste meine Überzeugungen, meine Hemmungen und meine konditionierten Reflexe über Bord werfen. Ich fand mich abrupt in »außer-gewöhnlichen« Situationen wieder, in gewollten Krisen, und das angesichts einer Alltagsroutine, ich der ich gelernt hatte, nur einen winzigen Teil meines Potenzials auszuschöpfen.

Normalerweise sorgt diese einschläfernde Art, uns automatisch vor Unwägbarkeiten zu schützen, für eine Verlangsamung des Lebens. Unser Bewusstsein für uns selbst ist im Schlafmodus. Wir haben den Autopiloten angeschaltet und widmen unserer Flugbahn keinerlei Aufmerksamkeit.

Erst in Momenten des Umbruchs schrecken wir plötzlich aus diesem Schlafmodus auf; all unsere Sinne werden durch einen Adrenalinschub und andere Stresshormone aktiviert. Unser Herz schlägt schneller, und unsere Arterien weiten sich, Zucker wird in die Blutbahn gepumpt, damit der Körper Energie hat, und so sind wir reaktionsbereit. Dies sind die körperlichen Auswirkungen von Stress, unserer ersten Reaktion auf eine Bedrohung.

Die zweite Art zu reagieren ist psychischer Natur. Wir sind

hellwach, aber machtlos. Unsere Gewohnheiten reichen nicht mehr, um uns im Gleichgewicht zu halten, und unser gesamtes Sein muss in die Bresche springen, wenn wir den Autopiloten abstellen wollen. Da wir nicht genau wissen, welche innere Kraftquelle wir anzapfen sollen, mobilisieren wir alle auf einmal. Ganz gleich, ob die Situation als positiv oder negativ empfunden wird, für einen Moment beherrschen wir all unsere Fähigkeiten, wir denken klar, sind wachsam und leistungsstark. Dies ist der magische Moment, in dem unsere Leistungsfähigkeit durch die erhöhte Art des Bewusstseins sozusagen gedopt ist. Wir schaffen Dinge, die wir uns niemals zugetraut hätten.

Sich ins Ungewisse zu stürzen ist ein Weg des Zu-sich-Kommens.

Ich erinnere mich noch gut an meinen ersten Bungee-Sprung. Ich stand wie versteinert vor dem Abgrund, und die Situation schien mir wie das Leben an sich: diese Mischung aus Angst und Selbstvertrauen, die jede Art der Entscheidungsfindung durchdringt. Auf der einen Seite riet mir die Stimme der Sicherheit und der Vernunft, die mich erstarren ließ, dass ich dieses dumme, sinnlose Abenteuer sein lassen sollte. Sie wollte meine Suche nach neuen Erfahrungshorizonten durch Zweifel und Furcht im Keim ersticken. Auf der anderen Seite hörte ich die Stimme des Vertrauens in mich selbst, in das Leben, die Bewegung, die Veränderung, die Entwicklung, die Stimme der Verantwortung und des Risikos. Beide Stimmen prallten in meinem Kopf aufeinander und surrten. Ich war fasziniert von dem, was sich in mir zutrug, und wartete auf ein Zeichen, welche Stimme recht behalten würde. Dann breitete ich die Arme aus und sprang. Nun, da ich weiß, auf welche Stimme ich hören muss, fällt mir der Entscheidungsprozess wesentlich leichter, und das natürlich nicht nur im Sport, sondern im gesamten Leben.

Um zu verhindern, dass ein Moment des Umbruchs Panik in uns hervorruft, ist es absolut notwendig, hellwach und mit uns selbst im gegenwärtigen Augenblick verankert zu sein und mit unserem gesamten Potenzial in Verbindung zu stehen. Es handelt sich dabei nicht so sehr um Konzentration als vielmehr um ein Bewusstsein für unsere Umgebung und unseren Körper, für jede sinnliche und körperliche Regung. Wenn man in einem Deltaflieger einen Looping macht, sich eine Steilklippe hinunterstürzt oder mit 300 km/h eine Kurve nimmt, leitet nicht der Intellekt die Informationen weiter, sondern der Körper, der sich unseres gesamten Seins bewusst ist: Jede Vibration, jeder Lufthauch, jede Geschwindigkeitsveränderung und jede Neigung jedes einzelnen Körperteils wird schärfer wahrgenommen, um die Bewegungen in Perfektion durchzuführen. Die Zeit scheint plötzlich stillzustehen, sodass sich sämtliche Sinneseindrücke im Bewusstsein kristallisieren können. Was am Ende bleibt, ist die Erinnerung an einen gnadenvollen Moment, der uns vorgekommen ist wie eine Ewigkeit, da er so viel intensiver war als sämtliche Momente des Alltags. Nachdem Ayrton Senna einen Geschwindigkeitsrekord im Formel-1-Qualifying gebrochen hatte, erklärte er, ein gewisser Teil von ihm habe außergewöhnlich gut funktioniert, in einem besonderen Zustand der Wachheit, der es ihm erlaubt habe, dem Augenblick immer einen Schritt voraus zu sein und so die passenden Bewegungen zu antizipieren, die ihm diesen Erfolg ermöglichten.

Schon Georges Gurdjieff, ein kaukasischer Philosoph aus der ersten Hälfte des 20. Jahrhunderts, der in Paris eine spirituelle Bewegung gründete, stellte die These auf, der Mensch ernähre sich nicht nur von flüssigen und festen Nahrungsmitteln, sondern auch von Sinneseindrücken. In unserer heutigen gefühlsfernen Gesellschaft, in der jeder für sich selbst verantwortlich ist, gibt es gerade noch genug Sinneseindrücke, um die Routine zu ermöglichen, aber nicht das volle Bewusstsein.

Wir müssen spüren, um zu sein. Und genau diese intensivste Art zu existieren, diese neue Art, sich seiner selbst bewusst zu sein, macht es möglich, dass wir gestärkt aus den Wendepunkten dieses Lebens hervorgehen können, dass sie uns leistungsfähig und sogar glücklich machen. Das Sein wird wichtiger als das Handeln. Was für die Zen-Meister schon seit Urzeiten feststeht, ist für Neulinge eine Offenbarung: Ein flüchtiger Moment der Gnade, der ewig zu dauern scheint und den man um jeden Preis wieder und wieder spüren möchte.

Anstatt uns damit abzumühen, unseren Alltag zu beherrschen, können wir die extremen Momente unseres Lebens wie eine Art Sprungbrett dazu nutzen, einen spirituellen Weg einzuschlagen, durch den wir ganz gezielt die Verbindung zu unserem tiefsten Sein, zu unserer Seele, suchen. Einen Weg des Erwachens, der über Risiken zum Ziel führt.

Wenn ich davon spreche, Risiken einzugehen, dann denke ich an all die Dinge, die uns helfen können, festgefahrene Automatismen und Gedankenspiralen aufzubrechen: sämtliche Turbulenzen des Lebens natürlich, aber darüber hinaus auch Lektüre, Bekanntschaften, die Hypnose, Psychotherapie und so weiter. Doch für die meisten Menschen birgt dies alles noch ein weiteres wichtiges Risiko, nämlich Veränderung jener Persönlichkeit, die sie sich künstlich errichtet haben, um im Alltag zu bestehen.

Dass ich meine Erfahrungen mit dem Deltafliegen so sehr betone, rührt daher, dass sie mir erlaubt haben, all das zu verstehen, was ich in spiritueller Literatur gelesen hatte, und in den Genuss jenes Geisteszustands zu kommen, in dem der Menschen sich selbst verwirklichen kann: im Einklang mit seinem Geist, seinem Körper und seiner Seele. Dieser Zustand ist nicht aus irgendwelchen philosophischen Überlegungen entstanden, sondern ganz im Gegenteil durch gelebte Erfahrungen, die mir eine gesteigerte Effizienz und Leistungsfähigkeit vor Augen geführt haben, wie man sie auch im Alltag gebrauchen kann.

Um sich in seiner Existenz selbst zu verwirklichen, muss

man sich seinen Weg zwischen Krankheiten und Unfällen, Kriegen und Naturkatastrophen, Jobverlusten und der Pensionierung hindurch bahnen, zwischen Konflikten und Trauerfällen. Unser Bildungsweg lehrt uns ausschließlich, so gut es geht gegen das Leben anzukämpfen und seine Gefahren zu meiden. Wir lernen zu wenig über die Bedeutung der Eigenverantwortung, über Entscheidungsfindung und Risikomanagement. Auf diese Weise werden wir von unseren philosophischen und spirituellen Zielen abgeschnitten. Doch niemand kann uns daran hindern, unsere inneren Welten zu erforschen, egal mit welchen Mitteln.

BESSER FUNKTIONIEREN OHNE KONTROLLE?

Für gewöhnlich empfinden wir den Verlust unserer Orientierungspunkte und unserer Gewohnheiten als Katastrophe. Doch kann ein plötzlicher Wandel nicht auch Anlass dazu sein, tief in unserem Inneren Lösungsansätze und Reaktionen zu suchen, die wir noch nie zuvor genutzt haben? Das ist der Zauber des Abenteuers: Wir können dem Ungewissen offen gegenübertreten und so unsere Kreativität anregen. Es wird zu einer Krise, die wir akzeptieren, um uns von unseren festgefahrenen Verhaltensmustern zu befreien.

Wie sollte man heilen?

Im Jahr 1977 stürzte ich mich in ein Medizinstudium, um mehr über die sogenannte Psychosomatik zu erfahren, einen etwas barbarischen Begriff, der in den Siebzigerjahren geprägt wurde: Man vermutete einen Einfluss der Seele auf den Körper. Im fernen Osten würde dies ein Lächeln hervorrufen: »In Europa braucht ihr extra ein Wort für eine so offensichtliche Tatsache?«

Medizin zu studieren bot sich als Möglichkeit an, den Menschen in seinen Funktionsweisen besser kennenzulernen: was ihn glücklich oder unglücklich macht, was seinen Erfolg ausmacht und sein Scheitern. Es ging nicht nur um eine Berufung dazu, Menschen zu heilen, sondern auch um meine persönlichen Fragen über den Sinn des Lebens und der Persönlichkeitsentwicklung. Durch das Deltafliegen interessierte ich mich besonders für die Psychiatrie und die Psychotherapie. Ich spürte den Drang, meine Erkenntnisse aus dem Flugbereich auch beruflich anzuwenden. Die Intensität jener Momente des vollen Bewusstseins und der Geistesgegenwart, die ich unter meiner Tragfläche erlebt hatte, das Maß an Leistung, das ich dank der Kontrolle meiner Reaktionen im gegenwärtigen Moment vollbringen konnte, und die Leichtigkeit selbst in den stressigsten Augenblicken waren meines Erachtens genau das, was meinen Patienten fehlte. Ich kam zu dem Schluss, dass gerade die Menschen in ihrem Leben besonders litten, die nicht genügend gelernt hatten, sich zu kontrollieren und sich anzustrengen, um das zu werden, was sie wollten, und zu besitzen, wovon sie träumten. Ich verglich Existenzkrisen mit Turbulenzen, mit Luftlöchern oder Sturmböen, die man unter großer Anstrengung durchfliegen muss. Insofern betrachtete ich die Psychotherapie als eine Möglichkeit für meine Patienten, ihr Bewusstsein zu entwickeln, um die akrobatischen Momente ihrer Flugbahn kontrollierter und leistungsfähiger zu manövrieren.

Erst als ich zum Ballonfahrer wurde, begriff ich, wo die Kontrolle aufhört, wirksam zu sein ...

Ich begann mit einer psychoanalytischen Therapeutenausbildung an der medizinischen Fakultät von Lausanne, wo man zu jener Zeit auf Sigmund Freud schwor. Ich fand dort sicherlich interessante Erklärungsansätze und sogar wirkungsvolle Methoden für bestimmte Patienten, doch nur für etwa 10 bis 20 Prozent der Fälle. Der Fehler lag wie so oft darin, eine bestimmte Theorie als allgemeingültig zu behandeln und daraus ein alleiniges Konzept zu entwickeln, das keinen Spielraum mehr für andere Ansätze ließ.

Das Freud'sche Persönlichkeitsmodell interessierte mich. Das Ich ist aufgeteilt in das Es, das vom Lustprinzip getrieben wird, und das Über-Ich, die Stimme der Autorität. Was für das Ich aufgrund der Einmischung des Über-Ichs nicht akzeptabel ist, wird ins Unbewusste verdrängt und taucht irgendwann in Form neurotischer, hysterischer, phobischer oder depressiver Symptome wieder auf.

Das Konzept der Verdrängung fand ich überzeugend. Nicht unbedingt durch die Intervention des Über-Ich, mit Sicherheit jedoch durch unsere Furcht vor dem Ungewissen, die jede Regung unterdrückt, unsere Gewohnheiten infrage zu stellen.

Ich stellte mir vor, Patienten gegenüberzusitzen, die ihr Leben wieder in die Hand nehmen mussten. In Wirklichkeit jedoch hatten die meisten Menschen, die einen Termin bei mir machten, schon gelernt, ihr Leben zu kontrollieren und gegen ihre Ängste anzukämpfen, gegen ihre Phobien, Depressionen und andere Symptome. Sie hatten gelernt, sich für das abzurackern, was sie erreichen wollten, und sich gegen Dinge zu wehren, von denen sie nicht wollten, dass sie eintraten: sei es in ihrem Handeln, ihren Gefühlen oder ihren zwischenmenschlichen Beziehungen.

Einige von ihnen hatten das Konzept der totalen Kontrolle über sich selbst und andere so gut verinnerlicht, dass ich sie guten Gewissens mit einem Deltaflieger in eine Sturmfront hätte schicken können … Sozusagen! … Sie hatten gelernt, gegen ihre Probleme anzukämpfen, doch gleichzeitig hatten sie keine einzige Alternative erlernt, die ihnen dabei hätte helfen können, die Turbulenzen in ihrem Leben zu durchfliegen, um ihre Ziele zu erreichen oder sich selbst in Einklang mit ihrer Umwelt zu verwirklichen.

Sie hatten all das gelernt, was unsere westliche Welt sie lehren konnte, und trotzdem war es nicht genug, um glücklich zu werden. Ihr Leben brachte ihnen keine Erfüllung, gab ihnen nicht, wonach sie suchten. Sie suchten nach etwas anderem, wobei sie häufig nicht wussten, worum es sich dabei handeln könnte: um eine andere Art, das Leben und ihre Mitmenschen zu betrachten, zu reagieren und sich zu verhalten …

Sie kamen nicht mit der Bitte zu mir, aus dem Gefängnis

entlassen zu werden, das sie sich selbst gebaut hatten – zwar nicht bewusst, doch genau darum ging es eigentlich. Sie hielten ein anderes Leben für möglich. Sie versuchten, ihrer Enttäuschung über das Leben beizukommen, und ich bewunderte sie dafür, dass sie sich Hilfe suchten.

Trotz der klassischen Therapiemethoden, die ich während meines Studiums der Medizin und der Psychiatrie erlernt hatte, hielt sich bei mir der Eindruck, in einer interessanten, aber lückenhaften Perspektive festzustecken.

Auch was ich beim Deltafliegen gelernt hatte, reichte nicht aus. Sicherlich fehlte meinen Patienten das Bewusstsein über sich selbst im gegenwärtigen Moment, natürlich hatten sie keine Verbindung zu ihren inneren Kraftreserven, doch ich sah keine Möglichkeit, solch uralte und festgefahrene Symptomatiken mit herkömmlichen Methoden zu heilen. Ich wusste auch nicht, wie ich ihnen helfen sollte, ihre Zukunft in eine neue Richtung zu lenken. Es gelang mir mit den mir bekannten Mitteln nicht, die Philosophie in die Praxis miteinzubeziehen. Zumal mir meine Meditationsmeister rieten, meine spirituelle Suche gänzlich von meinen Aktivitäten als behandelnder Arzt zu trennen.

Das Ungewisse schätzen lernen

So steckte ich in einer Sackgasse, bis ich zum ersten Mal Heißluftballon fuhr und schließlich 1992 meine erste Wettfahrt über den Atlantik gewann.

Es war eine Offenbarung: Ohne jegliche Kraft und künstlichen Antrieb, da man sich auf keinen Motor verlassen kann; ohne jegliche Kontrolle, da der Wind einen eben in Windrichtung treibt; im Grunde sogar ohne jegliche Geschwindigkeit, da man sich exakt mit Windgeschwindigkeit fortbewegt. Um zu verstehen, was nun folgt, muss man sich vergegenwärtigen, dass man in einem Heißluftballon selbst bei 200 km/h keinen Wind im Gesicht spürt. Man wird von der Luftmasse um sich herum getragen wie ein Korken, der auf dem Wasser schwimmt ... ins Ungewisse.

Eine Fahrt im Heißluftballon ist also, wenn man die Analogie zum Leben weiterdenkt, eine permanente Krisensituation. Man weiß sehr genau, woher man kommt, aber man hat keine Ahnung, wohin man unterwegs ist ... Was vermutlich der Grund dafür ist, weshalb die meisten Menschen nur abwinken, wenn es darum geht, einmal einen solchen bunten Ballon zu besteigen.

Natürlich zeigt sich auch dort die Analogie zu unserem Alltag.

Wir haben Angst vor dem Ungewissen, weil wir nicht wissen, was wir damit anfangen sollen. Die Stille, das Innehalten, das unbeschriebene Blatt, all das bedeutet einen Bruch mit dem unaufhörlichen Informationsfluss, den unser Gehirn empfängt. Es wird als Bedrohung für das meist sehr sensible Gleichgewicht empfunden, das wir uns erfolgreich erschaffen haben. Dies gilt umso mehr für neue Situationen, für die wir noch nie eine Herangehensweise erlernt haben. Wie sollen wir hinnehmen, dass uns die Winde der Atmosphäre, genau wie die Winde des Lebens, in eine Richtung wehen, die wir uns nicht ausgesucht haben?

Wir haben gelernt zu beherrschen, was innerhalb unserer Komfortzone liegt, nicht außerhalb. Wir haben uns Reaktionen auf jeden Stimulus angeeignet, basierend auf unseren individuellen Erfahrungen. Deshalb haben wir kein Rezept und keinen Automatismus für eine Situation, die wir in dieser Form noch nie durchleben mussten. Unser Computer ist für sie einfach nicht programmiert.

Es gibt also zwei Möglichkeiten, auf Ungewohntes zu reagieren. Die Vermeidung, wenn eine Situation unsere gewöhnliche Reaktionsfähigkeit übersteigt. Oder eben das Abenteuer, also die Suche nach neuen Bewältigungsmustern und danach, den Kontrollverlust zu entmystifizieren, durch eine neue Erfahrung zu wachsen und so die Leistungsfähigkeit zu steigern.

Wenn ich von einem Abenteuer spreche, denke ich nicht »spektakulär«, sondern vielmehr »außer-gewöhnlich«. Außergewöhnlich in zwei Worten, um zu betonen, dass wir uns plötzlich außerhalb unserer Gewohnheiten befinden.

Natürlich beginnt ein Abenteuer oft mit einem Moment der Angst. Na und? Diejenigen, die noch nie Angst empfunden haben, sind auch noch nie aus ihrer Deckung hervorgekommen. Die Ärmsten! Sie schweben tatsächlich in Gefahr und sollten Angst haben, denn sie werden niemals bereit sein, um sich durch den Wind des Lebens zu manövrieren, wenn dieser ihnen einmal um die Ohren pfeift.

Auch ich habe es gehasst, meine Komfortzone zu verlassen, bis zu dem Tag, an dem ich mich unwiderruflich in der Gondel eines Ballons wiederfand, der mich über den Atlantik trug.

Zunächst handelte es sich um ein Rennen zwischen fünf Teams, in dem es darum ging, von den USA aus als Erste Europa zu erreichen. Doch in Wahrheit verlief alles ganz anders. Die Wetterbedingungen machten diesen einfachen Plan zunichte: Zwei Ballons wurden in einem katastrophalen Sturm zur Notwasserung gezwungen, ein anderer hat Europa verfehlt und ist stattdessen in Afrika gelandet. Mein Teamkollege Wim Verstraeten und ich fuhren durch strömenden Regen, 2500 Kilometer vom rettenden Festland entfernt. Und dennoch …

Dennoch funktionierte ich in diesen fünf Tagen und fünf Nächten besser als zu jeder anderen Zeit meines Lebens, in der ich alles im Griff hatte. Noch besser als im Deltaflieger. Ich spürte Zugang zu einer noch höheren Leistungsfähigkeit, zu einem höheren Bewusstsein für das Hier und Jetzt. Mehr Selbstvertrauen. Und mehr Freiheit. Wim und ich fanden einen guten Zugang zueinander, blieben emotional im Gleichgewicht, trafen gute Entscheidungen und entwickelten passende Strategien. Ich betrachtete mein normales Leben aus so großer Ferne, von so hoch oben, dass ich nicht umhinkam, mich zu fragen, warum ich winzigen Details häufig so viel Aufmerksamkeit schenkte. Ich spürte, dass ich aus vollen Zügen lebte, in einem solchen Bewusstsein und einer solchen Intensität, dass ich mir wünschte, dieses Gefühl möge sich für den Rest meines Lebens in meinem Innern verankern.

Doch wie war das möglich? Wie kann man besser funktionieren, wenn man die Kontrolle verliert?

Das Konzept des Kontrollverlusts wird oft missverstanden. Der Rennfahrer Mario Andretti hat einmal gesagt: »Wenn Sie die Kontrolle über Ihr Fahrzeug haben, dann sind Sie noch nicht schnell genug.«

Ich zitierte ihn einmal bei einem Vortrag in Österreich, bei dem auch der Formel-1-Gewinner Niki Lauda anwesend war. »Das kommt davon, wenn man die Kontrolle verliert!«, rief dieser mir in Bezug auf die Verbrennungen in seinem Gesicht zu, einer Verletzung, die von einem Unfall am Nürburgring stammte.

Die Blitze des totalen Bewusstseins, die ich beim Gleitflug erlebte, dauerten einige Sekunden, manchmal eine oder zwei Minuten. Dort, über dem Atlantik, hatte solch ein Blitz zweiundzwanzig Stunden angehalten, und er hinterließ in meinem Alltag eine weitaus dauerhaftere Spur als meine Rauchfackeln am Himmel.

Ich kann nicht leugnen, dass der erste Flugtag von Angst und vor allem von jenem Ohnmachtsgefühl geprägt war, das von der Funktionsweise des Ballons herrührt. Es ist der Wind, und nur der Wind, der unsere Flugbahn bestimmt, und unser Seelenzustand ändert daran rein gar nichts. Wir waren in den USA gestartet, der Wind trieb uns voran, und wir trieben unwiderruflich ins Ungewisse. Da wir mit allem rechnen mussten, waren Wim und ich gezwungen, mit offenem Herzen und offenem Geist zu handeln. Offen gegenüber unvorhergesehenen Ereignissen, Stürmen, einer Panne am Brenner oder am Ventil, einer Notwasserung, offen für Erfolg oder Misserfolg.

In diesem Zustand vollkommener Offenheit waren wir hellwach und hoch konzentriert, und so mussten wir feststellen, wie viel leistungsfähiger wir dort oben verglichen mit dem normalen Leben waren. Da uns dies nach und nach bewusst wurde, konnten wir anfangen, uns selbst mit einem gewissen Abstand zu betrachten. Schließlich wich unsere natürliche Angst vor einer gefährlichen Situation einem anderen, tieferen Gefühl: einer Art Selbstbewusstsein, das uns alles akzeptieren ließ, was noch vor uns lag.

Das Abenteuer ist eine Geisteshaltung

Tatsächlich geht es bei extremen Abenteuern – den wahrhaftigen, nicht solchen, mit denen öffentlich Eindruck geschunden werden soll – weder um eine Flucht nach vorn noch um einen Adrenalinkick. Ganz im Gegenteil ermöglichen extreme Abenteuer uns durch die neuen Gefühle, die wir im Alltag kaum spüren, eine neue, intimere und authentischere Verbundenheit mit uns selbst.

Das Abenteuer ist ein Moment des Umbruchs, in dem uns klar wird, dass es nun nicht mehr ausreicht, automatisch unser erlerntes Programm abzuspulen. Man muss daher Zweifel und Fragezeichen hinnehmen, man muss sie sogar ausnutzen, um die eigene Kreativität zu stimulieren, sodass man plötzlich fähig ist, neue Lösungen, neue Einstellungen, Strategien und unbekannte Verhaltensweisen zu finden.

An dieser Stelle müssen wir uns folgende Frage stellen: »Wie soll man plötzlich neue Verhaltensweisen und Lösungsansätze an den Tag legen, die man nie zuvor erlernt hat?«

Wenn wir die Metapher des menschlichen Computers weiterdenken, sind wir davon ausgegangen, dass wir mit einer Software funktionieren, einem Programm, das darauf eingestellt ist, das Ungewisse zu bekämpfen. Doch wir besitzen auch eine Hardware, eine Festplatte, die unser Bewusstsein für uns selbst im Hier und Jetzt beinhaltet, außerdem unsere Intuition, unser Reaktionsvermögen und Gefühle, zu denen wir keinen Zugang haben, vor denen uns unsere Komfortzone schützt. In einem Moment des Bruchs liegt der Zauber des Abenteuers meiner Meinung nach darin, uns zwangsweise mit uns selbst zu verbinden, da wir in uns selbst nach den Kräften suchen müssen, die es uns ermöglichen, uns einer neuen Situation zu stellen.

Bei einem Abenteuer reicht es nicht aus, die Außenwelt zu entdecken. Vor allem muss man seine Innenwelt kennenlernen, man muss aus seinen eigenen tiefsten Quellen schöpfen.

So betrachtet, ist das Abenteuer eine Krise, die man annimmt, die man sogar manchmal provoziert, wie bei unserer Atlantiküberquerung im Heißluftballon. Umgekehrt ist eine Krise ein mögliches Abenteuer, das uns vom Leben angeboten wird, das wir jedoch ablehnen, weil wir den Kontrollverlust fürchten.

Ja, das Abenteuer ist eine Krise, die man annimmt, und eine Krise ist ein Abenteuer, das man ablehnt. Und in jedem einzelnen Moment unseres Lebens können wir entscheiden, ob der Bruch, der uns begegnet, dazu da ist, uns zu zerstören oder daran zu wachsen, ob er uns dazu zwingen wird, Fähigkeiten in uns zu entdecken, deren Existenz uns gar nicht bewusst war.

Immer wieder bin ich erstaunt darüber, dass wir für gewöhnlich nur einen Bruchteil unserer geistigen und emotionalen Möglichkeiten nutzen. Wie reich das Leben wäre, wenn der Mensch sich seiner wahren Natur öffnen und den Weg des Wohlbekannten mit einem Schritt verlassen könnte! Nein, wirklich, das Abenteuer ist nichts, was man unternimmt, es ist etwas, was man lebt, was man fühlt und dessen man gewahr wird. Eine geistige Haltung gegenüber dem Ungewissen.

In unserem Heißluftballon standen Wim und ich einem ungeheuerlichen Paradoxon gegenüber: Auf der einen Seite waren wir vollkommen vom Wind abhängig, der uns vorantrieb, Gefangene der Meteorologie; auf der anderen Seite fühlten wir uns vollkommen frei, wir selbst zu sein. Als hätte man uns plötzlich die Bürde von Vergangenheit und Zukunft genommen. Wir lebten von Sekunde zu Sekunde und kosteten in jedem Moment den Eindruck aus, die Zeit verginge plötzlich ein wenig langsamer, nur damit wir sie umso intensiver wahrnehmen könnten.

Und doch war mir die ganze Zeit klar, dass dieser außergewöhnliche Eindruck der Harmonie nur dadurch ermöglicht wurde, dass wir uns in dieser künstlich herbeigeführten Situation befanden. Unsere Gondel war in der Nähe von Boston abgehoben, und irgendwann würde sie in der ganz normalen Welt wieder auf den Erdboden zurückkehren. Doch dieser Ausblick machte mich nicht traurig, da er einen nicht unwesentlichen Teil dieser Erfahrung ausmachte. Der Wind würde uns früher oder später ins alltägliche Leben zurückwehen. Doch vielleicht wäre es dank dieses Ozeans, in dessen Nähe wir einige Tage verbringen durften, dank dieses einzigartigen Kontakts mit uns selbst am Ende nicht mehr das gleiche Leben wie zuvor. Diese Lebenslust, die wir gekostet hatten, würde uns sicherlich auf unserem Weg vorantreiben. Denn alles, was wir fühlten, konnte nur ein Vorgeschmack auf das wahre Abenteuer sein: sich unserem Innenleben zu öffnen, um sich dem anzunähern, was unserer Existenz wahrhaftig Sinn verleiht.

Im Alltag prallt diese Möglichkeit auf jede Menge Vorurteile und irrationale Ängste, die uns daran hindern, uns selbst infrage zu stellen. Doch hier, zwischen Meer und Himmel, zwischen Amerika und Europa, zwischen Unsicherheit und geheimem Zauber, wurde aus dem Ungewissen ein Verbündeter.

Kein Zurück

Diese Erfahrung hat meinen Blick auf das Leben völlig verändert.

Ich habe während dieser Zeit zu viel dazugelernt, um noch derselbe Mensch zu bleiben. Als ich meine Arbeit als Psychiater wieder aufnahm, hatte ich das Gefühl, meine gesamte Herangehensweise an die Medizin sei auf den Kopf gestellt worden. Das war ungewohnt, da sich mein eigenes Wissen, meine Vorstellungen und Gewohnheiten als fehlerhaft entpuppt hatten. Mir wurde bewusst, dass das Abenteuer, das wahrhaftige, nicht mit dem Start in den USA, sondern mit der Landung in Spanien begonnen hatte. Das Abenteuer war noch nicht zu Ende, ganz im Gegenteil, es hatte gerade erst begonnen!

Dies wurde mir bei all den Vorträgen und während all der Interviews bewusst, die ich anschließend gab. Je mehr ich darüber sprach, desto mehr wurde die Atlantiküberquerung im Heißluftballon für mich zu einer Metapher des Lebens. Nicht für das alltägliche Leben, sondern für ein anderes Leben. Am Ende eines jeden Vortrags hatte ich das Gefühl, dass es ebenso möglich gewesen wäre, ein paar computergenerierte Bilder an die Wand zu projizieren, also niemals wirklich einen Ozean überquert zu haben, und dennoch hätte ich nicht lügen müssen, wenn ich von meinen Erfahrungen berichtet hätte.

Was ich von diesem Abenteuer mitgenommen habe, gilt sowohl für eine Fahrt im Ballon als auch für das Leben an sich: Unsere irrationalen Ängste vor dem Ungewissen sind die Wurzel vieler unserer Leiden. Und unser übermäßiger Kontrollzwang, der von mangelnder Intuition und fehlendem Selbstbewusstsein herrührt, sorgt dafür, dass wir viele Geschenke des Lebens ungeöffnet links liegen lassen.

Was unsere Reise zu einem wahrhaftigen Abenteuer machte,

so entdeckte ich, war unser Bruch mit starren Verhaltensweisen, der uns aus unserer Komfortzone hinausschob und uns dazu zwang, anders zu leben als in unserer lähmenden Alltagsroutine. Das Abenteuer hängt also vollkommen davon ab, wie sehr es uns unwiderruflich vorantreibt, und davon, dass es uns keine Möglichkeit bietet, auf halbem Wege kehrtzumachen und uns der Erfahrung zu verweigern. Wenn uns die Möglichkeit geboten wird, einen Rückzieher zu machen, dann nutzen wir diese, bevor wir in uns selbst die Lösung gefunden haben.

Als uns der Wind auf die 5000 Kilometer zuwehte, die sich vor uns erstreckten, gab es keinen Weg mehr zurück. Zunächst destabilisierten uns die völlig unkontrollierbaren Situationen, die wir meistern mussten, die fehlenden Orientierungspunkte. Wir durchlebten einen schmerzhaften Moment des Bruchs, wurden uns der Gefahr bewusst, die wir in Kauf genommen hatten. Keines unserer üblichen Denkmuster war uns mehr dienlich, kein Reflex, weder in unserer Beziehung, unserem Leben an Bord oder unserer Art zu navigieren. Wir wussten noch nicht einmal, wie die nächste Minute ablaufen würde, und trotzdem gab es keinen Weg mehr zurück.

Nachdem wir den ersten Tag damit zugebracht hatten, uns innerlich gegen die Situation zu sträuben, offenbarte sich schließlich eine andere Herangehensweise. Zu unserem großen Erstaunen erlaubte uns die Unsicherheit, dem Hier und Jetzt offen zu begegnen und alles neu infrage zu stellen. So konnten wir wesentlich mehr leisten, wurden viel effizienter, unsere Vorurteile fielen von uns ab, und wir passten uns jeder neuen Situation an. Das Vertrauen in die Unwägbarkeit und das Ungewisse gab uns ein stärkeres Gefühl von Freiheit.

Von Weitem betrachtet könnte man sich das Leben als enormes Abenteuer vorstellen, wenn es uns nur gelänge, Einschnitte in unserem Leben positiv zu betrachten, sie zu nutzen, um unsere Kreativität zu stimulieren. Wir werden in unserem Leben immer wieder mit Momenten konfrontiert, in denen wir die Kontrolle verlieren, doch wir weichen ihnen immer nur aus, da sie in unseren Augen Krisen oder Dramen sind. Man kann sie entweder als Irrwege des Lebens betrachten, die es um jeden Preis zu vermeiden gilt, oder aber als unvermeidliche Anstöße dazu, in sich selbst neue Stärke zu finden.

Alles in allem sind die Stürme, die von Zeit zu Zeit unsere friedliche Existenz aufwirbeln, wohl nicht dazu da, uns unter sich zu begraben, so schmerzhaft sie auch sein mögen. Ganz im Gegenteil können sie dazu dienen, unsere schöpferische Kraft zu wecken und unserem Schicksal ins Auge zu blicken. Sie zwingen uns dazu, einen Schritt zurückzutreten, unser Wertesystem neu zu ordnen, um von uns selbst unabhängiger zu werden und mit uns selbst verantwortungsvoller umzugehen.

Mir ist klar, dass das, was ich sage, im Gegensatz zur Doktrin unserer modernen Gesellschaft steht, die die Sicherheit dem Risiko vorzieht und persönliche Rechte und Besitz predigt statt Pflichten und Verantwortung uns selbst gegenüber. Sicherlich sind Rechte und Besitz wichtig, sogar fundamental. Aber unser ständiges Verlangen nach immer mehr führt nur zu permanenter Frustration. Stattdessen sollten wir uns bewusst machen, dass wir auch gewisse Pflichten gegenüber uns selbst und den Menschen um uns herum haben. Wir sollten deshalb beständig an uns arbeiten, an uns selbst und unseren Mitmenschen.

Wir müssen dem Wind des Lebens ebenso vertrauen wie dem Wind, der meinen Ballon in Richtung Ozean wehte.

Meine 18 Jahre im Deltafliegen haben mir sicherlich dabei geholfen, eine gewisse Intuition für derlei Dinge zu entwickeln, doch erst die Überquerung des Atlantiks mit Rückenwind hat diese Erkenntnisse gefestigt und für mich anwendbar gemacht. Ich war davon ausgegangen, dass Leistung daran geknüpft ist zu lernen, das Hier und Jetzt bei Wind und Wetter zu beherrschen. Doch dann wurde mir klar, dass Kontrollverlust dazu führen konnte, ganz von selbst ein höheres Leistungsniveau und ein Bewusstsein für sich selbst zu erreichen, das von wesentlich größerer Dauer ist.

Meine Fahrt im Ballon ist für mich zu einer Lebensphilosophie geworden: Ereignisse, die sich nicht ändern lassen, treiben uns voran.

Und so habe ich mit dem Wind im Rücken einige neue Ideen entwickelt, um mich etwas besser auf unserer Erde bewegen zu können, in meiner Rolle als Arzt, aber auch als Mensch im Allgemeinen.

STRESS ODER FATALISMUS?

Natürlich müssen wir kämpfen, um zu verändern, was sich verändern lässt. Doch was ist mit dem Rest? Mit all dem, was sich unserer Kontrolle entzieht? Statt sich dem zu ergeben, müssen wir lernen, es zu unserem Vorteil zu nutzen, manchmal sogar den Bogen zu überspannen, damit eine zunächst ausweglos erscheinende Situation zu einem überraschenden Ergebnis führt. Doch wie finden wir eine gesunde Balance zwischen Stress und Fatalismus?

Sich gegen den Wind stemmen?

Wir alle haben unsere Vorlieben, unsere Hoffnungen, Träume und Ziele. Doch wenn wir einmal gemeinsam zurückschauen: Wie oft hat sich das Leben ganz anders abgespielt, als wir es geplant hatten? Wie oft hat uns der Wind des Lebens genau das in den Schoß getragen, was wir uns gewünscht hatten? Seien wir ehrlich und denken wir ebenso an unsere Erfolge wie unsere Misserfolge. Selbst unsere Erfolge waren manchmal reiner Zufall! Wenn wir die Kräfte nicht spüren, die uns durch unsere Existenz treiben, dann stemmen wir uns gegen die Elemente, gegen den Wind.

Eine amerikanische Studie förderte ein überraschendes Ergebnis zutage: Nur 20 Prozent unseres Lebens sind planbar. Eine These, die weder leicht zu beweisen noch anzuzweifeln ist. Doch wenn wir einmal unser Leben und das unserer Mitmenschen betrachten, scheint sie nicht mehr so weit hergeholt.

Und was tun wir? Aus Gewohnheit verwenden wir 100 Prozent unserer Energie darauf, 20 Prozent von dem zu kontrollieren, was uns passiert. 80 Prozent unserer Energie verschwenden wir also an Stress und Angst. Und das nur wegen unseres Verlangens nach Kontrolle.

Wie können wir das ändern? Mit den verbleibenden 80 Prozent sollten wir lernen, zum Piloten im Heißluftballon unseres Lebens zu werden, der sich vom Wind treiben lässt. Wir können uns innerlich darauf trainieren, die Unwägbarkeiten als Chancen zur Entwicklung wahrzunehmen, auf Verbesserung, einen Zuwachs an Flexibilität, Kreativität und Leistungsfähigkeit. Wenn wir uns immer nur auf derselben horizontalen Ebene abrackern, halten uns die Strömungen gefangen und treiben uns in die falsche Richtung.

Im Leben haben wir immer wieder mit Situationen zu tun, die wir nicht ändern können, und doch haben wir gelernt, sie abzulehnen, statt sie zu unserem Vorteil zu nutzen.

Ich musste erst Luftfahrer werden, um das zu verstehen. Und auch, um das folgende Gebet des Kaisers Marc Aurel zu verstehen, das schon viele Philosophen in Betracht gezogen haben: »Herr, gib mir die Kraft, zu verändern, was sich verändern lässt; den Mut, hinzunehmen, was sich nicht verändern lässt; und die Weisheit, das eine vom anderen zu unterscheiden.«

Die Situation annehmen

Es liegt an uns, die Entscheidung zu treffen, gegen eine Situation zu kämpfen, die uns nicht gefällt, oder sie anzunehmen. Es mag vielleicht etwas merkwürdig klingen, aber eine Situation zu akzeptieren, sie anzunehmen ist eine Entscheidung, die nichts mit Schwäche oder Fatalismus zu tun hat. Mit Aufgabe oder Flucht. Ganz im Gegenteil, ich glaube, dass es dabei um verantwortungsvolles Handeln geht. Ich kann mir endlich sagen: »Ich nehme diese Situation jetzt an.« Und so kann ich neue Lösungen finden, die außerhalb meiner gewöhnlichen Verhaltensmuster liegen.

Man muss sich also zunächst immer folgende Frage stellen: »Handelt es sich um ein Problem, das ich kämpferisch lösen kann, oder ist es besser, die Situation anzunehmen und mich von ihr leiten zu lassen?«

Ich erinnere mich noch genau an den Tag, an dem mein Vermieter mir verkündete, er wolle meinen 100 Quadratmeter großen Keller gegen eine zwölf Quadratmeter kleine Abstellkammer tauschen, wodurch ich keinen Platz für viele meiner gelagerten Sachen mehr gehabt hätte. Meine erste Reaktion wäre gewesen zu sagen, dass mein Mietvertrag mich zur Nutzung dieses Kellerraums berechtige und es insofern außer Frage stände, auch nur irgendetwas an der jetzigen Situation zu ändern. Für diese Strategie hätte ich sehr stark sein müssen, ich hätte einen guten Anwalt anrufen, viel Geld ausgeben und akzeptieren müssen, mit dem Vermieter von nun an auf Kriegsfuß zu stehen, denn dieser hätte in der Folge sicherlich nach einem Weg gesucht, mich rauszuschmeißen. Ich habe einen Moment innegehalten, da ich das Verlangen spürte, ihm die Meinung zu geigen, gleichzeitig jedoch wusste, dass ich anders reagieren musste.

»Ich bin kein rachsüchtiger Mieter. Es handelt sich hier um Ihre Immobilie, und Sie haben das Recht, damit zu verfahren, wie Sie möchten. Ich werde mich mit dem Platz zufriedengeben, den Sie mir zuteilen.«

Ich sah, wie der Vermieter nachdachte, bevor er erwiderte: »Wenn ich es mir recht überlege, ist der neue Kellerraum, den ich für Sie vorgesehen hatte, wirklich etwas klein. Es gibt keinen größeren, aber ich könnte Ihnen zwei davon anbieten.«

Zu einem Konflikt gehören immer zwei. Es braucht eine gewisse Unnachgiebigkeit, die den anderen anstachelt. Ohne Unnachgiebigkeit kommt es nicht zum Kampf. Wenn man sich parallel zum Gegner bewegt, hat dieser keinen Grund mehr, anzugreifen oder sich zu verteidigen. Ich schlage Ihnen ein Experiment vor: Fordern Sie einen Freund zum Armdrücken auf und leisten Sie ihm anschließend beim Spiel keinen Widerstand. Ihr Gegner wird ein- oder zweimal mühelos gewinnen und dann das Interesse verlieren.

Vor meinen Jahren als Ballonpilot wäre ich in die Falle getappt und hätte die Konfrontation gesucht, auch in der folgenden Situation: Sie ergab sich gegen Ende eines meiner Vorträge im Rahmen einer Benefizveranstaltung für meine Stiftung. 600 Menschen hatten eine Eintrittskarte gekauft, der Saal war bis auf den letzten Platz gefüllt. Als wir zum Frage-Antwort-Teil übergingen, hob ein Mann die Hand, um ums Mikrofon zu bitten, und fragte mich: »Haben Sie eigentlich mitgezählt, wie viele Schwachsinnigkeiten Sie heute innerhalb einer Stunde von sich gegeben haben?«

Meine erste Reaktion hätte mich dazu verleiten zu können zu argumentieren, dass ich nicht glaubte, es handle sich um Schwachsinn, doch dann hätte ich schon verloren. Vielleicht hatte ich mich nicht klar genug ausgedrückt, und dadurch waren einige meiner Gedanken schwer verständlich gewesen. Andere Gäste hätten sich eingemischt, und die Situation wäre mir entglitten.

Ich hatte davon gesprochen, sich vom Wind treiben zu lassen, wenn eine Situation nicht zu ändern war. Und nun musste ich Taten sprechen lassen.

Zwei Sekunden lang verspürte ich einen Anflug von Aggression, der alles zunichte gemacht hätte, was ich gerade vorgetragen hatte. Ich suchte nach einem Weg, mich genau gegenteilig zu verhalten, nach einer Möglichkeit, kampflos Herr der Lage zu bleiben.

»Und Sie, haben Sie mitgezählt, wie viele Leute hergekommen sind, um sich meinen Schwachsinn anzuhören?«

Tosender Applaus stieg aus dem erleichterten Auditorium auf, das wahrgenommen hatte, wie ich die Methode anwandte, die ich predigte. Mein Angreifer, entwaffnet und isoliert, wurde rot und setzte sich wieder.

Diese Beispiele sind essenziell, denn ohne diese geistige Haltung wäre es uns als Team des Breitling Orbiter niemals gelungen, die Probleme zu lösen, die sich im Vorfeld unserer Weltumrundung im Ballon ergaben.

Ein absoluter Knackpunkt auf dem Weg zum Erfolg war die Erlaubnis, den chinesischen Luftraum zu durchqueren. Unser zweiter Versuch war daran gescheitert, dass die Chinesen uns trotz einjähriger Verhandlungen keine Erlaubnis erteilt hatten. Beim dritten Versuch war es absolut notwendig, sie zu bekommen, sonst wäre auch er sicher zum Scheitern verurteilt gewesen. Wir analysierten die Situation, und uns wurde klar, wie falsch wir uns verhalten hatten, genau wie unsere Konkurrenten, die ebenso aufgetreten waren wie wir. Wir alle hatten den Chinesen gesagt: »Wir brauchen diese Erlaubnis. Und die internationalen Gesetze sind eindeutig: Jedes Land muss ab und zu privaten Flügen eine Flugerlaubnis erteilen. Vom Rest der Welt haben wir diese Erlaubnis schon bekommen, was ja wohl deutlich macht, dass es kein Problem ist, einen Heißluftballon durch einen wie auch immer gearteten Luftraum fliegen zu lassen.« So stemmten wir uns gegen den Wind, gegen die Situation, gegen unsere Gesprächspartner.

Was tat ich also in der nächsten Verhandlung? Ich fuhr nach China und sagte genau das Gegenteil von dem, was wir zuvor gesagt hatten: »Es tut uns leid, dass wir Ihnen so viele Unannehmlichkeiten machen. Wenn es leicht für Sie wäre, eine Erlaubnis zu bewilligen, hätten Sie dies sicherlich schon längst getan. Und dass andere Länder unseren Antrag bereits bewilligt haben, zeigt vermutlich nur, dass sie nicht mit denselben Schwierigkeiten kämpfen wie Sie. Wir sind also hergekommen, um zu verstehen, um was für Probleme es sich handelt, und gemeinsam mit Ihnen eine Lösung zu finden.«

Meine Verhandlungspartner machten große Augen und

antworteten: »Von acht Mannschaften, die um Erlaubnis gebeten haben, unseren Luftraum zu durchqueren, sind Sie die Einzigen, die versuchen, unsere Probleme zu verstehen und sich in unsere Situation hineinzuversetzen. Also werden wir das Gleiche tun und versuchen, Ihr Anliegen zu verstehen.«

Uns wurde also erklärt, dass die Kontrolleure des chinesischen Luftraums in den Achtzigerjahren nur die Grenzen und offiziellen Luftwege per Radar überwachten. Der Rest des Gebiets wurde mit Telefonen geleitet, und die Piloten empfingen ihre Flugpläne abhängig von anderen Durchsagen.

Unser Ballon, den allein der Wind über ein riesiges Land trieb und der dabei nicht hätte überwacht werden können, hätte insofern aus Sicherheitsgründen eine zweitägige Schließung des kompletten chinesischen Luftraums erfordert! Als wir dies begriffen, wurde uns klar, dass es sich nicht um böswilligen Starrsinn gehandelt hatte.

Wir einigten uns darauf, das Land nur im äußersten Süden oder Norden zu überfliegen, wo man uns per Radar beobachten konnte.

Doch das war noch nicht alles. Wenige Monate später, noch bevor ich abflugbereit war, durchquerte Richard Branson Zentralchina ohne Genehmigung, und infolgedessen wurde mir die Flugerlaubnis augenblicklich entzogen. Hätte ich sofort reagieren müssen, hätte ich wohl folgende Worte gewählt: »Ich halte absolut nichts von der Einstellung meines Konkurrenten. Es kommt nicht infrage, dass Sie mir seinetwegen die Flugerlaubnis entziehen, und ich werde starten, sobald die Wetterbedingungen es mir erlauben.«

Tatsächlich antwortete ich genau gegenteilig: »Ich bin äußerst bestürzt über das, was geschehen ist. Seien Sie versichert, dass ich nicht abheben werde, ehe ich eine neue Erlaubnis erhalten habe.«

Die chinesischen Behörden luden mich in die Botschaft ein,

um darüber zu reden. Dank unserer offenen Einstellung bekam ich eine neue Flugerlaubnis, mit der unsere Weltumrundung gelang.

Wenn ich diese Beispiele liefere, wirft man mir häufig vor, manipulativ zu sein. Doch wenn man die Wahrheit sagt und wirklich dahintersteht, kann es sich nicht um Manipulation handeln. Anscheinend sind wir so daran gewöhnt, andere mit jedem nur erdenklichen Argument überzeugen zu wollen, dass uns der Effekt von ernst gemeinter Ehrlichkeit häufig überrascht.

Der amerikanische Psychologe Bruno Bettelheim nannte diese Methode »In eines anderen Schuhen laufen«. So gesehen, ist Respekt eine Kraft. Nicht nur ein moralischer Wert, sondern ein rationales Werkzeug. Er geht mit dem Wunsch einher, unser Gegenüber zu verstehen. Herauszufinden, worin wir uns unterscheiden. Sich zu sagen, dass jeder nur so handeln kann, wie er zu handeln gelernt hat. Jeder ist das Ergebnis seines eigenen Lebenswegs. Den anderen ändern zu wollen ist illusorisch – die einzige Möglichkeit ist eine aus gegenseitigem Verständnis resultierende Allianz.

Dies führt uns zu dem häufig unverstandenen Unterschied zwischen Motivation und Überzeugung. Ich werde oft gefragt, wie es mir gelungen sei, so viele Sponsoren davon zu überzeugen, meine Expeditionen zu finanzieren. Dabei habe ich sie nicht überzeugt: Ich habe sie motiviert, was wahrhaftig nicht dasselbe ist.

Jeder Mensch, mit dem Sie verhandeln, steht Ihnen mit gemischten Gefühlen gegenüber, hin- und hergerissen zwischen dem Wunsch, Ihnen mit Ja zu antworten – oder mit Nein. Einen Verhandlungspartner zu überzeugen bedeutet, sehr viel Energie darauf zu verwenden, gegen den Teil in ihm anzukämpfen, der Nein sagen will. Es gilt aber, Argumente zu finden, die *für* Sie sprechen. Sie müssen jede Menge Einfallsreichtum aufbauen, um zu zeigen, dass es im Interesse Ihres Verhandlungspartners ist, sich Ihnen anzuschließen. Das kann funktionieren, doch Sie riskieren dabei, Ihren Sponsor bei der geringsten Schwierigkeit zu verlieren, wenn er sich hinters Licht geführt fühlt. Ganz sicher hätte ich Breitling nach meiner wenig ruhmreichen Notwasserung auf dem Mittelmeer verloren, wenn ich so vorgegangen wäre.

Zu motivieren bedeutet hingegen, sich mit dem Teil Ihres Gesprächspartners zu verbünden, der gewillt ist, Ja zu sagen. Bei dieser Vorgehensweise braucht es nicht viele Argumente und auch nicht viel Energie. Es geht ausschließlich darum, eine Verbindung zwischen Ihrem Gegenüber und den Werten Ihres Projekts herzustellen, aus ihm einen Partner zu machen, der mit Ihnen gemeinsam Geschichte schreiben wird, nicht einfach einen schnöden Sponsor, der sein Logo auf Ihre Ausrüstung klatscht und den Scheck unterschreibt, der Ihnen den Start ermöglicht.

Diese Art, mit der Situation umzugehen, mit Ihrem Gegenüber und mit dem Problem, wird im Laufe der Zeit zu einer Lebenseinstellung, statt bloße Strategie zu bleiben, zu einer Wesensart, die weitaus mehr Früchte trägt als der systematische Kampf. Diese Strategie hat nichts mit Passivität oder Naivität zu tun und ermöglicht Ihnen, in Krisensituationen selbst die brenzligsten Konflikte zu lösen.

Zwei Tage vor unserer erfolgreichen Beendigung der Weltumrundung im Ballon bekamen mein Teamkollege Brian Jones und ich mitten über dem Atlantik eine Nachricht der amerikanischen Luftraumkontrolle, die anordnete, wir sollten 3000 Meter tiefer fliegen. Ein Todesurteil für unsere Ballonfahrt, da unsere Gasreserven beinahe aufgebraucht waren und wir die einzigen schnellen Winde in Richtung Afrika auf einer Höhe von 11 000 Metern gefunden hatten.

Wir leiteten die Anordnung per Satellitentelefon an unsere Teambasis in der Schweiz weiter, um sie über das Problem zu informieren. Die anschließende telefonische Diskussion mit den Amerikanern kann man folgendermaßen zusammenfassen:

»Wenn der Ballon tiefer fliegen muss, wird das Gas nicht reichen, um die Küste zu erreichen.«

»Das ist nicht unser Problem. Wir sind dafür da, für die Sicherheit des Flugverkehrs zu sorgen, nicht um von Heißluftballons gestört zu werden.«

»Es wird aber zu Ihrem Problem werden, denn wenn ich meine Karten richtig lese, wird der Ballon in Ihrer Rettungszone notwassern, und Sie werden dafür verantwortlich sein, unsere Piloten zu retten. Aber bitte, ich werde mir auf CNN ansehen, ob Sie sich dabei geschickt anstellen …«

»Ich rufe Sie in ein paar Minuten zurück …«

Einige Minuten später: »Ich habe gerade mit meinem Vorgesetzten gesprochen. Er schlägt vor, dass Ihr Ballon so hoch wie möglich fliegt, und wir leiten die Flugzeuge darunter her.«

Wir hatten gewonnen. Und tatsächlich hatte unser Team noch mehr getan, als mit dem Problem zu gehen. Sie hatten bravourös angewendet, was Präsident Eisenhower gemeint hatte, als er sagte: »Wenn Sie ein Problem nicht lösen können, bauschen Sie es auf. Dann wird schon etwas passieren, das die Situation voranbringt …«

Ich habe so viele Geschichten erlebt, persönlich oder aus der Ferne, in denen es reichte, mit dem Problem zu gehen, um spontan eine Lösung zu finden. Ich werde Ihnen noch ein paar der aussagekräftigsten Beispiele nennen. Fällt Ihnen auf, was sie gemeinsam haben?

In einer wunderbar ruhigen Teestube, in der meine Frau und ich einmal mit der Familie eine Pause machten, hatte sich eine unserer Töchter beim Spielen an einer Ecke des Tisches den Kopf gestoßen und schrie nun wie am Spieß. Peinlich berührt versuchte Michèle, Estelle zu trösten: »Ist schon gut, ist doch schon gut, es tut doch gar nicht mehr weh.«

Es folgten umso lautere Schreie, und eine alte Dame drehte sich zu uns um und sagte: »Wenn mich meine Ohren nicht täuschen, ist es noch nicht gut.«

Und tatsächlich ist die beste Strategie, einen Schmerz zu lindern, ganz gleich, ob körperlich oder seelisch, ihn zu begleiten, ohne sich ihm entgegenzustellen: »Ich weiß, das tut ganz schrecklich weh. Versuche, den Schmerz gut zu beobachten, um zu sehen, wann er abnimmt.«

Auf diese Art leiten Sie ganz natürlich drei Effekte ein:

- die Glaubwürdigkeit Ihres Handelns, denn Sie erkennen an, dass der Schmerz existiert;
- die Dissoziation desjenigen, der leidet, vom Schmerz an sich
- und die Tatsache, dass der Schmerz abnehmen wird.

Es ist immer frustrierend, zu merken, wie viele Chancen dieser Art wir selbst verpasst haben. Noch einfacher ist es, dies bei anderen Menschen wahrzunehmen.

Wenn Sie Schweizer sind, werden Sie davon gelesen haben: Ein angriffslustiger Satz eines früheren deutschen Finanzministers hatte meine Landsleute auf die Palme gebracht. Mitten in einem tobenden Steuerkonflikt zwischen den beiden Ländern hatte Peer Steinbrück erklärt, die Schweizer verhielten sich wie ein Indianerstamm, der darauf warte, dass die europäische Kavallerie käme, um wieder für Ordnung zu sorgen. Es folgten Empörung, protestierende Leserbriefe und hitzige Artikel in den Zeitungen. Genau dies hätte man vermeiden sollen, denn die Reaktionen bestärkten Steinbrück natürlich nur in seinem Glauben, einen wunden Punkt getroffen zu haben.

Einige Zeit später hatte man mich bei einem Dinner nach einer Konferenz neben ihm platziert, und wir kamen wieder auf jenen Vorfall zu sprechen. Ich drückte mein Bedauern über die mangelhafte Taktik der Schweizer aus: »Die Schweiz hätte fragen sollen, was Deutschland lieber wäre: ein Indianerstamm, der in Frieden lebt, oder die Kavallerie, die die Indianer abschlachtet, um sich ihr Land anzueignen.«

Steinbrück lachte und setzte noch eins drauf: »Nach meinem Statement hatte ich große Angst, dass sich Ihre Regierung an das Massaker von Little Bighorn erinnern würde, bei dem die Indianer unter Sitting Bull sämtliche Soldaten von General Custer massakriert haben! Doch diesen Teil der Geschichte kannte man wohl nicht ...«

Gleich zwei verschenkte Möglichkeiten, wie die Schweiz das Problem zu ihrem Vorteil hätte nutzen können, statt sich erfolglos dagegen zu wehren. Und verloren war auch die Chance, zu erkennen, dass der »fiese Angreifer« in Wahrheit ein schlagfertiger Mann mit viel Humor war.

Es gibt noch ein weiteres Beispiel dafür, wie verfehlte Diplomatie einige große Schweizer Banken ein Vermögen gekostet hat. Mitte der Neunzigerjahre baten einige Abgesandte des Jüdischen Weltkongresses beim Chef der Schweizer Bankenunion um ein Gespräch. Offenbar waren Spargutlhaben vieler Opfer der Naziverfolgung niemals an die rechtmäßigen Erben ausgezahlt worden.

Anstatt zu antworten: »Vielen Dank, dass Sie mich auf dieses Problem aufmerksam machen. Ich werde mich so schnell wie möglich darum kümmern«, sagte der Bankier: »Derlei vererbte Sparguthaben existieren nicht, und selbst wenn es sie gäbe, wären es nur Peanuts.«

Die Antwort ließ nicht lange auf sich warten: erzürnte Diplomaten, eine amerikanische Untersuchung, ein angedrohter Boykott der Schweizer Banken und mehrere Milliarden Dollar Schadensersatzzahlungen und Zinsen, die schließlich an den Jüdischen Weltkongress und seine Anwälte ausgezahlt wurden. Eine teurere schlechte Antwort kenne ich nicht.

Man muss dazu sagen, dass es nie leicht ist zu erkennen, ob man lieber mit dem Problem gehen oder sich dagegenstemmen sollte. Es hätte ein Bluff sein können, sie hätten sich in der Bank geirrt haben können oder es hätte vielleicht an Beweisen gefehlt. Man kann es nicht im Vorhinein wissen, doch man muss der Situation gegenüber immer auf der Höhe sein und sich folgende fundamentale Frage stellen: »Stehe ich vor einem Problem, gegen das ich kämpfen sollte, oder ist genau das Gegenteil der Fall: Sollte ich es zu meinem Vorteil nutzen?«

Folgende Situation ergab sich in Frankreich. Nicolas Sarkozy, der damalige Präsident, integrierte einige Minister aus der sozialistischen Partei in sein konservatives Regierungskabinett. Der empörte Parteivorsitzende der sozialistischen Partei reagierte, indem er ebendiese Minister aus der sozialistischen Partei ausschloss, statt zu sagen: »Es wundert mich nicht, dass die UMP in ihren eigenen Reihen nicht genug kompetente Menschen findet, um eine Regierung zu bilden.«

Auf diese Art hätte der Vorteil der Situation nicht nur wieder bei ihm gelegen, er hätte auch seine Kollegen und seine Partei gestärkt.

Die Situation verstärken

Welche Fähigkeit brauchen wir, um aus einem Angriff Gewinn zu ziehen? Geistesgegenwart? Schlagfertigkeit? Sie werden mir antworten, dass Sie beides nicht besitzen ... Nun, Sie irren sich. Es handelt sich nicht um etwas, was wir haben oder nicht haben. Man muss lediglich *vor* der eigenen Antwort analysieren, in welche Richtung die Situation sich entwickelt, und sie anschließend verstärken. Nicht sich dagegenstemmen, sie nicht kleinreden, sondern im Gegenteil die Situation annehmen und übertreiben. Der Situation einen Vergrößerungsspiegel hinhalten. Das kann man im Alltag üben.

Darüber hinaus macht uns dieses Vorgehen für den Gegner unkalkulierbar, der von uns sicher eine komplett andere Reaktion erwartet.

Sie hätten einmal den verwirrten Gesichtsausdruck des Autofahrers sehen müssen, der mich beleidigte, da ich versehentlich in eine Einbahnstraße gefahren war. Statt ihm einen gewissen Finger zu zeigen, antwortete ich lediglich: »Es tut mir sehr leid. Ganz offensichtlich habe ich einen Fehler begangen. Und ich danke Ihnen sehr, dass Sie mich darauf aufmerksam gemacht haben.«

Diese Technik funktioniert auch sehr gut bei Hänseleien in der Schule:

»Du bist ja nur ein kleiner lächerlicher Dummkopf.«

»Ja, ich weiß, du hast recht. Das bekomme ich oft gesagt, und es tut mir weh.«

Eine solche Reaktionsschnelligkeit ist in diesem Alter natürlich nur möglich, wenn die Erziehung der Eltern in die entsprechende Richtung geht. Ich bin sehr glücklich, wenn ich bei meinen Kindern beobachten kann, dass sie bereits gelernt haben, wie sie in derlei Situationen reagieren können.

Oriane, acht Jahre alt, lief einmal in einem kurzen Sommerkleid über den Schulhof, als sie hinter sich einen Jungen rufen hörte: »Ich seh deine Unterhose!«

Oriane rief zurück: »Dir wäre wohl lieber, ich hätte gar keine an.«

Wie peinlich berührt der Junge war, muss ich wohl nicht erwähnen.

Ich gebe zu, dass eine schlechte Situation zu verstärken völlig dem widerspricht, was wir als normale Verhaltensweise im Alltag gelernt haben. Wir müssen dafür eine gewisse Distanz gegenüber der Situation trainieren, um emotional weniger darauf einzusteigen, selbst wenn es ums nackte Überleben geht.

Über sich selbst lachen zu können ist eine gute Strategie. Der Hofnarr des französischen Königs François I. hatte über die Stränge geschlagen und wurde zum Tode verurteilt. Da der König ihn immer sehr gemocht hatte, ließ er ihn seine eigene Todesart wählen. Der Narr verkündete: »Ich verlange, am hohen Alter zu sterben, Exzellenz.«

Natürlich wurde er auf der Stelle begnadigt.

Ich kann der Versuchung nicht widerstehen, Ihnen noch weitere schöne Beispiele für diese Art der Kommunikation zu geben.

Am Vorabend meines ersten Erdumrundungsversuchs im Heißluftballon bekam Alan Noble, mein Flugleiter, einen Anruf aus dem Bundesbüro für zivile Fluganglegenheiten: »Piccard und Verstraeten dürfen in der Schweiz nicht mit einem in England angemeldeten Ballon starten, denn ihre Flugscheine haben sie jeweils in Frankreich bzw. Belgien gemacht.«

Alan gab ganz einfach zurück: »Ich schlage vor, dass Sie herkommen und den 200 anwesenden Journalisten die zurückgezogene Starterlaubnis erklären.«

Nach peinlich berührter Stille: »Wir regeln dieses administrative Problem nach dem Start ...«

Die fernöstlichen Meister brauchten keine Erfahrungen im Heißluftballon, um das Aikido zu erfinden. Im Gegensatz zu anderen Disziplinen, bei denen härter und schneller geschlagen werden muss, um zu gewinnen, geht es bei dieser Kampfkunst darum, dem Aikidoka beizubringen, die Kraft und Geschwindigkeit des Gegners auszunutzen, um ihn zu Fall zu bringen. Genau wie Tim in *Der Sonnentempel*. Als ein riesiger Gegner mit Faustschlägen auf ihn losgeht, ist Tim sofort klar, dass er körperlich unterlegen ist. Mit dem Rücken zur Wand duckt sich Tim, als ein Hieb auf ihn zukommt. Die Hand des irren Angreifers kracht in die Mauer.

Humor ist manchmal der beste Aikidogriff, um den Gegner zu entwaffnen.

Am Check-in-Schalter einer Fluggesellschaft echauffierte sich einmal ein Passagier, da er von der Angestellten offensichtlich nicht bekam, was er wollte: »Wissen Sie denn nicht, wer ich bin?«

Die Dame nahm also ihr Mikrofon und verkündete: »Vor mir steht ein Passagier, der nicht weiß, wer er ist. Kann jemand helfen?«

Mit dem Wind zu gehen wird manchmal als eine Form des Opportunismus missverstanden. Sagt man nicht sprichwörtlich, dass nur tote Fische mit dem Strom schwimmen? Dass sich nur ein Wetterhahn spontan nach dem Wind ausrichtet?

Genau dieses Wort, »spontan«, unterscheidet den Wetterhahn vom Aikido-Meister. Der Wetterhahn dreht sich immer nach dem Wind, wohingegen der Meister weiß, wann er einen Schlag einsetzen und wann er ausweichen muss.

Ich kann es gar nicht oft genug sagen. Bevor wir reagieren, müssen wir einen Moment innehalten, sei es auch nur ganz kurz, um der Situation gewahr zu werden und uns zu fragen, ob die Umstände es erfordern, mit oder gegen die Aggression zu gehen, sich wie ein Pilot im Heißluftballon oder wie ein Pilot im Jagdflugzeug zu verhalten.

In der Welt der Flieger gilt der Ballonpilot für viele als Fatalist, als jemand, der nicht die nötige Durchsetzungsfähigkeit hat, um sich gegen alles zu wehren, was sich ihm in den Weg stellt. Der Jagdflieger hat wenigstens gelernt zu kämpfen.

Ganz sicher ist es auch unsere Angst vor dem Fatalismus, die unzählige Situationen erklärt, in denen wir unsere Energie darauf verschwenden, verzweifelt gegen das zu kämpfen, was sich nicht mehr ändern lässt. Und genau das nennt sich Stress ...

Der Stress ist nicht das Gegenteil von Ruhe, sondern das Gegenteil vom Fatalismus.

Bildlich gesprochen, gleicht der Fatalismus einem Ballonpiloten in einer Situation, in der es besser wäre, sich wie der Jagdflieger zu verhalten und zu verändern, was sich verändern lässt. Der Stress dagegen besteht darin, sich in einer Situation, die unseren Handlungsrahmen übersteigt, wie ein Pilot eines Jagdflugzeugs aufzuführen, wenn es eigentlich die weisere Entscheidung wäre, sich wie ein Ballonfahrer zu verhalten.

WIE KÖNNEN WIR BALLAST ABWERFEN?

Um uns im Wind des Lebens freier bewegen zu können, müssen wir uns aus den Situationen befreien, die uns gefangen halten. Wie ein Ballonpilot, der seine Flughöhe verändert, um einen besseren Kurs zu finden. Um dies erfolgreich zu tun, müssen wir Ballast abwerfen, wir müssen Glaubenssätze und andere Vorurteile loswerden, die uns beschweren. Ganz konkret heißt das, dass wir genau das Gegenteil von dem tun müssen, was wir sonst immer unternommen haben. Wir müssen zu Pionieren unseres Lebens werden, um ständig infrage stellen zu können, wie wir denken und reagieren.

Verändern, was sich verändern lässt

Auch wenn uns das Leben manchmal schwarz-weiß erscheint, gibt es natürlich immer mehr als zwei Möglichkeiten, und es teilt sich nicht einfach in das auf, was wir kontrollieren können oder auch nicht. Auch nicht nur in Situationen, die wir annehmen oder ablehnen können. Wenn es so wäre, hätten wir kaum Chancen auf Weiterentwicklung. Eine solche zweidimensionale Existenz ließe uns natürlich die im vorigen Kapitel beschriebenen Wahlmöglichkeiten, doch in Wirklichkeit sind wir weitaus freier im Wind des Lebens. Warum? Weil glücklicherweise eine dritte Dimension existiert.

Die Fahrt im Heißluftballon zeigt uns, wie wir diese dritte Dimension zu unserem Vorteil nutzen können. Klar ist, dass der Pilot weder die Geschwindigkeit noch die Richtung des Windes ändern kann und insofern den Elementen hilflos ausgesetzt ist. Doch ein anderer Parameter lässt sich sehr präzise kontrollieren und verändern: die Höhe. Auf diese Art lässt sich der Ballon steuern.

Die Erdatmosphäre besteht aus meteorologischen Schichten, deren Winde auf jeder Höhe unterschiedliche Geschwindigkeiten und unterschiedliche Richtungen haben. Das bedeutet, dass der Pilot, sobald er von seinem Kurs abkommt, die Flughöhe wechselt, um Winde zu finden, die ihn nach links oder rechts fahren lassen. Im Grunde ist dies seine einzige Freiheit, seine einzige Verantwortung: die Flughöhe verändern, um die Richtung zu verändern.

Und genau so müssen wir uns im Wind des Lebens verhalten, wenn sich aus einer Situation kein Nutzen ziehen lässt, weder durch Annahme noch durch Ablehnung. Statt uns horizontal abzurackern, um nach links oder rechts zu kommen, müssen wir unsere Flughöhe verändern, um einen neuen Wind zu finden, der uns in eine andere Richtung trägt.

So gesehen unterscheidet sich unser Leben nicht sehr von einer langen Fahrt im Heißluftballon. Häufig sind wir den Elementen ausgesetzt, die uns auf Wege führen, die uns nicht behagen. Sicherlich können wir darüber jammern und versuchen, dagegen anzukämpfen, doch dadurch vergrößern wir nur das eigene Leid. Unsere Verantwortung, unser freier Wille besteht im Grunde nur darin, unsere Höhe zu verändern, wie es der Luftfahrer tut.

Wir müssen Wege finden, unsere Flughöhe in sämtlichen Bereichen unserer Existenz zu verbessern: in Bildung und Beruf, in unserer Beziehung zu uns selbst und zu anderen, im Sozialen und auf psychischer Ebene, was unsere Philosophie angeht und natürlich auch unser spirituelles Leben. Um uns neue Ideen anzueignen, uns neuen Einflüssen zu öffnen, anderen Lösungen, anderen Antworten und Strategien, anderen Blicken auf die Welt, die unsere Richtung verändern und uns helfen, den Kurs unserer Existenz zu verändern.

Indem wir unsere Flughöhe ändern, können wir mehr Verständnis aufbringen, um unsere Ängste loszuwerden, um andere Denkweisen und Verhaltensweisen zu entdecken, andere Erklärungen, neue Arten, den Ursprung und Sinn der Dinge zu deuten, die uns passieren. Verstehen, was wir aus unserem Weg auf der Erde machen sollten.

Wenn ich an all die Kraft denke, die wir vergeuden, nur um andere davon zu überzeugen, dass sie unrecht haben, statt ihre Ideen dazu zu benutzen, unseren eigenen Erfahrungshorizont zu erweitern! An Höhe zu gewinnen heißt, sich anderen Strategien, anderen Handlungsweisen zu öffnen. Es ist die Möglichkeit, unsere Vorurteile infrage zu stellen, unsere Angst vor dem Ungewissen loszuwerden, um uns der Welt zu öffnen, die uns umgibt.

Es ist auch möglich, an Höhe zu verlieren, sich tiefer in sich selbst zu versenken, sein Innenleben zu erkunden. Hierzu kommen wir später in diesem Buch, wenn es um das Thema Hypnose geht.

Es gibt viele Situationen, in denen uns ein anderer Blickwinkel mehr Verständnis für uns selbst, für das Leben und unsere Mitmenschen ermöglicht und uns unsere innere Freiheit erkennen lässt.

Ballast abwerfen

Zu behaupten, dass wir unsere Flughöhe verändern müssen, um im Wind des Lebens einen neuen Blick auf die Welt zu erlangen, bliebe eine simple, wenn auch poetische Metapher, wenn sich daraus nicht etwas Greifbares lernen ließe. Wir brauchen konkrete Werkzeuge. Und um sie zu verstehen, müssen wir wissen, wie ein Heißluftballon funktioniert.

Ein Luftschiff bleibt stabil, sobald sein gasgefüllter Flugkörper (Gas ist leichter als Luft) sein Gewicht tragen kann.

Jedes zusätzliche Gewicht lässt ihn sinken, jeder Gewichtsverlust lässt ihn steigen.

Beim Start muss der Pilot Ballast abwerfen, um an Höhe zu gewinnen. Am Anfang der Ballonfahrt handelt es sich um Sand, doch im weiteren Verlauf kann der Ballast auch die Form von Wasser- und Proviantreserven oder Teilen der Ausrüstung annehmen, die nun nicht mehr benötigt werden. Um ihre historische Atlantiküberquerung 1978 abschließen zu können, musste die Mannschaft des Double Eagle II am Ende ihre Kleidung, ihre Kameras und sogar ihre Pässe abwerfen, um den letzten passenden Luftstrom in Richtung Frankreich zu erreichen.

Für jede neue Flughöhe müssen wir daher nicht etwas Neues erlangen, sondern uns von etwas Altem trennen. Wir müssen ein wenig von dem loslassen, was wir besitzen und mit uns herumschleppen.

Wenn wir im Wind des Lebens unsere Richtung ändern wollen, müssen wir lernen, Ballast abzuwerfen. Und wir haben viel davon! Wenn wir einmal ein Inventar unseres alltäglichen Lebens anfertigen würden, was fänden wir dann unter dem Wort »Ballast«? Sicherheit, Angewohnheiten, Vorurteile, Fixpunkte, Überzeugungen, Ausrufezeichen, Glaubenssätze, Paradigmen und andere Dogmen. Aber lernen wir, all das über Bord zu werfen? Ganz im Gegenteil! Die Gesellschaft legt uns ans Herz, daran festzuhalten, und tut so, als machte dieses Gewicht uns stärker. Doch das ist falsch. Es macht uns lediglich schwerer ...

Ist Ihnen aufgefallen, wie sehr wir uns an festgefahrene Muster klammern, sobald uns eine Krise aus dem Gleichgewicht bringt? Wie sehr wir versuchen, uns an unseren alten Fixpunkten festzuhalten? Wir versuchen um jeden Preis, sicherheitshalber immer wieder das Gleiche zu tun, statt uns neue Verhaltensweisen und Werkzeuge anzueignen. Wie wollen wir denn ein neues Resultat herbeiführen, wenn wir uns immer nur so wie früher verhalten?

Wir müssen also lernen, Ballast abzuwerfen: über Bord zu werfen, was uns schwerer macht und uns in alten Verhaltensweisen und Denkweisen gefangen hält.

Dass die alten Ägypter vor 5000 Jahren nicht fliegen konnten, lag daran, werden Sie sagen, dass sie noch nicht die notwendige Technik besaßen. Falsch. Die ersten Flugmodelle bestanden aus stoffbespannten Holzstangen, und damit hätte man bereits vor Tausenden von Jahren fliegen können. Nein, dass die Menschheit nicht früher geflogen ist, lag allein an ihrer Vorstellung, dass der Himmel den Göttern vorbehalten sei, die man nicht stören durfte. Erst im 19. Jahrhundert haben wir uns dieses Glaubenssatzes entledigt.

Häufig lässt sich beobachten, dass Kreativität und Innovation nicht innerhalb eines Systems entstehen, das viel zu erstarrt ist, um etwas Neues zu erfinden. Kerzenhersteller erfinden keine Glühbirnen. Autohersteller haben nicht das beste Elektroauto gebaut. Ein Internet-Milliardär hat den Tesla entworfen, und heute schickt er statt der NASA Satelliten ins Weltall. Und es ist auch nicht der Flugzeugindustrie gelungen, das erste Solarflugzeug zu bauen, das Tag und Nacht fliegen kann, sondern einem Psychiater und einem Unternehmer, die in ihrem Leben noch nie ein Flugzeug gebaut hatten. Die Spezialisten waren sich sicher, dass es unmöglich wäre, etwas anderes zu bauen, als sie es bereits getan hatten. Die Amateure fingen bei null an … und hatten Erfolg!

Sie sehen also, dass es sich bei einer Innovation nicht um eine zusätzliche neue Idee handelt, sondern um eine falsche alte Annahme, die aus der Welt geschafft wird! Man wird nur kreativ, wenn man die Dinge anders sieht, als man sie sich immer vorgestellt hat. Indem man eine neue leere Seite aufschlägt, ohne vorgefasste Ideen im Kopf.

Es gab eine Zeit in unserem Leben, da war der Ballast für uns nützlich, um uns auf einer Höhe zu halten, die uns gefiel. Nur handelt es sich aber beim Leben nicht um einen langen, ruhigen Fluss – ständig müssen wir uns an Richtungswechsel anpassen. Hierfür müssen wir ein wenig von dem abwerfen, was uns zuvor so nützlich erschien. Natürlich nicht alles Gewicht auf einmal, sonst steigen wir zu schnell zu hoch, ohne überhaupt die Richtungen der Schichten zu kennen, die über uns liegen. Nur so viel, um über unser jetziges Niveau zu steigen auf eine Höhe, die uns nützt.

An diesem Punkt handelt es sich nicht mehr um bloße Philosophie oder Poesie. Ab hier lässt sich konkret etwas lernen. Die Veränderung der Flughöhe ist nicht mehr reine Metapher dafür, den Blick auf die Welt zu verändern. Ballast abzuwerfen ist eine praktische Übung, die wir im Alltag immer weiter gebrauchen müssen, wenn wir die Richtung unserer Existenz verändern möchten.

Das Gegenteil unserer Gewohnheiten

Man muss damit beginnen, in jeder Lebenssituation die eigene Sichtweise der Dinge zu analysieren und sie, sobald dies getan ist, aus der entgegengesetzten Perspektive zu betrachten.

Lassen Sie es mich noch einmal mit anderen Worten ausdrücken, in aller Deutlichkeit. Jedes Mal, wenn wir uns weiterentwickeln und auf eine Krise innovativ reagieren wollen, müssen wir uns ganz ehrlich fragen, welches Paradigma, welcher Glaubenssatz oder welche Überzeugung gerade unsere Handlungen und unsere Gedanken bestimmt ... und uns dann vorstellen, genau das Gegenteil zu tun oder zu denken.

Ich möchte natürlich nicht behaupten, das Gegenteil sei per se immer besser. Das wäre naiv. Es geht nicht darum, aus reinem Selbstzweck all das null und nichtig zu machen, was wir glauben, sondern vielmehr um das Bestreben, alles zu denken und alles zu tun. Inklusive des Gegenteils dessen, was uns beigebracht wurde.

Anstatt fortwährend in die gleiche Richtung zu denken – und dabei ganz offensichtlich vom Wind des Lebens auf den jeweiligen Kurs geweht zu werden – könnten wir uns das Gegenteil vorstellen, eine Kehrtwende machen, und würden uns so nicht nur eine zweite Richtung erarbeiten, sondern die Unendlichkeit.

Zwischen zwei Extremen fänden wir eine Vielzahl anderer Richtungen und anderer Höhen, die uns andere Reaktionen, Antworten, Lösungen und Denkrichtungen ermöglichen würden. So viele neue Werkzeuge, um leistungsfähiger zu sein.

Sich das Gegenteil von dem vorzustellen, was man immer gelernt hat, führt zu einer Öffnung des Geistes, durch die wir ganz plötzlich weitaus freier denken können. Anstatt in einer Richtung gefangen zu bleiben, die uns unsere Existenz aufdrückt, liegen nun sämtliche Möglichkeiten vor uns, sowohl im Denken als auch im Handeln.

Unsere Zukunft wäre so nicht mehr eine einzige Lebenslinie, die uns in eine schlechte Richtung führt. Ganz im Gegenteil: Sie wäre die ganze Zeit über wie ein Feuerwerk, bestehend aus einer Vielzahl von Linien, die in alle möglichen Richtungen und auf alle möglichen Höhen verweisen. In drei Dimensionen. Dann läge es an uns, den Weg zu wählen, den wir uns wünschen.

Dies könnte also Ihre Zukunft sein. Legen Sie nun einmal das Buch für einen Moment zur Seite, und fragen Sie sich, bevor Sie es wieder in die Hand nehmen, ob Sie gern so leben würden.

Kreativität und Innovation, Pioniergeist, Entdecker und Unternehmer sein, Krisenmanagement und Vertrauen ins Leben – was bedeuten all diese Worte? Sie alle beziehen sich im Kern auf eines: auf die Fähigkeit, Ballast abzuwerfen, um auf einer vertikalen Linie eine nach der anderen sämtliche

Höhen, sämtliche Reaktionsmöglichkeiten und sämtliche Handlungsweisen in Betracht zu ziehen. So lange, bis wir das Niveau – die Weltsicht – finden, auf dem uns der Wind des Lebens in die Richtung trägt, die wir uns wünschen. Auf dieser Höhe können wir eine Zeit lang verweilen, bis uns der Wind des Lebens wieder infrage stellt.

Anders gesagt, und dies ist das Wichtigste dabei, liegen auf diese Weise sämtliche Höhen, sämtliche Richtungen vor uns, und es liegt an uns, welcher wir folgen möchten. Um diesen Grad der Freiheit zu erreichen, müssen wir uns jedoch von Überzeugungen und Glaubenssätzen lösen, die uns auf einer einzigen Höhe gefangen halten, in einer einzigen Richtung, in einer einzigen Möglichkeit.

Es ist natürlich schwierig, im Vorhinein zu wissen, welche Höhe die richtige ist. Dabei besteht immer das Risiko eines Irrtums. Doch ein Misserfolg ist erst dann ein Misserfolg, wenn wir aufgeben. Wenn man sich nicht unterkriegen lässt, nennt man es eine Erfahrung, einen Test unseres Durchhaltevermögens oder eine Etappe auf dem Weg zum Erfolg. Sagen Sie sich in jedem Fall, dass nicht das Scheitern das Schlimmste ist, sondern es gar nicht erst zu versuchen. Der Erfolg wird sich einstellen, wenn Sie es nach jedem Misserfolg noch ein weiteres Mal versuchen. Wenn Sie jedes Mal etwas Neues ausprobieren, auf einer anderen Höhe und mit anderen Mitteln. Sonst nennt sich das Ganze nicht Durchhaltevermögen, sondern Verbissenheit.

Diese dritte Dimension wird sich allerdings nicht einstellen, wenn wir uns nicht anstrengen, um sie zu erschaffen. Hierfür müssen wir uns aktiv aus unserer Komfortzone hinauswagen, systematisch ein wenig mehr tun oder das, was wir für gewöhnlich tun, auf etwas andere Weise angehen. Ich erinnere mich noch deutlich an einen solchen Moment in meinem eigenen Leben. Ich hatte von meinem Auto aus zum ersten Mal die Landung eines Heißluftballons beobachtet. Nachdem der Pilot die Ballonhülle zusammengefaltet hatte, wollte ich nach Hause fahren. Doch ich hielt einen Moment inne und erinnerte mich an das Foto eines Gleitfliegers, der in den Vereinigten Staaten von einem Heißluftballon aus gestartet war. Ich hätte das Ganze abtun können, doch stattdessen stieg ich aus, um mit dem Piloten darüber zu sprechen und ihm meine Adresse zu geben. Einige Monate später kontaktierte er mich, um mich zu einem Ballonfestival in Château d'Oex einzuladen, auf dem ich Piloten traf, die mir Lust machten, die Welt im Heißluftballon zu umrunden …

Dies ist eine wertvolle Lektion für sämtliche Aspekte unseres Lebens, in denen wir von festgefahrenen Gewohnheiten oder Meinungen dominiert werden. Beginnen wir mit unserer Erfahrung, was die Politik angeht, wo wir nicht allzu emotional involviert sind …

Hören Sie sich vor der nächsten Wahl einmal die Argumente von jemandem an, der für einen anderen Kandidaten oder eine andere Partei stimmen wird als Sie selbst. Statistisch gesehen braucht es nur zwölf Sekunden, bis wir unser Gegenüber unterbrechen und beweisen wollen, dass wir recht haben und der andere sich irrt. Hier geht es nicht darum, die Politik unseres Landes zu ändern, sondern unsere eigene Handlungsweise. Hören Sie zu und fragen Sie sich: »Und wenn er recht hat? Wenn ich meine eigenen Überzeugungen ändern könnte, um die Dinge anders zu betrachten?«

Was bringt es schon, sich darauf zu beschränken, gleichgesinnten Menschen zuzuhören, außer einer gewissen Selbstsicherheit, die doch nur mehr Ballast darstellt, durch den wir tiefer sinken?

Wenn wir uns mit Leidenschaft psychisch weiterentwickeln wollen, müssen wir uns Argumente anhören, die unseren eigenen widersprechen und unsere festgefahrenen Überzeugungen auf diese Weise immer weiter abschwächen. So oft es mir möglich ist, übe ich genau das im Auto, wenn ich mir Debatten anhöre und fremde Blickwinkel in meine Sichtweise der Dinge integriere. Am Ende der Debatte hat sich nicht die Welt verändert, ich mich aber schon!

Diese Technik wird zu einem Spiel, das man mit sich selbst spielt. Nämlich immer das Gegenteil dessen zu sehen, was wir gelernt haben. Wenn uns unser Bauchgefühl, unsere Emotionen oder unsere eigene Einschätzung zu einer bestimmten Handlungsweise drängt, halten wir einen Moment inne, um uns zu fragen: »Was wäre das Gegenteil meiner instinktiven Reaktion?«

Häufig stammen unsere Überzeugungen ja nicht von uns selbst. Sie haben sich heimlich, still und leise durch unsere Bildung, den Einfluss unserer Familie, unserer Freunde oder Lehrer eingeschlichen, bevor sie sich in unserem Unbewussten festgesetzt haben.

Ich erinnere mich an einen Kindheitsstreit mit einem Freund, der behauptete, kein einziger kubanischer Soldat habe Ende der Siebzigerjahre in Angola gekämpft. Ich behauptete genau das Gegenteil. Natürlich war keiner von uns vor Ort gewesen, doch wir beide wiederholten Wort für Wort, was uns unsere Väter erzählt hatten. Bei diesem Beispiel ergaben sich keine schlimmen Konsequenzen, doch wie viele Fehler, Massaker und Katastrophen rühren von einer übertriebenen Loyalität zu geerbten Überzeugungen her?

Dies gilt für die Religion noch viel mehr als für alle anderen Lebensbereiche, auch wenn dies ein heikles Thema ist. Doch können wir ein sensibles Thema einfach unter den Tisch fallen lassen, wenn es doch darum geht, sämtliche Höhen auszuprobieren?

Es ist durchaus möglich, unsere ganz eigenen Glaubenssätze zu haben und trotzdem den Versuch zu unternehmen, die der anderen zu verstehen. Wir können sie sogar in unsere eigene Art zu glauben integrieren. So können wir unseren spirituellen Horizont erweitern und andere Religionen als Bereicherung empfinden, nicht als Bedrohung. Wenn man es vorzieht zu glauben, ohne sich Fragen zu stellen, dann allerdings reicht eine einzige Religion. Doch wenn man verstehen möchte, warum wir auf dieser Erde sind, dann ist es wohl nicht zu viel verlangt, in verschiedenen Strömungen nach Antworten zu suchen, die im Dialog miteinander stehen und sich ergänzen.

Werfen Sie ein wenig Ballast ab und beobachten Sie die Höhe einer anderen Denkweise. Stellen Sie sich beispielsweise einmal vor, Jesus wäre nicht auferstanden und man hätte ihn, wie einige Menschen glauben, vor seinem Tod vom Kreuz genommen. Diese Hypothese ist nicht einmal so weit hergeholt, denn zur damaligen Zeit war es verboten, die Gefolterten am Abend vor Beginn des Sabbats am Kreuz hängen zu lassen. Diese Annahme würde eines der wichtigsten Dogmen des Christentums anzweifeln, doch was würde es an den Lehren Jesu ändern? Würde es uns daran hindern, nach Nächstenliebe und Mitleid zu streben, wie es in der Bibel steht? Heute streiten sich die Menschen, weil sie wissen wollen, ob Jesus Christus der Sohn Gottes ist oder nicht, doch darum, seine Lehren in die Tat umzusetzen, geht es nur noch selten ...

Die Freiheit, alles zu denken

Gehen wir mit unserer Argumentation noch ein wenig weiter. Es scheint mir, dass niemand, weder ein einzelnes Individuum noch der Chef eines Unternehmens mit viel Verantwortung oder ganz besonders ein Politiker, gut funktionieren kann, ohne bereit zu sein, sich Meinungen zu öffnen, die seinen eigenen Überzeugungen widersprechen.

Denken Sie einen Moment ganz für sich über folgenden Satz nach: Man kann nicht leistungsfähig, effizient, entscheidungs- und handlungsfreudig sein, ohne die Freiheit zu besitzen, seine eigenen Überzeugungen über Bord zu werfen und jenseits von allem zu argumentieren, was man gelernt hat, wozu man konditioniert wurde, was uns ausmacht.

Wirkliche Freiheit liegt nicht darin, alles tun zu können, sondern alles denken zu können. In alle Richtungen zu denken, auf allen Höhen gleichzeitig, grenzenlos.

Um frei zu sein müssen wir fähig sein, in sämtliche Richtungen zu fliegen, sämtliche Wege einzuschlagen, auf sämtlichen Höhen, um in jedem Moment diejenige wählen zu können, der wir folgen wollen.

Was würden Sie von jemandem halten, der nur eine einzige Art kennt, zu reagieren? Seine Ratschläge hätten niemals die nötige geistige Offenheit, die Sie brauchen, um zu einer objektiven Entscheidung zu finden.

Eine exzellente Methode, den Höhenwechsel zu üben und sich von unseren Gewohnheiten zu lösen, besteht darin, nicht mehr spontan auf eine Frage zu antworten. Stattdessen versuchen wir uns zu fragen: »Wie würde ich üblicherweise automatisch reagieren, und wie könnte ich es ganz anders machen?«

Sie werden sehen, dass die gegenteilige Antwort häufig genauso viel Sinn ergibt wie die Antwort, die Sie automatisch gegeben hätten. Warum? Weil unsere spontane erste Reaktion nicht aus unserem tiefsten Inneren kommt. Sie ist im Grunde nur die Reflexion unserer Konditionierung bis dato. Dieser Punkt scheint mir von fundamentaler Bedeutung. Die Intuition ist nicht unsere erste Reaktion, sondern die zweite. Um hervorzutreten braucht sie diesen kleinen Moment des Innehaltens, der sich so formulieren lässt: »Und wenn ich genau das Gegenteil von dem täte, wozu ich spontan Lust hätte?«

Eine andere Art, dies zu üben, besteht darin, sich in jeder Diskussion zu fragen: »Und wenn mein Gegenüber recht hätte?« Sie werden sehen, dass es häufig der Fall ist! Wir sind so sehr in unserer eigenen Weltanschauung gefangen, dass es unmöglich ist, ständig recht zu haben.

Der Schriftsteller und Philosoph Anthony de Mello erzählte einmal folgende Geschichte. Zu einem Besucher, der von sich selbst behauptete, er sei auf der Suche nach der Wahrheit, sagte der Guru: »Wenn du wirklich auf der Suche nach der Wahrheit bist, gibt es eine Eigenschaft, die du vor allen anderen besitzen musst.«

»Ich weiß. Eine unwiderstehliche Leidenschaft für die Wahrheit.«

»Nein. Die Bereitschaft, jederzeit zuzugeben, dass du dich vielleicht irrst ...«

Auf diese Art lernen wir die einfachste Möglichkeit, unsere Höhe zu ändern: Indem wir unsere gewöhnliche und automatische Handlungsweise infrage stellen.

Pioniergeist

Und was ist mit der Bildung unserer Kinder? Hier müsste man schon früh drei fundamentale Grundsätze integrieren: die Neugier, das Durchhaltevermögen und den Respekt. Ohne Neugier versucht man nie etwas Neues. Ohne Durchhaltevermögen gelingt nichts, was man sich vornimmt. Ohne Respekt hat der Erfolg keinen Wert.

Natürlich geht es auch um die Vermittlung von Wissen, aber nicht nur. Es ist wichtiger, zu lernen, *wie* man denkt, statt *was* man denkt. Insofern müsste für Fragezeichen und Zweifel genauso viel Platz im Lehrplan gelassen werden wie für Fakten. Um die individuelle Neugier und gemeinsame Kreativität zu stimulieren, um Pioniergeist und Toleranz gegenüber anderen zu entwickeln, gibt es wohl nichts Besseres, als seine eigenen Überzeugungen infrage zu stellen.

In sämtlichen Bereichen und Disziplinen müsste daher sowohl die offizielle Sicht als *auch* die derjenigen unterrichtet werden, die anders denken. Unterschiedliche Weltsichten müssten anerkannt werden, genau wie unterschiedliche Meinungen.

Im Religionsunterricht sollte erwähnt werden, wie sich andere Religionen von der unseren unterscheiden. Im Geschichtsunterricht müsste man auch Kulturen zu Wort kommen lassen, die zwangsweise eine ganz andere Version erlebt haben als der Westen: Die Geschichte des Nahen Ostens muss sich auf israelischer und palästinensischer Seite unterscheiden. In den Wissenschaften sollte man unsere Medizin als eine der vielen Möglichkeiten betrachten, Patienten zu heilen, ohne andere Ansätze zu verschleiern, beispielsweise die traditionelle chinesische Medizin, das Ayurveda oder den Schamanismus. Ganz gleich, was man davon hält, sollten im Biologieunterricht auch die Weltsicht der Kreationisten und die Argumente derjenigen erwähnt werden, die die darwinistische Evolutionstheorie kritisieren. So würde man unserer Jugend in allen Facetten beibringen, wie man sich selbst hinterfragt.

Ebenso müsste Raum bleiben für das Unbekannte, für Themen, die niemand erklären kann: Spontanheilungen, Wunder, außerirdisches Leben etc. Nicht um zu sagen, dass all das existiert, sondern um Platz für geheimnisvolle Dinge zu lassen, die nicht nur die Fantasie anregen, sondern auch die Fähigkeit trainieren, nicht von Anfang an abzulehnen, was man nicht versteht.

All dies verlangt allerdings nicht nur eine Änderung der schulischen Lehrpläne, sondern vor allem der Lehrerausbildung. Kann man denn unterrichten, was man nicht selbst vorlebt? Dort müsste man ansetzen, wenn man den jungen Generationen Fähigkeiten beibringen will, die es ihnen ermöglichen, ihren Platz in dieser globalisierten Welt zu finden, die immer mehr Flexibilität und immer weniger Engstirnigkeit verlangt.

Haben wir den Mut, unseren Kindern zu erlauben, Pioniere zu werden? Meine Eltern hatten ihn, sie erlaubten mir, alle

Fragen zu stellen, die ich wollte, und antworteten mir wie einem verantwortungsbewussten Menschen, der das Recht hat, sich seine eigene Meinung zu bilden. Dies hat dazu geführt, dass ich gelernt habe, nichts zu tun, ohne zu verstehen, warum ich es tue. Für meine Lehrer war das sicher nicht leicht, doch es war die Basis für die Entwicklung meiner Neugier und meines kritischen Denkens.

Man muss dazu sagen, dass ich, was die Neugier anging, das große Los gezogen hatte. Die meisten Kinder wachsen auf, indem sie den Märchen ihrer Eltern zuhören. In meinem Fall waren es Geschichten von Pionieren, von Entdeckern, die sämtliche Überzeugungen ihrer Zeit über Bord geworfen hatten, um zu erreichen, was völlig unmöglich schien. Gebannt lauschte ich den Erzählungen meines Vaters über die Expeditionen zu den Polen, zum Everest, in den Weltraum und in Tiefseegräben. Ich entdeckte die Aufstiege in die Stratosphäre, die mein Großvater Auguste unternommen hatte: Er war der erste Mensch, der die Erdkrümmung mit eigenen Augen sah, er erfand die Druckluftkapsel, die den Flugzeugen heute ermöglicht, in höchster Höhe zu fliegen. Er erfand auch den Bathyscaph, mit dem mein Vater zahlreiche Tauchgänge unternahm, inklusive des sagenumwobenen Marianengrabens. Dem tiefsten Punkt der Ozeane!

Die Namen, die ich täglich zu Hause hörte, waren Edmund Hillary, Thor Heyerdahl, Charles Lindbergh, Alan Shepard, John Glenn, Scott Carpenter, Neil Armstrong, Buzz Aldrin, Wernher von Braun, Don Walsh, Bob Ballard, Jacques Mayol. Sie waren die Helden meiner Kindheit. Doch was meine Weltsicht wirklich verändert hat, war die Möglichkeit, sie alle persönlich zu treffen. Zu entdecken, dass dies nicht einfach Geschichten waren, sondern eine Realität, die noch viel fantastischer war als alle Märchen zusammen. Und obendrein am Cape Canaveral sechs Starts der Apollo-Missionen mitzubekommen.

Im Juli 1969 beschloss ich, dass ich ein solches Leben ebenfalls führen wollte. Ich erinnere mich noch genau an den Moment. Ich war elf. Mein Vater war gerade mit dem von ihm selbst gebauten Mesoscaph Ben Franklin unterwegs, um den Golfstrom zu erforschen. Einen Monat lang würde er die ostamerikanische Küste entlangtauchen, eine Strecke von 3000 Kilometern. Einige Tage später wurde ich staunender Zeuge, als Apollo 11 zur Mondmission startete. Ich hatte das Gefühl, das bislang wichtigste Ereignis in der Geschichte der Menschheit mitzuerleben.

Entdecker zu werden war das einzige Leben, das ich mir vorstellen konnte, und ich war fest davon überzeugt, dass der Rest der Welt diese Einstellung teilte: Man musste von bekannten Wegen abkommen, Überzeugungen und Gewohnheiten ablegen, um andere Wege zu gehen, sich ins Unbekannte hineinwagen und zu jeder Gelegenheit das tun, was sich niemand sonst traute oder kein anderer schaffte. Es galt, Fragen zu stellen, um seine eigene Kreativität zu entwickeln und neue Lösungen zu finden, das Unmögliche möglich zu machen! Gab es eine andere Art, sein Leben zu leben? Ich dachte Nein, bis ich merkte, dass ein solcher Abenteurergeist auf dieser Welt in Wirklichkeit Seltenheitswert hatte. Sich ins Unbekannte vorzuwagen macht all denen Angst, die sich an Dogmen, festgefahrene Paradigmen und Vorurteile klammern. Was für eine Enttäuschung ...

Allgemeine Überzeugungen infrage zu stellen wurde zum roten Faden meiner Kindheitsträume und meines Lebens als Erwachsener. Ich war zu einem Häretiker geworden, und zwar im etymologischen Sinne des Wortes: zu jemandem, der auf das Recht pocht, seine Anschauungen frei zu wählen, statt dazu gezwungen zu sein, Dogmen zu akzeptieren. Schon immer empfand ich grenzenlose Bewunderung für die großen Häresien der Geschichte, und meine Ablehnung der Inquisition war allumfassend. Wie viele Wissenschaftler, Philosophen und Ärzte von Galileo bis Michel Servet sind verfolgt worden, weil sie gepredigt haben, man solle Ballast abwerfen!

Im Mittelalter, als es bei neuen Ideen darum ging, was erlaubt und was verboten war, hätte ich mich immer für das Verbotene entschieden. Heutzutage geht es eher darum, was möglich und unmöglich ist – und zum Unmöglichen fühle ich mich hingezogen.

Die westliche Medizin ist ein interessantes Beispiel für die Beschränkung auf eine einzige Höhe. Noch heute konzentriert sie sich auf eine einzige Art der Heilung, die auf unseren streng wissenschaftlichen, statistischen Kriterien und unserer Auffassung von Krankheit beruht. Jeder andere Ansatz wird umgehend abgelehnt, da er dem Ausgangsdogma nicht entspricht. So werden im Lehrbetrieb die sogenannten Spontanheilungen im Dunkeln gelassen, der Effekt von Gruppengebeten, alternative Heilmethoden, der Schamanismus und andere sogenannte Quacksalbereien.

Ich habe einmal einen Spezialisten in traditioneller chinesischer Medizin kennengelernt, der sich mit einer neuen Heilmethode für Poliomyelitis (Kinderlähmung) an meine Fakultät wenden wollte. Der Professor, der ihn empfing, hatte ihn gefragt, welches Medikament er vorschlug. Hierauf antwortete der Chinese, dass die Behandlung vom Patienten abhinge. An dieser Stelle war das Gespräch beendet. Die Fakultät interessierte sich lediglich für die medikamentöse Behandlung einer bestimmten Krankheit. »Wir behandeln hier Krankheiten, keine Patienten«, hätte der Professor noch hinzufügen können.

Und doch ist heute zunehmend klar, dass Medikamente je nach genetischem Profil des Kranken unterschiedliche Wirkungen haben und dass die Behandlungen individuell zugeschnitten sein müssen, um wirksam zu sein und Nebenwirkungen zu vermeiden.

Mein Traum wäre eine westliche Medizin, die sämtliche alternativen Ansätze in ihre Bandbreite an wissenschaftlichen Herangehensweisen mit einschließt: die chinesische, indische, tibetische, indianische und spirituelle Medizin. Und dass sie alle als unterschiedliche Werkzeuge betrachten würde, die es möglich machen, sich besser um unsere Patienten zu kümmern, im Interesse ihrer Gesundheit statt im Interesse unserer Paradigmen.

Da es aber nicht ausreicht, davon zu träumen, schreibe ich darüber.

Die Bienen und die Wespen

All das ist bei Weitem nicht jedem klar. Einmal habe ich einen Übersetzer gefragt, wie man auf Englisch sagen würde, »sich selbst infrage stellen«. Er sah mich überrascht an: »Dafür gibt es keinen Ausdruck. Ein Glück. Man sollte sich selbst im Leben nie infrage stellen. Wenn man Erfolg haben will, muss man stur geradeaus gehen. So habe ich es immer gehalten!«

»Eine einzige Flughöhe, sonst nichts«, dachte ich. Ich biss mir auf die Zunge, um es nicht laut auszusprechen. Aus Respekt vor seinem Alter erzählte ich ihm auch nicht von meinen Beobachtungen der Bienen und der Wespen.

Als meine Kinder noch klein waren, wohnten wir in einem Haus mit Wintergarten. Drei seiner Wände bestanden aus Glas, die vierte war zum Garten hin offen. Im Sommer war der Boden regelmäßig mit toten Bienen übersät. Doch es fand sich keine einzige tote Wespe, obwohl viele von ihnen um uns herumschwirrten und versuchten, uns ein wenig Essen vom Teller zu stibitzen.

Ich fing an, sie zu beobachten, um zu verstehen, warum nur die Bienen hier starben. Jedes Mal, wenn eine von ihnen versuchte, den Wintergarten zu durchqueren, stieß sie gegen eine der Glaswände gegenüber dem Eingang. Und was tat sie dort? Stundenlang mühte sie sich an der gleichen Scheibe ab, als meinte sie, irgendwann müsse es doch möglich sein, dort hindurchzufliegen. Völlig entkräftet und dehydriert endete sie stattdessen tot am Boden. Die Wespen dagegen verhielten sich ganz anders. Sobald eine von ihnen vom Tisch verscheucht in die falsche Richtung flog, stieß sie ebenfalls gegen eine Scheibe, doch niemals mit aller Kraft. Sie probierte alle Scheiben aus, eine nach der anderen, ganz methodisch, bis sie den Ausgang fand.

Nachdem ich dies verstanden hatte, rief ich meine Kinder zu mir, um ihnen den Unterschied zwischen der halsstarrigen Verbissenheit der Biene und dem intelligenten Durchhaltevermögen der Wespe zu erklären. Die eine bezieht keine Höhenwechsel in ihre Strategie mit ein, während genau das der anderen den Erfolg ermöglicht – und das Überleben.

Einmal berichtete ich bei einem öffentlichen Vortrag von meinen Beobachtungen. Ich handelte mir damit einen Brief eines wütenden Imkers ein, der die Hingabe der Bienen anpries, mit der sie den Honig für uns machten. Doch ist es in unserer heutigen Welt wirklich notwendig, dass es Sklaven gibt, die sich aufopfern und in Unwissenheit und Abhängigkeit gehalten werden, damit ihre Ausbeuter davon profitieren können? Genauso lässt sich leider die Politik einiger Mächtiger erklären, die die Bevölkerung ihres Landes wirtschaftlich und in Sachen Bildung in einem unterentwickelten Zustand verharren lassen, um sie besser für die eigenen Interessen manipulieren zu können, oder die ihrer Sippschaft.

Doch beenden wir diese kleine Protestrede, die mir gutgetan hat, und wenden wir uns wieder den Bienen und den Wespen zu. Denn es gibt sie auch unter den konkurrierenden Mannschaften für die Weltumrundung im Heißluftballon.

Alle Teams, inklusive meinem, hatten ihren Ballon nach derselben Denkweise konstruiert. Wir alle dachten, es bräuchte einen sehr stabilen Motor, um während der gesamten Ballonfahrt auf 10 000 Metern Höhe fliegen zu können, wo die Jetstreams wehen. Das war ein schwerwiegender Fehler. Sobald sich etwas in den Weg stellte – sei es im meteorologischen Sinne in Form eines Unwetters oder einer Schlechtwetterfront, oder aber im politischen Sinne, wie im Fall von China –, konnte es nicht umgangen werden. Die einzige Lösung war dann, vorzeitig zu landen und es im nächsten Winter erneut zu probieren.

Nach zwei gescheiterten Versuchen probierte ich das, was ich Ihnen in den vorherigen Kapiteln erklärt habe: Ich analysierte schonungslos das Paradigma, auf dem unsere Strategie beruhte, und krempelte sie anschließend komplett um. Statt eines stabilen Ballons konstruierte ich einen instabilen Ballon, der seine Flughöhe nur durch die ständige Intervention seiner Piloten aufrechterhielt. So war es möglich, den Ballon ohne Gasverlust und ohne Verlust an Autonomie spontan sinken und steigen zu lassen, um regelmäßig sämtliche atmosphärischen Schichten abtasten zu können und immer die günstigste zu finden.

Und so wurde der Breitling Orbiter 3 der am besten konstruierte Ballon aller Zeiten, ganz einfach, weil er so gebaut war, dass er jederzeit die Flughöhe ändern konnte, um seinen Weg zu ändern, so, wie jeder Mensch es auch tun sollte.

Das Ganze scheint offensichtlich zu sein, und Sie fragen sich vielleicht, wieso man ein ganzes Kapitel zu diesem Thema lesen sollte. Doch keiner meiner Konkurrenten kam auf die Idee, etwas am eigenen Material zu ändern. Genau wie ich ging ihr erster Versuch schief, genau wie ich haben sie es mit Durchhaltevermögen noch einmal probiert, doch im Gegensatz zu mir scheiterten sie immer wieder aus demselben Grund. Dabei gab es für jeden aufeinanderfolgenden Misserfolg der Mannschaften genau dieselbe Erklärung ...

Bei der Pressekonferenz, in der unser Erfolg gefeiert wurde, überraschte mich die erste Frage des ersten Journalisten. Ich dachte, dass ich darüber sprechen würde, wie schön es gewesen war, vom Wind über die schönsten Landschaften des Planeten getragen zu werden, doch ich irrte mich gewaltig!

»Wie erklären Sie sich, dass Ihre kleine Mannschaft, die aus einem so winzigen Land wie der Schweiz kommt, sich gegen all die englischen, amerikanischen und australischen Milliardäre durchgesetzt hat?«

Mir blieben zwei Sekunden, bevor ich antworten musste, und ich kann Ihnen sagen, dass das Gehirn in solchen Momenten wirklich rasend schnell arbeitet. Ich testete sämtliche möglichen Antworten und erinnerte mich plötzlich an meine Beobachtungen der Bienen und der Wespen.

»In meinem Team haben wir die Strategie der Wespen angewandt, während es sich bei meinen Konkurrenten um Bienen gehandelt hat.«

Unhöflich und unvollständig, aber wahr!

Die nächste logische Frage ist nun, wie man sein Verhalten von dem einer Biene zu dem einer Wespe verändern kann.

Im wahren Leben ist sehr schwer zu erkennen, ob man in einer Sackgasse steckt oder ob es ganz im Gegenteil Mut beweist, nach ein oder zwei Rückschlägen noch mehr Durchhaltevermögen zu zeigen. Stellen wir uns also regelmäßig die folgende Frage: »Verhalte ich mich gerade wie eine Biene oder wie eine Wespe?«

Die Biene kann sich diese Frage gar nicht stellen, da sie sich keine andere Verhaltensweise als die eigene vorstellen kann. Diese einfache Frage ruft uns also wieder in Erinnerung, dass es immer möglich ist, sich selbst anzuzweifeln, Ballast in Form von festgefahrenen Überzeugungen abzuwerfen und eine neue Höhe zu finden, die uns in eine bessere Richtung trägt.

Deshalb ist es auch so wichtig, den Wind des Lebens nicht allein zu erkunden, sondern umgeben von einem Team, einer Familie, Freunden und Beratern, die Ihnen helfen werden, eine geeignetere Höhe zu finden, wie die Meteorologen, die einen Ballon betreuen.

Wir sind niemals völlig frei, bis sämtliche möglichen Denk- und Handlungsweisen vor uns liegen und uns zur Verfügung stehen. Wenn uns eine neue Idee von jemand anderem oder manchmal auch von uns selbst noch immer auf dem falschen

Fuß erwischt, bedeutet dies, dass wir noch nicht wirklich frei sind. Ein Fanatiker besitzt keine innere Freiheit. Er glaubt, sich selbst völlig zu beherrschen, doch jegliche Opposition wird bei ihm eine starke Reaktion hervorrufen und eine Bresche in seine Konditionierung und seine Überzeugungen schlagen.

Ein bisschen Provokation?

Provokationen sind notwendig, um unsere Denkweise weiterzuentwickeln und noch mehr innere Freiheit zu erreichen. Die Provokation in diesem Sinne zwingt uns, unsere Flughöhe zu verändern.

Ich habe mehrfach versucht, dies meinem Vater zu erklären. Ich erinnere mich an zwei ganz besonders nutzlose Versuche – ich hatte ihm vorgeschlagen, ein Interview mit Serge Gainsbourg zu lesen und sich den Film *Verdammt nochmal! ... wo bleibt die Zärtlichkeit?* unter erkenntnistheoretischen Gesichtspunkten anzuschauen. Eine einzige Enttäuschung. Binnen weniger Minuten hatte er sich einen ersten Eindruck verschafft und es dann abgestoßen sein gelassen.

Er lernte nichts dabei, ich schon. Ich verstand, wie sehr schulische, moralische und andere Dogmen einen Klotz am Bein darstellen, emotionale Einschränkungen, die Beziehungen im Weg stehen, ein ganzes Leben lang. Wenn mein Vater sich im Rahmen seiner Arbeit mit Gesprächspartnern konfrontiert sah, die völlig anders dachten als er, verschloss er sich wie eine Auster und strahlte dabei unbewusst eine derartige Aggressivität aus, dass die Beziehung schließlich zerbrach.

Provokationen sollten mit Vorsicht angewandt werden. Ich habe meinen Vater sicher oft provoziert, doch ich war dabei nie zaghaft genug, als dass er sich hätte umstimmen lassen.

Darüber hinaus sollte man nur diejenigen provozieren, die überhaupt die Fähigkeit besitzen zu verstehen. Die Gewohnheiten eines Menschen, der an Schizophrenie leidet, sollten wir beispielsweise nicht zu ändern versuchen, da wir ihm damit das zerbrechliche Gleichgewicht nehmen würden, das er sich in seinem Leben überhaupt hat aufbauen können.

Aber muss man, abgesehen von diesen Vorsichtsmaßnahmen, denn wirklich bereit sein, alles über Bord zu werfen, sämtliche Prinzipien und Überzeugungen? Wenn Sie diese Seiten lesen, gibt es sicherlich einen Moment, in dem Sie sich sagen, dass man doch nicht *alles* als Ballast betrachten kann. Dass es moralische und ethische Regeln gibt, die es einzuhalten gilt. Und Sie fragen sich sicher, ob es mir darum geht, auch diese Regeln für null und nichtig zu erklären.

Sagen wir es einmal so: Man sollte sämtliche Gewohnheiten und Automatismen loswerden. Nichts davon sollten wir beibehalten, wenn wir uns vorher vorgenommen haben, es loszulassen. Selbst unsere wichtigsten Werte haben nur einen Sinn, wenn wir mit dem Gedanken gespielt haben, sie über Bord zu werfen. Erst dann wissen wir wirklich, warum wir uns entschieden haben, sie beizubehalten.

Meinen wir denn, wir könnten ehrlich sein, ohne Situationen erlebt zu haben, in denen es möglich gewesen wäre, unehrlich zu sein? Woher wissen Sie, dass Sie ein mit Geld gefülltes Portemonnaie seinem Eigentümer aushändigen würden, bevor Sie eines gefunden haben?

Sind wir sicher, dass wir immer die Wahrheit sagen, wenn wir niemals gezwungen gewesen sind zu lügen?

Können zwei Beziehungspartner wirklich eine solide Partnerschaft miteinander führen, ohne zu wissen, dass sie einander jederzeit verlassen könnten? Das Glück rührt doch nicht daher, dass man nicht ohne einander leben kann, sondern daher, dass man sich entschieden hat, miteinander zu leben.

Wie können wir sagen, dass wir niemals töten würden, ohne jemals in der Situation gewesen zu sein, es tun zu können? Als entschiedene Gegner der Todesstrafe sind wir nur glaubhaft, wenn wir bereit sind, dem Mörder unseres eigenen Kindes zu vergeben!

Und all diejenigen, die kundtun, sie hätten sicher nie jemanden aus dem Widerstand an die Gestapo verraten, selbst wenn es um ihr eigenes Überleben gegangen wäre – was wissen sie schon, solange sie bequem in ihrem Wohnzimmer sitzen?

Ich glaube nicht, dass man aus Prinzip oder durch ausreichende Bildung wirklich ehrlich, treu, moralisch oder ethisch wird. Man wird es nur, wenn man sich dafür entscheidet, so zu handeln, nachdem man das Gegenteil mit einbezogen hat. Unsere Bildung hilft uns sicher, diese Entscheidung zu treffen, aber nicht unbedingt.

Ich kannte einen Anwalt, der seine Jugend in der Gesellschaft von Ganoven verbracht hatte. Als der Zeitpunkt für ihn kam, einen Beruf zu wählen, fragte er sich ganz bewusst, ob er sich in die kriminelle Welt begeben sollte oder nicht. Um die Verbindung zu dieser Welt nicht zu verlieren, die ihn faszinierte, zu der er jedoch nicht gehören wollte, wurde er Anwalt. Er wurde zum Anwalt der Gangster, statt selber einer zu werden. Einem solchen Mann kann man vertrauen.

Niemand kann wahrhaftig moralisch handeln, wenn er nicht die Gelegenheit hatte, sich unmoralisch zu verhalten, und seinen Weg gewählt hat. Alles andere ist nur gut gemeinte Theorie, die nichts mit dem wahren Leben zu tun hat.

Genau deshalb gefällt mir die biblische Geschichte vom verlorenen Sohn:

Ein Vater feiert die Rückkehr seines Sohnes, der sich sein Erbe hat auszahlen lassen und durch seinen freigebigen Lebensstil alles verprasst hat, während der andere Sohn zu Hause geblieben ist, um die Eltern zu unterstützen. Das scheint unfair, nicht wahr? Dem ist allerdings nicht so, wenn wir uns vorstellen, dass der Sohn, der zurückgekehrt ist, nun weiß, warum er so handelt. Der Sohn, der immer bei seinen

Eltern geblieben ist, weiß vermutlich noch nicht einmal, dass er hätte gehen können ...

Um für sein eigenes Leben verantwortlich zu sein muss man wählen, Entscheidungen treffen, und das mit der Freiheit, sich von allem das Gegenteil vorzustellen, seine tiefsten Werte infrage zu stellen, auch auf die Gefahr hin, sie zu behalten, wenn man am Ende doch mit ihnen sein Leben bestreiten will.

Wenn ich also predige, uns immer das Gegenteil von dem vorzustellen, was wir denken und tun, soll das nicht heißen, dass wir es annehmen und dieses Gegenteil ausführen müssen. Nicht unbedingt. Aber uns muss klar sein, dass es existiert. Wir müssen merken: Es ist möglich, so zu denken, diese Weltsicht und Ansicht zu haben. Wir sollten lernen, dass es in uns keinerlei negative Emotionen hervorrufen muss, das Gegenteil unserer eigenen Ansichten zu hören. Wir sollten vorleben, dass eine Wahrnehmung der Realität eines anderen möglich ist, ohne sich angegriffen zu fühlen, ohne sie komplett zurückzuweisen wie etwas, das ausgeschlossen ist.

Wenn es den Weg gibt, auf jede Art von Provokation mit Aggression zu antworten, rate ich natürlich niemandem, dies zu tun. Aber man sollte sich dessen bewusst sein, dass es diese Flughöhe irgendwo gibt, und damit auch Menschen, die gerade sie am besten beherrschen. Wir müssen keinen Gebrauch von ihr machen, sie aber auch nicht ganz ignorieren, wenn wir uns eines Tages gegen derartige Angriffe verteidigen müssen.

Wir sollten zwar so tolerant sein, jedem die eigene Denkrichtung zu erlauben, aber nicht auch zwingend jede Art zu handeln. Und genau diesen Unterschied versteht unsere allzu nachlässige Gesellschaft nicht. Mittlerweile erlaubt man manchen Menschen schon nicht mehr, Meinungen zu äußern, die nicht mit der Political Correctness zu vereinbaren sind, während man anderen ohne ein Wort des Widerspruchs erlaubt, antisoziale und bedrohliche Verhaltensweisen gegenüber den übrigen Bürgern an den Tag zu legen.

Gelingt es Ihnen auch bei einem Thema, mit dem Sie sich schon ein Leben lang beschäftigt haben, die entgegengesetzte Denkweise anzunehmen? Wenn Sie Verfechter oder Gegner der Abtreibung sind? Im Nahostkonflikt? Bezüglich des Staates Israel? Mit Blick auf das Asylrecht? Die Legalisierung von Drogen? Den Verkauf von pornografischem Material an Minderjährige? Ich könnte ewig so weitermachen, um uns vor Augen zu führen, wie drastisch unsere Gedankenfreiheit eingeschränkt ist. Ganz simple Ideen können in uns die schlimmsten Emotionen und Reaktionen hervorrufen.

So zeigt sich die Schwierigkeit, eine vollkommene intellektuelle und emotionale Freiheit zu erlangen und im Leben alle möglichen Betrachtungsweisen und Existenzrichtungen für möglich zu halten, die uns geboten werden. Manchmal habe ich das Gefühl, es gibt Menschen, die lieber ihr Leben lang Leid in Kauf nehmen, um ihren Prinzipien und Dogmen treu zu bleiben, statt ihre Einstellung zu ändern.

Und wie sieht es bei Ihnen aus?

WELCHE REALITÄT?

Auch in unseren Beziehungen müssen wir lernen, die Flughöhe zu verändern. Um Beziehungen aufbauen zu können müssen wir uns von der Idee verabschieden, es gäbe nur eine einzige Realität, und die Gefühle beider Seiten berücksichtigen.
Wir müssen verstehen, dass Kommunikation eine gemeinsame Erfahrung ist, kein reiner Informationsaustausch. Werkzeuge wie die Metapher, die Umdeutung oder das Reframing, die Metakommunikation und die Suche nach Win-win-Situationen werden uns dabei helfen.

Die anderen sind unsere Projektionsfläche

Bis hierher haben wir das menschliche Handeln in Bezug auf den Wind des Lebens, den Höhenwechsel und den Ballast unserer Gewohnheiten betrachtet. Wir haben verstanden, wie jeder Mensch je nach Konditionierung seine eigene Weltsicht erschafft, abhängig von seiner Angst vor dem Leid und seinen Hoffnungen in die Zukunft. Wie lässt sich also darauf aufbauend erklären, was passiert, wenn wir zu anderen Menschen Beziehungen aufnehmen?

Hier treffen nicht einfach zwei Menschen aufeinander, sondern vielmehr zwei Welten. Innerlich stellen wir uns natürlich vor, unser Gegenüber befände sich auf der gleichen Flughöhe wie wir und würde vom Wind des Lebens in genau dieselbe Richtung getragen. Wie könnte es auch anders sein, da unsere Flughöhe sowieso die beste ist?

Da unser Gesprächspartner genau dasselbe annimmt, entsteht zwangsweise ein Bruch, aus dem sich ein wahrer Abgrund bilden kann. Wir brauchen häufig lange, bis wir dies merken, da wir unterschiedlichste Dinge aufeinander projizieren. Wir stellen uns den anderen völlig anders vor, als er in Wirklichkeit ist. Wir wissen nicht, wie sein Leben verlaufen ist, sein Bildungsweg, was ihn sonst noch beeinflusst hat. Wir haben keine Ahnung, wie seine alltäglichen Freuden und Leiden aussehen, doch wir projizieren unsere Annahmen auf ihn.

Wir glauben, dass Menschen und Dinge das sind, was wir uns vorstellen. Ein tibetischer Mönch in seiner roten Robe kann nur ein heiliger Mann sein, nicht wahr? Und doch wurde ich vom Anblick eines gähnenden Mönchs überrascht, der sich während einer religiösen Zeremonie mit einer riesigen Schere die Fußnägel schnitt. Nein, die anderen Menschen sind nicht so, wie wir sie uns vorstellen.

Wer ist also unser Gesprächspartner? Nicht der, der er wirklich ist, sondern lediglich ein Abbild all dessen, was wir uns aus allen möglichen Bruchstücken unserer eigenen Vorstellung zusammengesetzt haben. Eine Projektion, die von uns selbst ausgeht. Und dies gilt für beide Seiten.

Was wir also für einen Dialog zwischen zwei Individuen halten, ist tatsächlich ein zweiseitiger Monolog. Der erste findet zwischen mir und meiner Vorstellung von meinem Gegenüber statt, der zweite zwischen ihm und seiner Vorstellung von mir. Dass man sich dessen nicht bewusst ist, stellt häufig das Problem an der Wurzel unserer Beziehungen dar.

Das Phänomen ist sehr banal. Sogar normal. Doch die Konsequenzen können katastrophal sein. Wir binden uns an Menschen, die nicht im Geringsten so sind, wie wir meinen. Und aus den gleichen Gründen lehnen wir Menschen ab oder urteilen jenseits jedweder Realität über sie.

Wenn wir dies erst einmal verstehen, haben wir zwar das Problem noch nicht gelöst, doch zumindest wird es uns in Zukunft nicht mehr überraschen. Denn eine Beziehung zu jemandem, die einzig auf unserer Vorstellung von ihm beruht, kann nicht von Dauer sein. Es wird immer einen Moment geben, in dem einer von beiden feststellt, dass sich sein Gegenüber auf einer ganz anderen Flughöhe befindet, außerhalb seiner Erwartungen. Dann sitzt der Schock tief. Wir haben jemanden abgewiesen, der gut zu uns passte. Wir haben uns in eine Person verliebt, die es nicht im Geringsten verdient hat. Was für eine Enttäuschung … wir fühlen uns betrogen. Der andere hat wohl ein falsches Gesicht aufgesetzt und seinen wahren Charakter überspielt? Nein, seien wir ehrlich: Wir waren unfähig zu erkennen, wer er wirklich ist.

Bei wie vielen Paaren führt genau das zur Scheidung? Wie viele Freundschaften oder geschäftliche Verbindungen zerbrechen, weil die Realität schließlich das idealisierte Bild unserer Projektionen zerplatzen lässt? Und wie oft haben wir uns in jemandem geirrt und zu spät festgestellt, dass er unseres Vertrauens und unserer Wertschätzung würdig gewesen wäre?

Die Projektion kann positiv oder negativ sein, sich in Idealisierung oder Abweisung äußern. Doch in beiden Fällen besteht in der Beziehung das Risiko einer Krise. Nein, wir sind in keiner Weise, was sich andere über uns vorstellen, und umgekehrt. Wir sind ganz einfach das Ergebnis unseres Lebenswegs, all unserer Erfahrungen und Gewohnheiten, unserer Ängste und Hoffnungen, der Freude und des Leids. Wir können also nur sein, wer wir sind, und uns in diesem Moment gerade nur so verhalten, wie wir es eben tun.

Das ist es also, was wir unserem Gegenüber zu entdecken erlauben und in ihm entdecken sollten, wenn wir eine Beziehung zu ihm aufbauen wollen. Es klingt etwas paradox, doch wenn wir jemanden kennenlernen wollen, sollten wir uns mehr für seine vergangenen Erfahrungen als für seine jetzige Situation oder seine Zukunftswünsche interessieren.

Anders gesagt: Was jemand denkt, ist nicht so wichtig wie die Frage, warum er etwas denkt.

Eine Beziehung baut sich auf

Als ich mich wenige Wochen vor dem geplanten Start entschied, eine Änderung im Team des Breitling Orbiter 3 vorzunehmen und Brian Jones zum Copiloten zu machen, blieb uns nur sehr wenig Zeit, um eine Beziehung zueinander aufzubauen. Und das war auch besser so. Im Alltag ist es sehr schwer, eine »neue Beziehung aufzubauen«, den bisherigen Lebensweg des anderen nachzuvollziehen, um sich kennenzulernen und einander zu respektieren. Doch in unserem Fall brauchte es eine etwas formale und künstliche Herangehensweise, um möglichst schnell eine gleiche Flughöhe zu erreichen, in der das gegenseitige Verständnis auch vollkommenes Vertrauen bedeuten würde.

Und so verbrachten wir einen Großteil der Zeit während

unseres technischen Trainings damit. Wir unterhielten uns. Unterhielten uns über alles. Über Politik, Religion, Familie, Geld, Moral, die Gesellschaft, die Flugkunst ... alles.

Jedes Mal, wenn wir einer Meinung waren, sagten wir uns: »Es ist sehr angenehm, einer Meinung zu sein, doch das bringt uns nicht weiter. Suchen wir weiter nach Differenzen.«

Wann immer wir uns nicht einig waren, setzten wir genau dort an und fragten uns: »Ah, das ist interessant. Was in unserer Vergangenheit erklärt, dass wir uns in diesem Punkt uneins sind?«

Eine sehr wichtige Regel, die wir beachteten, war der Humor. Der Satz »Entschuldige, aber in dieser Situation fühle ich mich etwas unwohl« bedeutete in Wahrheit: »Du nervst!!« Doch er implizierte eben immer noch ein Lächeln aufseiten des anderen, der zu verstehen versuchte, woher die Genervtheit kam.

Wenn der eine »weiß« sagt und der andere »schwarz«, kann es niemals darum gehen zu beweisen, dass man selbst recht hat und der andere sich irrt. Egal, ob es um Tatsachen oder Einstellungen geht, bei einer solchen Herangehensweise soll es einen Gewinner und einen Verlierer geben. Dabei hat jeder in seinem bisherigen Leben gute Gründe dafür gesammelt, warum er sagt, was er sagt. Man sollte sich also nicht darauf konzentrieren, was die Gesprächspartner sagen, sondern *warum* sie es sagen. Wenn man auf diese Weise vorgeht, baut sich langsam ein dritter Lebensweg auf, der weder dem einen allein noch dem anderen gehört, sondern beiden gleichzeitig. Es geht also darum, zu verstehen, warum der andere anders denkt, welche Erfahrungen er gemacht hat, die ihn auf eine andere Flughöhe geführt haben. Doch nicht nur das. Jeder für sich muss auch etwas Neues lernen – wie man sich gegenseitig durch den Erfahrungsaustausch bereichern kann. Diese Einstellung verändert die ursprünglichen Beziehungsgesetze.

1 + 1 ergibt selten 2

Haben Sie gelernt, dass 1 + 1 gleich 2 ist? Falls ja, müssen Sie an dieser Stelle eine neue Rechnung lernen, denn in menschlichen Beziehungen ist das Ergebnis meist ein anderes! Das Ergebnis ist nur 2, wenn zwischen zwei Menschen nicht die geringste Interaktion stattfindet. Dann geht jeder seinen eigenen Weg, ohne sich um den anderen zu kümmern. Dann machen 1 + 1 tatsächlich 2. Doch sobald sie miteinander in Kontakt kommen, ergibt 1 + 1 entweder 0, 1 oder 3.

1 + 1 = 1 passiert dann, wenn sich zwei Menschen begegnen, deren Lebensweg, Meinungen, Überzeugungen und Angewohnheiten sich wie ein Ei dem anderen gleichen. Eine schöne Symbiose, kaum Konfliktpotenzial, aber auch kein Anlass zu Kreativität, zu gegenseitiger Bereicherung. Wie zwei Verliebte, die einander in die Augen sehen und sicher sind, dass nichts und niemand sie jemals trennen kann. Oder zwei Gelehrte, die lieber zur gleichen Zeit dasselbe erfinden,

statt ihr Wissen zu verbinden und gemeinsam die Erfindung des Jahrhunderts zu entwickeln.

Auch wenn es das eigene Sicherheitsempfinden stützt, ist es nicht sehr hilfreich, seinen Seelenverwandten zu finden, und glücklicherweise ist dieser Fall selten. Dennoch streben wir in vielen Beziehungen danach. Aus Angst vor Einsamkeit und um Konflikte und Überraschungen zu vermeiden, oder um die Notwendigkeit, sich selbst infrage zu stellen, zu umgehen. Eine weitere Möglichkeit also, der Ungewissheit zu entkommen.

Stellen Sie sich eine Mannschaft vor, die so aufgebaut ist, ein Komitee oder eine Partei. Sie könnten beliebig viele Mitglieder hinzufügen, $1 + 1 + 1 + \ldots = 1$. Da kann man auch gleich allein bleiben, das wäre einfacher und billiger!

Trotz unseres Bemühens, uns mit Menschen zu verbinden, die uns ähneln, zeigen sich doch zumeist genug Unterschiede, um auf andere Ergebnisse zu kommen.

Das gefährlichste Ergebnis ist natürlich $1 + 1 = 0$. Das passiert jedes Mal, wenn wir nicht wissen, wie wir mit unterschiedlichen Meinungen oder Persönlichkeiten umgehen sollen.

Es stimmt, dass Streitigkeiten Angst machen können, während Ähnlichkeiten Sicherheit geben. Und auch, dass die Ablehnung von Unterschieden Beziehungen schwer macht, wenn nicht gar unmöglich.

Unterschiede werden zum Problem, sobald jeder versucht zu beweisen, dass er selbst recht hat und der andere unrecht. Dies endet im Verlust von Selbstbewusstsein, und die jeweilige Kreativität des Einzelnen wird völlig ausgebremst, wodurch sich beide Persönlichkeiten gegenseitig aufheben. Von ihrer Interaktion bleibt nichts mehr übrig, nichts ergänzt sich, das Resultat ist einzig die gegenseitige Zerstörung. Die Beziehung tendiert gegen 0.

Ich hörte einmal, wie sich jemand darüber beschwerte, dass die Lehrerin seines Kindes allen Kindern beibrachte, wie man »Fröhliche Weihnachten« in der jeweils eigenen Muttersprache sagte: »Stell dir das mal vor, wir sind Schweizer, wir sprechen Französisch, und die Ausländer erzählen etwas von ihren eigenen Kulturen, statt sich an unsere Gebräuche anzupassen!«

Ich hoffe sehr, dass die Lehrerin trotzdem weiterhin so vorgegangen ist. Sie erlaubte jedem Kind, sich besser in die Klasse zu integrieren, seine Identität verständlich zu machen und die anderen besser zu verstehen. Weiß ein kleines Schweizer Kind mit sechs Jahren denn, dass man Weihnachten auch unter Palmen feiern kann, in der Wüste oder am Strand? Oder dass man es mancherorts gar nicht feiern kann, da man damit religiöse Verfolgung riskiert? Dass dies vielleicht genau der Grund dafür ist, warum in der Klasse einige Kinder mit anderer Hautfarbe sitzen?

Die Rechnung $1 + 1 = 0$ kann auch gesunde Formen annehmen, wenn sie uns hilft, den Kontakt mit Menschen zu meiden, die uns nicht guttun. Ich wende sie ohne schlechtes Gewissen bei Extremisten jeder Art an oder bei Menschen, deren Grundwerte mir schädlich oder gefährlich erscheinen. Toleranz besteht in dem Versuch zu verstehen, warum jemand anders handelt, als wir selbst es tun würden. Das bedeutet aber nicht zwingend, dass wir auch alles akzeptieren müssen.

$1 + 1 = 3$

Die Art Beziehung, die uns am meisten bereichert, besteht darin, Unterschiede zu akzeptieren und sogar zu nutzen. Auf diese Weise kann jeder neue Erfahrungen machen, und wir können uns gegenseitig bereichern. $1 + 1 = 3$, eine interessante Rechnung, doch es braucht Fingerspitzengefühl dafür. Brian, ich und wir beide früher. André Borschberg, ich und wir zwei auf dem Weg zu Solar Impulse. Der Ehemann, die Ehefrau, das Paar. Der Bruder, die Schwester und die geschwisterliche Beziehung. Der Präsident, der Premierminister und das Regierungsmandat (aber das ist wohl nur ein schöner Traum …). Der eine, der andere und die Freundschaft. Rot, Gelb und die daraus neu entstehende Farbe. 1 + 1 = 3, das ist eine universelle Formel, die man zum eigenen Nutzen und zum Nutzen seines Umfeldes anwenden sollte.

Eine Batterie kann nur dann Energie liefern, wenn beide Pole unterschiedlich geladen sind. Wenn dies nicht der Fall ist, kann man sie wegwerfen, da sie nutzlos ist.

Was auf eine Batterie zutrifft, sollte umso mehr für zwischenmenschliche Beziehungen gelten. Und doch lässt sich beobachten, dass sich Beziehungen immer wieder auf Ähnlichkeiten basierend bilden statt auf Gegensätzen. Selbst die Entscheidungsträger dieser Welt umgeben sich lieber mit Beratern, die ihre Meinungen teilen. Wie konnte George W. Bush meinen, den Krieg gegen den Terror gewinnen zu können, ohne auch nur einen einzigen muslimischen Berater in seinem Team zu haben? Er kämpfte verbissen gegen einen Feind, den er durch seine eigene generelle Kurzsichtigkeit überhaupt nicht kannte!

Als ich das meteorologische Team für mein Breitling-Orbiter-Projekt aufstellte, vermied ich diese Falle. Luc Trullemans kannte ich bereits, er hatte mir dabei geholfen, die Wettfahrt über den Atlantik zu gewinnen. Er besaß alle Qualitäten eines intuitiven Autodidakten. Doch man hatte mir auch Pierre Eckert empfohlen, einen Physiker, der sich auf meteorologische Modelle spezialisiert hatte. »Für welchen der beiden soll ich mich entscheiden?«, hätten sich wohl viele gefragt. »Warum sich überhaupt entscheiden?«, hätte ich geantwortet! Ich wollte sie beide für das Projekt, eben *wegen* ihrer unterschiedlichen Fähigkeiten. Aber nur, wenn sie synergetisch miteinander arbeiten würden. Davon musste ich mich noch überzeugen.

Ich lud sie also in ein Restaurant ein. Als wir zu unserem Tisch kamen, waren sie überrascht, dass er nur Platz für zwei bot.

»Ich habe euch absichtlich nicht gesagt, dass ich nicht mit euch essen werde. Lernt euch in Ruhe kennen und sagt mir später, ob ihr euch vorstellen könnt zusammenzuarbeiten!«

Als ich mich nach dem Essen für den Kaffee zu ihnen gesellte, sprachen sie bereits über Flugstrategien. Doch so war es nicht von Anfang an gewesen: »Am Anfang waren wir wie zwei eingebildete Gockel, die zeigen wollten, was sie draufhaben. Dann haben wir gemerkt, dass wir beide sehr gut sind, aber völlig unterschiedlich. Also haben wir unsere Ansätze miteinander verbunden, und anscheinend wird das super funktionieren.«

So kam es, dass es Luc und Pierre häufig gelang, nach ihrer Analyse von Modellen, die völlig gegensätzliche Ergebnisse lieferten, eine dritte Strategie zu entwickeln, die weitaus zuverlässiger war. 1 + 1 ergab 3.

Diese Methode sorgte auch dafür, dass Brian und ich den Pazifik viel weiter südlich als vorgesehen überquerten, auf der Suche nach einem Jetstream, der sich erst kurz vor unserer Ankunft nahe Hawaii gebildet hatte. Dies war ein Schlüsselmoment unseres Erfolgs, auf den natürlich hinterher ein Journalist zurückkam und unsere Meteorologen fragte: »Wer von Ihnen beiden hatte die geniale Idee, den Ballon so nahe dem Äquator den Pazifik überfliegen zu lassen?«

Und beide antworteten gleichzeitig, indem sie auf ihren Nachbarn deuteten: »Das war er!«

Es stimmt, dass in dem Modell 1 + 1 = 3 kein Konkurrenzkampf möglich ist, da beide nur mithilfe der zusätzlichen Kompetenzen des anderen erfolgreich sein können. So entsteht ein gewisser Teamgeist, der es möglich macht, den anderen zu schätzen, ohne dass man selbst in Bezug auf die Anerkennung zu kurz kommt.

Tatsächlich hätte keiner der beiden ohne seinen Kollegen

diese Lösung gefunden. Der einzige Meteorologe von Andy Elson ließ unseren Konkurrenten wenige Tage zuvor viel weiter nördlich fliegen, wo sein Abenteuer mit einer Notwasserung über dem Golf von Japan ein jähes Ende fand.

Es hat mich immer amüsiert festzustellen, dass keiner meiner Konkurrenten diesen Ansatz verstand. Einer von ihnen fragte mich eines Tages: »Was nützt es dir, zwei Meteorologen zu haben? Wenn sie nicht einer Meinung sind, weißt du nicht, auf welchen du hören sollst, und wenn sie sich einig sind, bringt es dir nichts, zwei von ihnen zu haben!«

Sie verstanden nicht, dass ich die Kombination ihrer Ansätze nutzen wollte, die dritte Strategie, die sich aus ihren Unterschieden ergab.

Sie sehen also, dass es nicht im Geringsten darum geht, sich selbst zu verleugnen und sich dem Einfluss des anderen zu beugen, sondern unseren bereits vorhandenen Kompetenzen eine neue hinzuzufügen: eine neue Art, mit Problemen umzugehen.

Genau diesen Effekt wollte ich auch mit André Borschberg erzielen, als wir unser Projekt Solar Impulse entwarfen. Als sämtliche Spezialisten der Flugtechnik behaupteten, es sei unmöglich, ein Solarflugzeug zu konstruieren, das Tag und Nacht fliegen kann, schon gar nicht mit der Spannweite eines Airbus 340 und dem Gewicht eines Kleinwagens, war klar, dass wir neue Kompetenzen brauchten. Ein Psychiater/Abenteurer und ein Ingenieur/Geschäftsmann können, wenn sie sich zusammentun, tatsächlich ein weitaus größeres Spektrum abdecken als viele andere.

Doch ein Projekt von dieser Größenordnung zu zweit oder vielmehr zu dritt (!) zu leiten geht nur auf Kosten des eigenen Egos, das wir wie Ballast über Bord werfen müssen. Manchmal müssen wir uns und auch unseren Mitstreitern in Erinnerung rufen, dass weder André noch ich ein solch unglaubliches Vorhaben ganz allein hätten durchziehen können.

Übermäßige Empfindlichkeit ist hierbei die größte Hürde.

Man muss die Anmerkungen des anderen als Möglichkeiten verstehen, sich zu verbessern und weiterzuentwickeln, nicht als ärgerliche Kritik. Mir muss ganz klar sein, dass André ist, wie er ist, dass er nicht anders sein kann, dass er bisher einen anderen Weg gegangen ist als ich und dass alles, was er mir sagt, lediglich die logische Konsequenz aus seinen Erfahrungen ist. Umgekehrt verhält es sich genauso.

Diese Kultivierung der Unterschiede war mit meinem vorherigen Copiloten, der zunächst mit mir im Breitling Orbiter 3 hatte fliegen sollen, nicht möglich gewesen. Lag es an ihm oder an mir? Vermutlich weder noch. Die Chemie hatte einfach nicht gestimmt. Durch diesen Mangel an Synergie gelang es uns nicht, einander zu vertrauen. Wir waren mit einem 1 + 1 = 0 konfrontiert, und so entschloss ich mich, mit Brian zu fliegen.

Es verlangt viel Selbstbewusstsein und Ehrlichkeit, um sich derart zu öffnen, sich bloßzulegen und jemandem zu erlauben, uns auf solch intime Art kennenzulernen. Dieser Ansatz ist insofern keine universelle Methode. Versuchen Sie es nicht mit manipulativen oder perversen Menschen, die Ihre Offenheit dazu nutzen würden, in Ihrer Beziehung die Macht an sich zu reißen. Diese Menschen haben von Natur aus keine Möglichkeit, sich in Sie hineinzuversetzen und Ihre emotionalen Erfahrungen nachzuempfinden. Ihre Perversion zeigt sich am Endergebnis: Bei solchen Menschen bezieht sich die 3 aus 1 + 1 = 3 nur auf sie selbst, statt das Glück beider zu vergrößern. Ähnliche Grenzen entstehen bei affektiv instabilen Persönlichkeiten, die dazu tendieren, übers Ziel hinauszuschießen und so den Teamgeist kaputtzumachen. Wenden Sie diese Methode deshalb nicht systematisch an, und machen Sie sich klar, dass sie nicht immer funktioniert. Aber sie funktioniert manchmal in Situationen, wo jede andere Methode versagt hätte. Genau dort wird sie nützlich!

Ich schlage Ihnen vor, sich anzugewöhnen, diese drei Grundregeln im Umgang mit Ihrem Umfeld anzuwenden:

- Sprechen Sie von Ihren eigenen Gefühlen statt von dem, was Ihr Gegenüber sagt.
- Teilen Sie Erfahrungen, statt lediglich Informationen zu vermitteln.
- Machen Sie sich klar, dass es ebenso viele unterschiedliche Realitäten wie Individuen gibt.

Über die eigenen Gefühle sprechen

Im Gespräch mit anderen ist dies die goldene Regel: Sprechen Sie nicht über den anderen und urteilen Sie nicht über sein Verhalten, sondern drücken Sie vielmehr aus, was dies in Ihnen auslöst, was Sie selbst aufgrund seiner Einstellung empfinden.

Lösen Sie sich von der Vorstellung, dass Sie einfach nicht verstehen, warum Ihr Gegenüber auf eine bestimmte Art handelt. Es ist nicht seine Schuld. Was Sie stört, liegt nicht an ihm, sondern an Ihnen selbst, da Sie es negativ auffassen. Und dann hoffen Sie darauf, dass er dies einsieht ...

Erinnern Sie sich daran, dass jeder Mensch so reagiert, wie es ihm seine Erfahrungen beigebracht haben, und dass sich jeder nur so verhalten kann, wie er es gelernt hat. Wenn Sie von sich selbst sprechen, helfen Sie dem anderen, ebenfalls über sich selbst zu sprechen. Das wird Ihnen beiden erlauben, sich gegenseitig besser kennenzulernen.

Ein gutes Beispiel hierfür entstand bei einer Paarberatung, und davon würde ich Ihnen gerne erzählen. Die Frau beginnt damit, dass sie sagt, man könne sich mit ihrem Mann einfach nicht unterhalten. Als Beispiel nennt sie einen Konflikt vom Vorabend: »Wir haben zusammen Nachrichten gesehen, und ich habe meinem Mann gesagt, dass der Nachrichtensprecher gut aussieht. Mein Mann sagt, das stimmt nicht, und damit ist das Gespräch beendet. Ich kann es nicht mehr ertragen ...«

Ich bitte beide, bei diesem missglückten Gesprächsanfang zu bleiben und die eigene Wahrnehmung auszudrücken, statt ein Urteil zu fällen. Nach langen Überlegungen schaffen sie es, zu sagen:

»Ich finde, der Nachrichtensprecher sieht gut aus. Er gefällt mir.«

»Mir gefällt er nicht.«

Ich frage den Mann, warum das so ist.

»Weil er nicht vernünftig rasiert ist. Ein Dreitagebart sieht nicht gut aus.«

Ich bitte ihn, seinen Satz noch einmal dahingehend umzuformulieren, dass er es ist, der dieser Meinung ist.

»Ich mag seinen Dreitagebart nicht.«

Ich frage ihn, woher es aufgrund seiner Lebenserfahrung kommen könnte, dass ihm so etwas nicht gefällt.

»Mein Vater hat immer gesagt, dass man vernünftig rasiert sein muss, um gut auszusehen.«

Meine nächste Frage: »Hatte Ihr Vater viele strenge Prinzipien dieser Art?«

»Ja, sehr viele. Er war sehr streng, und ich habe darunter gelitten.«

Nun wende ich mich an seine Frau: »Wussten Sie, dass Ihr Mann so streng erzogen worden ist?«

»Nein, gar nicht.«

So ergab sich endlich ein offener Moment zwischen den Ehepartnern, der es ermöglichte, dass sie anfingen, einander zu verstehen. Ganz bewusst wähle ich hier das Wort »anfangen«, denn es lag noch viel Arbeit vor uns. Wir mussten daran arbeiten, dass die beiden verstanden: Die Dinge sind nicht so oder so, sondern jeder fasst sie ganz einfach unterschiedlich auf, je nachdem, was er in seinem Leben erlebt hat. Zu sagen, etwas sei gut oder schlecht, erspart uns lange Gespräche, doch im Ergebnis wird so jeder Dialog erstickt und das Trugbild einer einzigen wahren Wirklichkeit aufrechterhalten. Wenn wir immer weiter auf dieser Art Trugbild beharren, statt unsere Meinungen oder persönlichen Emotionen auszudrücken, wird es uns nicht gelingen, eine Beziehung aufzubauen.

In der Theorie scheint all das ganz offensichtlich zu sein, doch in der Praxis liegt das Problem. Wir beharren weiter darauf, dass irgendetwas schön, hässlich, fröhlich, traurig, richtig oder falsch ist, dabei ist das Ding an sich nichts davon. Man kann es je nach eigener Erfahrung schön, hässlich, fröhlich, traurig, richtig oder falsch finden, mehr nicht. Und doch streiten sich die Menschen ständig um den Wahrheitsgehalt von Eindrücken, die lediglich subjektiver Natur sind.

In den Dreißigerjahren hat der Philosoph und Wissenschaftler Alfred Korzybski seinen Begriff einer generellen Semantik vorgestellt. Er zeigte damit, dass der Sinn eines Wortes nicht ausreicht, um die Wirklichkeit zu beschreiben, da er mit persönlicher Auffassung und subjektiver Erfahrung verknüpft ist.

Erfahrungen teilen

Viele Beziehungsprobleme entstehen aus einer fehlgeleiteten Auffassung von Kommunikation. Man glaubt, miteinander zu kommunizieren, dabei tauscht man im Grunde lediglich Fakten aus. Hierbei handelt es sich nicht um Kommunikation, sondern um Informationsvermittlung. Man kommuniziert erst wirklich, wenn man persönliche Erfahrungen miteinander teilt.

Dies setzt voraus, dass wir einander Dinge mitteilen, die wir in der Vergangenheit erlebt haben, um dem Gespräch eine persönliche und emotionale Dimension zu verleihen. Eine Erfahrung ist einzigartig, sie gehört demjenigen, der sie gemacht hat, und niemandem sonst, bis der Gesprächspartner ihren spezifischen Charakter versteht.

Um etwas zu vermitteln ist es daher wichtig, sowohl zu erklären, woher unsere Meinung rührt, als auch, auf welchen Erfahrungen sie fußt. So ergibt sich auch der Vorteil, dass wir dem Gesprächspartner ein Hintertürchen bieten, eine andere Meinung und andere Erfahrung auszudrücken.

Fakten an sich sind nichts Besonderes. Einzig die Art, wie wir sie leben, verleiht ihnen Bedeutung. Ein Autounfall bedeutet nicht dasselbe für denjenigen, der sich verletzt hat, wie für denjenigen, der den Krankenwagen fährt und sein Leben damit verbringt, Verletzte einzusammeln. Oder für den Gaffer, der zum ersten Mal im Leben Blut sieht. Dieselbe Tatsache kann also niemals auf gleiche Weise von verschiedenen Menschen erzählt werden.

Wenn Sie mit jemandem sprechen, dann machen Sie sich klar, dass die Worte, die Sie aussprechen, für Sie selbst zu einem Bild oder einem Gefühl oder einer Repräsentation gehören, die in Ihrem eigenen Geist äußerst klar und eindeutig sind. Für Ihren Gesprächspartner ist es aber nicht so. Ihre Worte werden entweder auf jungfräuliches Gebiet treffen, wo sie entschlüsselt und interpretiert werden müssen. Oder auf bekanntes Gebiet, wo sie mit persönlichen Bildern, Emotionen oder Repräsentationen assoziiert werden, die sich vielleicht als ganz verschieden von Ihren eigenen herausstellen.

Eine Idee oder ein Gefühl, das durch unser Bewusstsein gleitet, wird in Worte übersetzt (erste Deformation), um es unserem Gesprächspartner zu kommunizieren (zweite Deformation). Dieser wird die Worte nun so verstehen, wie es ihm möglich ist (dritte Deformation), um sie wiederum in Ideen oder Gefühle zurückzuübersetzen (vierte Deformation), die sich in seine bisherige Lebenserfahrung integrieren lassen (fünfte Deformation).

Denken Sie an etwas. Fassen Sie es in Worte und sprechen Sie es laut aus. Schon jetzt ist sehr unwahrscheinlich, dass das, was Sie aussprechen, mit Ihrer ursprünglichen Idee perfekt übereinstimmt.

Nun stellen Sie sich vor, dass jemand Ihre Worte hört, dass er sie danach filtert, wie er sie versteht, dass er sie mit seiner eigenen Lebenserfahrung abgleicht, um schließlich eine geistige Repräsentation zu finden, die dem entspricht, was Sie haben sagen wollen.

Glauben Sie, dass es ihm möglich ist, Sie zu verstehen? Natürlich nicht! Und das Schlimme ist, dass alle vom Gegenteil überzeugt sind. Ihre Worte, Ihr Satz sind sicherlich aufgenommen worden, doch ihr Sinn ist für Sender und Empfänger nicht derselbe. Vielleicht der semantische Sinn, doch der emotionale Sinn nur selten, denn die geistige Repräsentation, die darauf folgt, kann nicht dieselbe sein.

Es ist immer interessant, in Gesprächen anderer Menschen nach jenen Auslösern zu suchen, die zeigen, dass sich beide gerade in völlig unterschiedlichen Welten befinden, ohne es selbst zu bemerken. Suchen Sie einmal danach. In der Zwischenzeit werde ich Ihnen ein Beispiel nennen.

Nach einigen sehr niedrigen Trainingsflügen im Solar Impulse, bei denen ich mit am Boden geladenen Batterien geflogen war, war der Moment gekommen, den ersten Flug mit Sonnenenergie zu unternehmen. Dies war für mich nach Jahren der Mühen und Opfer ein großer Moment. Als ich gerade eine sichere Höhe erreicht hatte, rief mich der für die Tests verantwortliche Ingenieur per Funk an: »Du kannst die Solarzellen jetzt einschalten.«

»Auf diesen Moment habe ich zwölf Jahre gewartet.«

»...«

Dann schaltete ich der Reihe nach feierlich alle vier Solargeneratoren an, die es mir nun erlauben würden, so lange zu fliegen, wie es mir beliebte, ganz ohne Treibstoff.

Ein oder zwei Monate später nahm mich der fragliche Ingenieur beiseite: »Ich habe meinem Vater von deinem letzten Flug erzählt. Er hat mir gesagt, dass ich die Situation überhaupt nicht erfasst habe. Dass ich wie ein Techniker reagiert habe. Die Solarzellen einzuschalten war für mich einfach nur ein weiterer Punkt auf der Checkliste, und mir war nicht klar, dass für dich in diesem Moment ein Traum in Erfüllung gegangen ist. Es tut mir leid ...«

Gehen Sie niemals davon aus, dass Ihr Gesprächspartner verstanden hat, was Sie ihm sagen wollten! Ganz gleich, ob er Ihnen zustimmt oder dagegenhält, nichts erlaubt Ihnen anzunehmen, dass das, was Sie gerade gesagt haben, mit dem übereinstimmt, was die Sache für ihn bedeutet. Es gibt viele Faktoren für Deformationen und Verzerrungen, sowohl auf Ihrer als auch auf seiner Seite. Erst wenn wir versuchen, wirklich zu verstehen, was der andere verstanden hat, und seine persönlichen Erfahrungen zu einem bestimmten Thema mit unseren vergleichen, kann die Kommunikation wirklich beginnen. Vorher nicht!

Kommunikation muss insofern all diese Aspekte in sich vereinen, um einen Sinn zu tragen, den wir anschließend mit dem Sinn vergleichen können, den ihr der andere Gesprächspartner gibt. Dieser Vergleich kann unser Denken um eine neue Weltsicht bereichern. Wenn ich in einer Diskussion weder über mich noch über den anderen irgendetwas Neues erfahre – oder schlimmer noch, wenn mein einziges Ziel darin besteht, den anderen davon zu überzeugen, dass er unrecht hat –, dann habe ich nicht kommuniziert. Ich habe mich damit zufriedengegeben, subjektive und unvollständige Informationen weiterzugeben, die von jemandem, der anders denkt, nur abgelehnt werden können, während jemand, der ähnlich denkt, zustimmen wird. In beiden Fällen habe ich Zeit und Energie verschwendet, und sicherlich werde ich auch bald den Gesprächspartner verlieren.

Dies musste ich auch der Mutter erklären, die ihrer Tochter vorwarf, nichts aus ihrem Liebesleben zu erzählen: »Und Sie, erzählen Sie Ihrer Tochter, wie Sie als Jugendliche waren?«

»Natürlich nicht, das geht doch niemanden etwas an ...«

»Nun, genau das hat Ihre Tochter gelernt.«

Unendlich viele verschiedene Realitäten

Wir sehen also, dass es nicht eine Realität gibt, sondern unendlich viele verschiedene Realitäten, die davon abhängen, wer unsere Gesprächspartner sind und was sie erlebt haben, aber auch davon, wer wir selbst sind.

Ich zum Beispiel mochte schon immer den Lärm von Rasenmähern. Warum? Weil ich die Rückkehr des Frühlings liebe, die länger werdenden Tage, die Schwalben, die am Himmel kreisen, das Aufblühen der Pflanzen. Und jedes Mal, wenn ich einen Rasenmäher höre, trägt mich das Geräusch augenblicklich zurück in diese Atmosphäre. Vermutlich bin ich der Einzige im ganzen Viertel, der genau das liebt! Es ist eine meiner Proust'schen Madeleines.

Oder nehmen Sie Weihnachten als Beispiel. Verschiedene Arten von Weihnachten. Da gibt es eines, das glückliche Kinder mit Familienfreuden und Geschenken verbinden. Es gibt das Weihnachten der Waisenkinder, das ihnen nur noch mehr vor Augen führt, was ihnen fehlt. Erwachsene dagegen denken nostalgisch an ihre Kindheit zurück und bemerken, dass die Zeit zu schnell vergeht. Man kann von Weihnachten halten, was man will, aber sagen Sie niemals, dass es immer ein schönes Fest ist. Vielleicht bringt es Ihnen Freude, Traurigkeit oder Nostalgie, und daran zeigt sich, was für eine Kindheit Sie hatten.

Blaise Pascal schrieb einmal: »Vor den Pyrenäen ist es die Wahrheit, dahinter ist es eine Lüge.« Sagen Sie nicht, dass dieses Sprichwort nur auf die anderen zutrifft. Wir alle sind damit konfrontiert. Nun liegt es an uns, ob uns neue Verhaltensweisen Leid bescheren oder ob wir uns die Freiheit nehmen, andere Denkweisen zu entdecken.

Im westlichen Straßenverkehr hat das überholte Auto die Vorfahrt. Derjenige, der überholt, muss also sicherstellen, dass es genug Zeit und Platz für das Manöver gibt. Stellen Sie sich mein Entsetzen vor, als ich las, dass auf der Insel Java ein Reisebus in einen Abgrund gestürzt war und dass der Verantwortliche für mehr als ein Dutzend Tote der Fahrer war, weil er ein überholendes Auto nicht hatte passieren lassen. Nun, versuchen Sie einmal, in Indonesien zu fahren. Auf den dortigen Straßen muss man vorbeigelassen werden, um die eigene Geschwindigkeit halten zu können.

Was wir zu Unrecht objektive Fakten nennen, hängt von unserer Lebensart ab und von der Bedeutung, die wir ihnen geben. Selbst die Worte, die wir benutzen, haben ihren Ursprung in kulturellen, regionalen Gebräuchen. Was bleibt also von der Realität, von der Wahrheit? Nichts. Es gibt nur unsere eigene Realität, unsere eigene Wahrheit, die sich in unserer Bildung, unserer Kultur, unserer Erfahrung und unserer Persönlichkeit begründet. Es gibt ebenso viele Wahrheiten und Realitäten, wie es Individuen auf diesem Planeten gibt. Was gleichzeitig bedeutet, dass die meisten Konflikte ebenso überflüssig wie nutzlos sind.

René Magritte ist mit seinem Bild, auf dem eine Pfeife abgebildet ist, noch weiter gegangen. Er schrieb darunter: »Ceci n'est pas une pipe.« Das hier ist keine Pfeife. Was ist es dann? Es ist eine der unzähligen Repräsentationen eines Objekts in einer bestimmten Sprache, in diesem Fall dem Französischen, wo es »pipe« genannt wird. Andere Maler würden sie anders darstellen, mit einer anderen Form oder in einer anderen Farbe, und in anderen Sprachen würde sie »Pfeife« oder »pipa« heißen.

Andere Realitäten gibt es sogar in physiologischem oder anatomischem Sinne. Bevor man entdeckt hat, dass die Geschmacksnerven von Kindern sensibler gegenüber Bitterstoffen sind als die der Erwachsenen, gingen Eltern davon aus, dass es sich bei ihrem Nachwuchs um Starrsinn handelte, wenn er sich weigerte, Chicorée zu essen … Manchmal reicht ein phonetisches Missverständnis aus, wie im Fall meines kleinen Bruders, der aus Angst vor einem Schock keine Artischocken essen wollte. Er tat es jedoch problemlos, als mein Vater die Idee hatte, sie »Artiruhen« zu nennen.

Um wirklich zu verstehen, was unser Gegenüber uns sagen will, müssen wir uns eine persönliche Vorstellung von dem machen, wovon er spricht, seine Worte müssen uns zu einer gemeinsamen Erfahrung zurückführen, zu einem Erlebnis, das sich mit ähnlichen Worten beschreiben lässt. Es ist also wichtig, dass jedes Wort, und nach und nach jeder Satz, eine vergleichbare innere Regung hervorrufen kann. Da wir häufig versäumen, uns danach zu erkundigen, was der andere verstanden hat, leben wir nur zu oft in Parallelwelten.

Dies erklärt auch die Isolation und das Verlorenheitsgefühl von Menschen, die ein Konzentrationslager, einen Unfall oder eine andere Katastrophe überlebt haben. Da es unmöglich ist, sich die Schrecken vorzustellen, die sie erlebt haben, kann man sie zwar intellektuell verstehen, doch die Tiefe ihrer Trauer kann man eben nicht nachempfinden. Dies verstärkt ihr Trauma nur, da das, was sie erlebt haben, nicht wirklich geteilt und nicht wirklich anerkannt werden kann.

Auch kann man einen spirituellen Meister oder einen Schamanen nicht verstehen, wenn man den eigenen Geist noch nicht so weit entwickelt hat wie er. Erst wenn er sich ansprechen lässt und sich auf unser Niveau herabbegibt, ist Verständnis möglich. Allerdings verändert sich dadurch die Kraft seiner ursprünglichen Botschaft. Bücher mit esoterischen Lehren voller Symbolkraft bleiben deshalb unverständlich und geheimnisvoll für uns Laien, selbst wenn sie in unserer Muttersprache geschrieben sind.

Wie lassen sich also all diese Hindernisse überwinden? Wie kann man seine Flughöhe verändern, um einen besseren Kurs zu finden? Die meiner Erfahrung nach wichtigsten Werkzeuge hierzu sind die Metapher, die Umdeutung und die Metakommunikation.

Drei Werkzeuge: Metapher – Umdeutung – Metakommunikation

Der Gebrauch einer Metapher oder einer Parabel erlaubt es uns, die Unmöglichkeit von Verständnis teilweise zu umgehen, da sie auf direktem Wege unseren Vorrat an bewussten Erfahrungen unterläuft, um die weitaus größere Quelle unserer unbewussten Erfahrungen anzusprechen. Wir verstehen sie nicht rational, sondern vielmehr als eine intime Berührung von etwas Wahrhaftigem. Jenseits der Worte erlaubt es uns die Metapher, uns an eine Person zu wenden, die wir nicht kennen, oder sogar an viele Menschen mit ganz unterschiedlichen Lebenserfahrungen, da sie bei allen in die Tiefe vordringt.

Wenn ich Sie dazu auffordere, bezüglich Ihrer Sicht auf das Leben die Flughöhe zu verändern und den Ballast Ihrer Sicherheiten und Dogmen über Bord zu werfen, dann spreche ich metaphorisch mit Ihnen. Ich weiß nicht, was die Worte »Flughöhe« und »Ballast« für Sie persönlich bedeuten. Trotzdem passen sie zu dem, was ich Ihnen vermitteln möchte, besser als alles andere, was ich mir vorstellen kann. Häufig kommen nach Vorträgen Menschen auf mich zu oder schreiben mir, um mich zu fragen, wie ich erraten habe, dass sie in diesem Moment genau das hören mussten, was ich ihnen zu sagen hatte. Genau das ist passiert: Sie haben gehört, was sie hören mussten. Manchmal sogar Dinge, die ich gar nicht gesagt habe …

Um sich verständlich zu machen, ohne von der Weltsicht des Gesprächspartners eingeschlossen zu werden, kann man ein weiteres Werkzeug anwenden: die Umdeutung. Hiermit meine ich die subtile Umdeutung des Kontexts einer Situation, die es dem anderen ermöglicht, eine andere Perspektive einzunehmen. Wenn Sie beispielsweise sagen, der Tod sei das Gegenteil der Geburt, nicht des Lebens, dann bieten Sie eine neue Perspektive an. Die Umdeutung erlaubt es jemandem, der gefangen in der eigenen Weltsicht ist, einen neuen Blickwinkel anzunehmen. Eine neue Sicht auf die Dinge, und somit zu entdecken, dass es andere Wahrheiten als die seine gibt, andere Lösungen.

Kurzzeittherapien setzen diese Technik häufig ein.

Ein Patient kam zu mir, völlig am Ende, da ihn seine Frau wegen eines anderen Mannes vom einen auf den anderen Tag verlassen hatte.

»Ich liebe sie so sehr!«

»Kann eine Person, die Sie lieben, sich tatsächlich so verhalten?«

»...«

Ein befreundeter Arzt beschwerte sich einmal bei mir, seine alte Mutter spreche nur noch über ihre gesundheitlichen Gebrechen mit ihm. Die Umdeutung bestand darin, dass ich ihm sagte: »Das bedeutet doch lediglich, dass sie dir vertraut. Wenn sie nicht mit dir sprechen würde, *das* würde dich sicher wütend machen.«

»Nun, das stimmt natürlich ...«

Erfolgreiche Verkäufer bedienen sich ebenfalls dieser Methode, wenn sie einem unentschlossenen Kunden etwas schmackhaft machen wollen:

»Ich persönlich möchte dieses Objekt nur an einen Kenner verkaufen, der seinen wahren Wert zu schätzen weiß.«

Wie würden Sie reagieren? Sie würden das Objekt natürlich kaufen, um zu zeigen, dass genau Sie so ein Kenner sind.

Wenn jemand mit einem Problem zu Ihnen kommt, unter dem er leidet, können Sie ihn auch fragen, wie sich seine Situation zum Positiven wenden ließe. Schon allein durch die Frage wird impliziert, dass es etwas Positives geben muss. Sie bieten keine Lösung an, aber die Möglichkeit zu einer Veränderung seiner Flughöhe. Wie wir später sehen werden, ist die Möglichkeit zur Überwindung einer Krise in eben jener Umdeutung verankert.

Schon unter Ludwig XVI. bediente sich Antoine Parmentier dieser Methode, um die Bevölkerung dazu zu bringen, Kartoffeln zu essen, obwohl niemand sie haben wollte. Er ließ ein nahe dem Palais Royal gelegenes Feld mit Erdäpfeln von Soldaten bewachen, um zu suggerieren, sie seien wertvoll. Nachts ließ er das Feld unbewacht, damit die Leute die Kartoffeln stehlen konnten.

Jenseits all dieser Beispiele kam die bewegendste Umdeutung, von der ich bisher gehört habe, von einem anonymen Mädchen, das den Amoklauf des norwegischen Extremisten Anders Breivik kommentierte: »Wenn ein einziger Mensch mit seinem Hass so viel Leid erzeugen kann – wie viel Gutes können wir dann gemeinsam mit der Liebe tun, die uns verbindet?«

Aus eigener Erfahrung kann ich sagen, dass das letzte unabdingbare Werkzeug dazu, in einem Gespräch die Höhe zu verändern, die Metakommunikation ist, also die Fähigkeit, über den Verlauf eines Gesprächs zu kommunizieren, das gerade im Gang ist. Es handelt sich dabei sozusagen um eine doppelte Umdeutung, die sich sowohl an den Inhalt des Gesprächs als auch an den Kontext wendet.

Kurz vor unserem Start mit dem Breitling Orbiter 3 kam Brian sichtlich aufgeregt in die Werkstatt: »Ein Sporthersteller bietet uns zwei komplette Bergausrüstungen an, wenn er ein Bild von unserem Ballon zu Werbezwecken nutzen darf!«

Wer sich nur ein wenig mit Sponsoring auskennt, hätte auf der Stelle das Gesicht verzogen. Doch ihn in seinem Enthusiasmus zu bremsen hätte unsere junge Freundschaft gefährdet.

»Brian, ich habe von Breitling mehrere Millionen für die Finanzierung dieser Weltumrundung erhalten. Es scheint mir nicht fair, einem Sporthersteller dieselben Rechte einzuräumen, wenn die Gegenleistung so gering ist.«

»O je, o je! Ich Idiot, daran habe ich nicht gedacht. Weißt

du, so etwas wurde mir zum ersten Mal im Leben angeboten, also war ich glücklich darüber.«

Und so sind wir mit Karrimor übereingekommen, dass sie unser Foto intern benutzen durften, in ihrem Büro, aber nicht für Werbekampagnen.

Vater und Mutter streiten sich um die Uhrzeit, zu der ihr Kind abends zurück sein soll. Jeder von beiden hält an der eigenen Vorstellung fest, die sich an der je eigenen Erfahrung orientiert. In der Metakommunikation sollte dies folgendermaßen besprochen werden: »Es fällt uns schwer, eine Lösung zu finden, weil einer von uns unser Kind gerne darin unterstützen möchte, Freunde zu finden, während der andere fürchtet, dass es zu wenig Schlaf bekommt und sich am nächsten Tag nicht auf die Schule konzentrieren kann.«

Oder: »Ich wurde als Jugendlicher ausgeschlossen, weil meine Eltern darauf bestanden, dass ich früher als meine Freunde nach Hause musste, doch ich verstehe auch, dass du Angst hast, wenn unsere Tochter allein im Dunklen nach Hause gehen muss.«

So wird das Problem zwischen den Eltern aufgedeckt, das Dilemma tritt zutage. Beide Flughöhen werden deutlich, und keines der Elternteile verliert sein Gesicht. Beide werden in ihrem Bemühen um das Wohl ihres Kindes anerkannt oder zumindest im Bemühen um einen Teil des Kindeswohls.

Letztendlich besteht die Metakommunikation in einem unlösbaren Konflikt darin, zu sagen: »Unsere Diskussion scheint sinnlos, da wir beide zu sehr an unserer Position festhalten.«

So wird niemand angegriffen, das Ganze ist eine einfache Feststellung. Beide Parteien sind sich immerhin darin einig, dass sie sich nicht einig werden. Dies ist der erste Schritt, den jeder auf den anderen zugehen kann und von dem aus es manchmal möglich wird, Zugeständnisse zu machen.

Nehmen Sie beispielsweise den immer wieder aufflammenden Konflikt um die Menschenrechte, der jeden Besuch einer westlichen Führungskraft in China begleitet. Mit schöner Regelmäßigkeit sorgt diese Debatte für diplomatische Auseinandersetzungen. In der Metakommunikation würde man sagen: »Im Westen versteht man unter Menschenrechten das Recht eines jeden, seine Meinung frei zu äußern. Dies gilt auf individueller Ebene für alle Bürger. In China handelt es sich um ein kollektives Ziel, bei dem es hauptsächlich darum geht, die Bevölkerung zu ernähren. Was können wir im Hinblick darauf voneinander lernen?«

Die Metakommunikation ist nicht einfach ein eleganter Ausweg aus gewissen beziehungstechnischen Sackgassen. Sie erlaubt darüber hinaus, absichtliche oder unabsichtliche Manipulationen und sprachliche Perversionen aufzudecken, denen wir häufig ausgesetzt sind und die sogar unsere geistige Gesundheit gefährden können.

Sprachliche Perversionen

Eine der größten Gefahren in der Kommunikation ist die Verbindung zweier unterschiedlicher logischer Ebenen, die man niemals mischen sollte: emotional, erzieherisch, finanziell, beruflich, politisch und so weiter. Dies nimmt häufig die Form von emotionaler Erpressung und dem an, was man in der Psychologie als »Double-Bind« bezeichnet.

Zurzeit wird viel über die pervers-narzisstische Persönlichkeitsstörung gesprochen. Worum handelt es sich dabei? Um eine pathologische Störung, die darin besteht, andere zu seinem eigenen Vorteil zu manipulieren, um so ein Defizit des eigenen Selbstbewusstseins auszugleichen.

Manipulationen können auch ungewollt vorkommen, als Spuren einer pathologischen Erziehung beispielsweise. Einem Kind zu sagen, es sei nicht lieb, weil es lieber draußen spielen möchte, als seine Hausaufgaben zu machen, ist zutiefst unangemessen. Vielleicht ist es nicht klug, nicht brav, ganz egal.

Es sind Begriffe, die etwas mit Disziplin zu tun haben, nicht jedoch mit seinem lieben Charakter oder seiner Liebe für die Eltern.

Ist es denn zulässig, das ganz natürliche Bedürfnis nach Unabhängigkeit eines Kindes gegen die Liebe zu seinen Eltern auszuspielen?

Die Mutter: »Es tut mir weh, dass du immer nur zu deinen Freunden gehen willst. Bist du denn nicht glücklich hier zu Hause, bei mir?«

Ein gesunder Kommentar hingegen wäre: »Warum lädst du deine Freunde nicht von Zeit zu Zeit zu uns ein, damit ich sie kennenlernen kann?«

Einer der ungewöhnlichsten und gleichzeitig kontraproduktivsten Sätze, die man zu seinem Kind sagen kann, lautet: »Du bist nicht lieb, du gehst jetzt sofort ins Bett.«

Erkennen Sie sich selbst in diesem Fehler wieder? Wundern Sie sich also nicht, dass Ihr Nachwuchs abends nicht mehr ins Bett gehen will. Statt einer Belohnung nach einem erfolgreichen Tag wird das Bett damit assoziiert, den Zorn der Eltern auf sich gezogen zu haben.

Bei meinen Töchtern habe ich die Situation einmal umgedreht. Wenn sie zu aufgedreht oder renitent waren, um ins Bett zu gehen, sagte ich zu ihnen: »Sobald ihr wieder bei Trost seid, dürft ihr ins Bett gehen.«

So konnten sie sich in Ruhe beruhigen und selbst um Erlaubnis bitten, schlafen gehen zu dürfen, was nicht lange auf sich warten ließ.

Bei der emotionalen Erpressung drückt man seine Liebe für das Gegenüber nur insoweit aus, wie derjenige sich den eigenen Wünschen unterwirft, und lässt es ihn deutlich spüren.

Beim Double-Bind ist der Gesprächspartner in einem unlösbaren Dilemma gefangen, sei es aus Perversion oder einem einfachen Missverständnis heraus, Beispiele gibt es in Hülle und Fülle.

Eine Mutter passt auf einem Spielplatz auf ihr Kind auf:

»Wenn du dich nicht bewegst, wird dir kalt!« Einen Moment später ruft sie: »Hör auf zu rennen, du brichst dir noch ein Bein ...«

Eine Tochter wohnt mit 20 noch bei ihrem verwitweten Vater und hat sich angewöhnt, ihm das Abendessen zu kochen. Eines Tages fragt sie ihn, ob sie abends mit Freunden ausgehen kann. Ganz ohne Hintergedanken antwortet der Vater: »Natürlich, Schatz, ich mache mir einfach eine Schüssel Cornflakes.« (Implikation: »Heute werde ich kein richtiges Abendessen bekommen.«)

Die Tochter ist also gefangen in der Freiheit, die ihr Vater ihr auf der einen Seite gibt, und dem gleichzeitigen Schuldgefühl, sich nicht gut um ihn zu kümmern.

Manche Menschen, ob sie es wollen oder nicht, treiben ihre Kinder mit emotional unlösbaren Fallen in den Wahnsinn. Psychische Krankheiten können ein Weg sein, Widersprüche zu überleben, denn sie bestehen eben darin, sich eine Fantasiewelt aufzubauen, in der Ja und Nein gleichzeitig existieren können, ohne einander zu widersprechen.

Wenn man die Grundlagen der Metakommunikation erlernt hat, bietet sie häufig die Chance, solche Situationen aufzulösen: »Papa, deine Antwort erlaubt mir zwar, mich mit meinen Freunden zu treffen, aber gleichzeitig machst du mir ein schlechtes Gewissen. Kannst du mir bitte auf andere Art antworten?«

Nachdem ich all diese Dinge gelernt hatte, wollte ich sie auch meinen Töchtern erklären, damit sie lernen konnten, ähnliche Situationen aufzulösen. Sie haben den Mechanismus sehr schnell verstanden.

Eines Abends weigerte sich Solange, vier Jahre alt, sich die Zähne zu putzen. Ich sagte darauf: »Möchtest du die rosa Zahnbürste oder die blaue?«

Solange sah mir völlig entrüstet in die Augen: »Papa, ich hab dir gerade gesagt, dass ich mir nicht die Zähne putzen will, warum fragst du mich dann so was?!«

An einem anderen Tag saßen wir bei Tisch: »Papa, möchtest du normales Brot oder das getoastete?«

»Gibt mir das alte, ich opfere mich ...«

»Papa, statt dich so blöde zu opfern, solltest du uns vielleicht einfach sagen, welches du möchtest!«

Was für eine überaus gesunde Antwort, wenn man sie mit Situationen in einer Familie mit pathologischen Interaktionsmustern vergleicht: »Meine Tochter, möchtest du trockenes oder frisches Brot?«

»Natürlich das trockene, Maman!«

Sie werden denken, dass ich mir dieses Beispiel ausgedacht habe, weil es so sehr an eine Karikatur erinnert? Dem ist nicht so. Ich habe diese Szene persönlich erlebt. Die Tochter war 40 Jahre alt und litt an Schizophrenie. Sie hätte gar nicht anders reagieren können, vielleicht so: »Es tut mir leid, Maman, aber wie soll ich denn auf diese Frage antworten?«

Oder aber, und hier wären noch höhere Kompetenzen gefragt: »Was glaubst du denn, welches mir besser schmeckt?«

Vielleicht noch ein letztes Beispiel für Double-Bind? Ein Ehemann sagt ganz verliebt zu seiner Frau: »Wenn ich dich heute kennenlernen würde, würde ich mich sofort scheiden lassen, um dich zu heiraten.«

Dies ist wohl gleichzeitig das schönste aller Komplimente und die schlimmste aller Drohungen.

Win-win

Ich behaupte gar nicht, dass das, was ich in diesem Kapitel schreibe, sämtliche Konflikte verhindern kann. Es wird immer Menschen geben, mit denen wir einfach nichts zu tun haben wollen. Ich möchte trotzdem betonen, dass diese Arten zu kommunizieren viele Probleme lösen und unsere Beziehungen zu anderen Menschen wesentlich verbessern können. In

Fallen zu tappen hingegen wird unsere Beziehungsprobleme nur verstärken.

Es ist sehr schwierig, gleichzeitig ehrlich, gesund und effizient miteinander zu kommunizieren. Ganze Bücher sind zu diesem Thema bereits geschrieben worden. Ich werde nicht in die Tiefe gehen und gebe mich hier damit zufrieden, eine Grundregel aufzustellen: Ziel einer Beziehung sollte immer sein, eine Win-win-Situation zu erreichen. Wenn Sie Ihren Gesprächspartner besiegen, dann haben Sie ihn manipuliert oder herabgesetzt. Wenn der andere gewonnen hat, sind Sie dagegen das Opfer.

Die einzige Ausnahme hierbei ist die hierarchische Situation, in der ein Chef dazu gezwungen ist, seinen Untergebenen Befehle zu geben, doch hier ist alles eindeutig. Es handelt sich nicht um Manipulation, sondern um Autorität, und der niedriger gestellte Partner verliert nicht das Gesicht, sofern die Anordnungen respektvoll gegeben werden.

Zudem spreche ich natürlich von Beziehungen, in denen Sie sich Harmonie wünschen. Wenn Sie sich hingegen mitten in einer politischen Debatte oder einem Rededuell befinden, ist es ratsam, sämtliche manipulativen Register zu ziehen. Und wenn Sie gewinnen – umso besser, denn auch hier handelt es sich um eine eindeutige Kommunikationssituation. Ziel ist, einen Gewinner und einen Verlierer zu ermitteln.

Bei Ihrer Familie, Ihren Freunden und Ihren Kollegen sollten Sie jedoch nicht versuchen zu gewinnen. Setzen Sie alles daran, dass beide Seiten gewinnen. Und wenn Ihr Gegenüber sich nicht an die Spielregeln hält, gehen Sie den Weg der Metakommunikation: »Ich versuche gerade, eine Lösung zu finden, die es uns beiden erlaubt, erhobenen Hauptes unserer Wege zu gehen. Ich habe das Gefühl, dass es dir eher darum geht, dass einer gewinnt und einer verliert. Was meinst du dazu?«

Einer meiner früheren Psychotherapeuten, der unsere

Gruppe bei der Supervision betreute, hat gesagt: »Man sollte immer bemüht sein, die Liebe zu verstärken, die zwischen uns und anderen zirkuliert.«

In diesem Kapitel lasse ich ihm das letzte Wort.

HYPNOSE – METHODE ODER PHILOSOPHIE?

Um unsere Angst vor dem Ungewissen zum Schweigen zu bringen, die richtige Flughöhe zu finden und unser Vertrauen ins Leben zu stärken, müssen wir unsere Beziehung zu uns selbst vertiefen und innere Kräfte freisetzen. Die Hypnose ist eine der Methoden, die dies ermöglichen können.
In der allgemeinen Vorstellung schwankt die Hypnose zwischen unheimlicher Manipulation und Wunderheilmittel. Dabei ist sie weder das eine noch das andere. Tatsächlich ermöglicht sie therapeutische Erfolge, doch vor allem ist sie eine Geisteshaltung, die Arzt und Patient teilen sollten, damit sie wirksam werden kann. Beide sollten sich nicht gegen den Wind des Lebens stemmen, gegen Symptome und Emotionen, sondern ihre Kräfte produktiv nutzen.

Jenseits des Spektakulären

Mich persönlich hat die Neugier zur Hypnose geführt. In den sechs Jahren meines Medizinstudiums waren wir nie auf sie zu sprechen gekommen. Und doch bot mir diese Methode die Möglichkeit, meine Sichtweise aufs Leben und meine Art, für die Patienten zu sorgen, zu verändern. Auch konnte ich durch sie neue Bewusstseinszustände erreichen und mir komplizierte psychologische Phänomene besser erklären. Dank der Hypnose konnte ich endlich meine spirituelle Suche mit meinem Therapeutenberuf vereinbaren, obwohl mir bis dato ausschließlich davon abgeraten worden war, beides zu verbinden.

Im November 1991 schreibe ich mich für mein erstes Hypnoseseminar ein, das zu dem Zeitpunkt beworben wird. Als es vorbei ist, bin ich nicht gerade zufrieden: Es ging eher darum, zahlende Interessenten für einen ganzen Hypnosekurs zu gewinnen, als auf meine vielen Fragen Antworten zu liefern. Dennoch habe ich einige Sätze gehört und einige Beispiele gesehen, die mein Interesse geweckt haben, und ich habe Lust, dem Ganzen eine Chance zu geben.

Einige Zeit später, als ich gerade als Assistenzarzt in einer chirurgischen Notaufnahme arbeite, wird ein zwölfjähriges Mädchen mit einer dislozierten Fraktur des linken Unterarms eingeliefert. Wie so häufig bei Kindern handelt es sich um eine Grünholzfraktur, der Knochen ist also nur angebrochen. Damit er vollständig heilen kann, muss nun ein glatter Bruch hergestellt werden, dann werden die Knochen gerichtet. Ich gebe der jungen Patientin die Wahl zwischen einer Lokalanästhesie und einer Hypnosesitzung und erkläre ihr, dass ich gerade ein kurzes Seminar absolviert habe und sie meine erste Patientin ist. Sofort lässt sie sich auf die Erfahrung ein.

Ich bitte also um Ruhe und dimme das Licht, während sich das Mädchen auf den Rücken legt. Vorsichtshalber bereite ich schon mal eine Spritze mit dem Anästhetikum zu. Ich weiß, dass ich die Kleine zunächst beruhigen muss und sie dann ihren linken Arm vom restlichen Körper dissoziieren muss. Doch ich weiß nicht so recht, wie ich vorgehen soll. Dann habe ich plötzlich die Idee, sie ein Kreuz auf ein Blatt Papier zeichnen zu lassen. Es soll für ihre vier Extremitäten stehen. Ich sage ihr, sie solle ihre Atmung vertiefen und verlangsamen, vor allem beim Ausatmen, ganz so, wie es im Seminar gemacht wurde.

Dann bitte ich sie mithilfe von Suggestion, den linken Balken des Kreuzes verschwinden zu lassen. Sie bestätigt mir, dass sie nun nur noch drei Balken des Kreuzes wahrnimmt, gleichbedeutend mit dem Verschwinden des Gefühls in ihrem linken Arm, der nun völlig taub wird. Währenddessen stehe ich die ganze Zeit in verbalem Kontakt zu ihr. Sie ist bei Bewusstsein, merkt jedoch nicht, dass ich den angebrochenen Knochen vollständig breche, die Knochen richte und den Arm anschließend eingipse.

Ich weiß nicht, wer danach stolzer ist, sie oder ich. Ihr triumphierendes Lächeln, als ihre Mutter sie in Empfang nimmt, beweist, dass sie etwas perfekt verstanden hat: Bei der Hypnose leistet der Patient die Arbeit, der Therapeut ist nur da, um ihn zu begleiten.

Gerüchte über diese Operation verbreiten sich wie ein Lauffeuer unter meinen staunenden Kollegen. Plötzlich gelte ich unter ihnen als großer Zauberer. Es ist mein einziger ruhmreicher Moment während meiner Arbeit als Chirurg, in der meine Ausbildung als Psychiater in den Augen der Spezialisten bis dato als komplett nutzlos erachtet wurde.

Es ist auch das erste Mal, dass mir so deutlich klar wird, wie sich die Kräfte unserer Psyche einsetzen lassen. Nicht die Hypnose ist die Magie: Es ist der Mensch. Wenn man nach einem Wochenendseminar per Suggestion einen ganzen Arm betäuben kann, was kann man dann nach einer ganzen Ausbildung?

Ich gebe zu, dass ich nach diesem Ergebnis durchaus auf der Suche nach dem Spektakulären war. Doch geht es nicht jedem so, der zum ersten Mal von Hypnose hört, ohne zu wissen, worum es sich handelt? Denken wir nicht alle ans *Dschungelbuch* und die großen Augen der Schlange Kaa, die ihre Beute hypnotisiert, um sie zu verspeisen? Oder an den Fakir, der Tim in *Die Zigarren des Pharaos* in seinen bösen Bann zieht? Oder an Hypnosevorstellungen auf dem Jahrmarkt, bei denen ein Hypnotiseur seine armen Freiwilligen zu den unwahrscheinlichsten und aberwitzigsten Handlungen bringt?

Die Hypnose ist sicherlich ein mächtiges Manipulationsmittel, das nicht in falsche Hände gelangen sollte, doch es ist auch ein ergänzendes Heilmittel zu dem, was ich an der Universität gelernt habe. Das glaubte ich zumindest, als ich mich voller Hoffnung für einen Kurs einschrieb. Ich war überzeugt davon, dass hier meine Neugier gestillt und mir das beigebracht würde, was ich für die Atlantiküberquerung im Ballon an Wissen benötigte.

Fünf identische Ballons sollten in den Vereinigten Staaten abheben, und Gewinner wäre der erste, der die europäische Seite erreichte. Ein belgischer Pilot, Wim Verstraeten, hatte mir vorgeschlagen, sein Copilot zu werden. Ich hatte das Gefühl, dass die viele Aufmerksamkeit der Medien, die meine Familie bereits genossen hatte, ihn weniger interessierte als meine Erfahrung als Psychiater. Tatsächlich waren schon viele Atlantiküberquerungen im Ballon an psychischen Problemen und Schlafmangel gescheitert. Wim hatte meine Anfangserfahrungen mit der Hypnose aus erster Hand mitbekommen, als ich ihm ihr Potenzial für unsere Expedition aufzählte: Stressmanagement, schnelles Einschlafen, leichtes Erwachen trotz weniger Stunden Schlaf, Regulierung der Körpertemperatur in Extremsituationen usw. Sicher übertrieb ich ein wenig. Trotzdem war Wim von dieser Aussicht begeistert und sprach bereits von der Geheimwaffe, mit der er dank meiner Hilfe dieses Rennen gewinnen würde.

Ich freute mich also sehr auf diesen Kurs und vor allem darauf, »hypnotisiert zu werden«, um selbst jene sagenumwobene »Trance der Hypnose« zu erleben, jenen neuen Bewusstseinszustand, der so viele Türen öffnen konnte. Wozu wäre ich dank Hypnose fähig?

Ein ganz natürliches Phänomen

Der Kurs begann mit einer Gruppentrance. Doch das Ganze war nicht annähernd so, wie ich es mir vorgestellt hatte. Die Teilnehmer lagen auf dem Boden. Der Lehrer begann, die

Trance zu induzieren. Begierig nahm ich seine Worte in mich auf, um sie mir einzuprägen. Er sprach langsam, rhythmisch, mit jedem Ausatmen. Bald würde ich Bescheid wissen … Doch was für eine Enttäuschung! Alles schien mir von einer hanebüchenen Banalität zu sein. Ich war entspannt, das schon, aber mehr auch nicht. Ich befand mich wieder in jenem Zustand, den ich selbst in mir seit meiner Jugend auslösen konnte. Genauer gesagt seit jenem Tag mit 16 Jahren, als ich in einer Berghütte für einen Biologietest ackerte, umringt von Freunden, die eine Platte von Leonard Cohen hörten, und ich ohne es zu merken meine erste hypnotische Erfahrung machte. Ein Teil von mir lernte die Seiten aus dem Biologiebuch auswendig, während ein anderer Teil von mir gemeinsam mit meinen Freunden Teile der Musik sang. Das Ergebnis dieser perfekten Dissoziation: zehn von zehn Punkten bei meiner Prüfung am nächsten Tag. Natürlich wollte ich diese Erfahrung wiederholen, und seit jenem Tag habe ich die meisten meiner Prüfungen unter Begleitung der ersten beiden Alben von Leonard Cohen im Zustand dieser automatischen Lektüre vorbereitet. Nach und nach senkte ich die Lautstärke aufs Minimum, setzte mich im Schneidersitz auf das Wohnzimmersofa und verbrachte so Abschnitte von zwei bis drei Stunden in einem Zustand so tiefer Konzentration, dass noch nicht einmal Lärm mich hätte ablenken können. Zwischendurch drehte ich die Platte um und machte mich erneut an die Arbeit.

Diese Fähigkeit zu extremer Konzentration machte aus mir für den Rest meiner Schulzeit einen der Klassenbesten. Ich stellte das nie infrage, bis zum ersten Tag dieses Kurses, an dem mir bewusst wurde, dass ich seit Jahren, ohne es zu wissen, Selbsthypnose betrieb. Die Enttäuschung darüber, nichts Neues zu lernen, wich sogleich einer Offenbarung: Meine persönliche Erfahrung ließ sich auf andere übertragen. Nun musste ich verstehen, was damals geschehen war, und lernen, diese Fähigkeiten für meine Ballonfahrt zu nutzen. Therapeutische Möglichkeiten kamen mir noch nicht in den Sinn.

Sich in Trance versetzen

Grundsätzlich ist die Hypnose eine Art Dissoziation, die von einem Bruchmoment ausgelöst wird. Das ist auch schon das ganze Erfolgsgeheimnis. Es scheint unvorstellbar, sodass sich Ihr Wille und Ihre Vernunft dagegen sträuben, weiter zu folgen. Genau das braucht es, um einen hypnotischen Zustand auszulösen, der zu Unrecht als »Trance« bezeichnet wird. Auch das Wort »Hypnose« ist keine gute Wahl, denn so denkt man an einen schlafähnlichen Zustand, was nicht annähernd der Fall ist. Ganz gleich, welches Wort man jedoch gebraucht, es geht darum, unser intellektuelles Abwehrsystem lahmzulegen, um unsere automatischen Funktionsweisen kurzzuschließen, unser innerstes Verlangen danach, alles zu kontrollieren. Milton Erickson, ein amerikanischer Psychiater, der in den Sechzigerjahren die autoritäre Hypnose des 18. und 19. Jahrhunderts modernisierte, bediente sich der Ablenkung, wie ich es zu Beginn dieses Kapitels gemacht habe, um unsere rationale Seite auszuhebeln. Man kann sein Gegenüber beispielsweise fragen, woher es weiß, ob es sein Körpergewicht ist, das in den Sessel drückt, oder aber der Sessel selbst, der gegen den Körper drückt … Eine andere Methode ist die der schwebenden Hand. Man suggeriert eine Dissoziation des Arms vom Rest des Körpers, und so ist es möglich, die eigene Hand allein im Raum schweben zu lassen. Zunächst hält der Patient die Augen offen, um den Beweis dessen zu sehen, was er zunächst für unmöglich hielt. Dann gleitet er in die Trance. Man kann ihn auch bitten, die Augen während eines tiefen Ausatmens nach hinten rollen zu lassen. Wir tendieren dann dazu, die Atmung unseres Gegenübers zu vertiefen, anschließend überraschen wir ihn mit kurzen Sätzen, die von langen Atempausen unterbrochen werden. So bricht der Patient mit seiner gewöhnlichen Art, einem Gesprächspartner zuzuhören, während er gleichzeitig durch die Entspannung seiner Muskeln bei jedem Ausatmen ein wenig tiefer in sich selbst versinkt.

All dies sind Möglichkeiten, eine Trance einzuleiten. Doch wie soll man sich das Phänomen der Induktion an sich vorstellen? Für gewöhnlich haben wir den Blick nach außen um uns herum gerichtet, nicht in uns hinein. Unsere Aufmerksamkeit richtet sich auf die Welt, die uns umgibt, unser Bewusstsein wird aus uns heraus projiziert. Wenn wir in die Hypnose gleiten, wird unser Innenleben zum Objekt unserer Konzentration. Der Blick wird umgekehrt. Folglich verändert sich das, was wir beobachten, vollkommen.

Der *Safe Place*

Im therapeutischen Kontext muss zuallererst eine notwendige Phase durchschritten werden: die Suche nach dem *Safe Place*, einem inneren Ort der Sicherheit. Dies haben auch viele Werbefachleute verstanden und bedienen sich dieses Konzepts, um ihre Zielpersonen auf besonders subtile Art zu beeinflussen. Ich habe einmal ein Plakat für eine Fluggesellschaft gesehen, das einen Fötus im Bauch seiner Mutter zeigte, darunter der Satz: »Erinnern Sie sich noch an einen Ort vollkommener Sicherheit?«

Es wäre unverantwortlich, mit Hypnose zu arbeiten, sogar mit Selbsthypnose, ohne sicherzugehen, dass es die Möglichkeit eines solchen Geborgenheitsgefühls gibt, auf dem sich die Intervention aufbauen lässt. Auf diese Geborgenheit kann sich der Patient verlassen, falls es zu Emotionen kommen sollte, die nur schwer zu ertragen sind. Es kann sich um einen körperlichen Eindruck handeln oder um die Erinnerung an eine angenehme Situation, beispielsweise ein Musikstück, eine friedliche Landschaft oder ein angenehmer Geruch, je nachdem, welcher Sinneseindruck überwiegt – sensorisch, auditiv, visuell oder olfaktorisch. Eine andere Möglichkeit besteht darin, den *Safe Place* während der ersten Trance-Sitzungen aus all diesen Teilen zusammenzusetzen.

Eine meiner Lehrerinnen ging sogar noch weiter. Sie bat ihre Patienten, sich an einen Moment übersinnlicher Harmonie zu erinnern. Sie war der Meinung, und damit hatte sie vermutlich größtenteils recht, dass niemand das Erwachsenenalter erreicht, ohne in seinem Leben wenigstens einmal einen magischen Augenblick vollen Bewusstseins und reinen Glücks erlebt zu haben, in dem die Gesamtsituation zu einem Moment totaler Harmonie führte. Als würde sich eine Tür zur glasklaren Wahrnehmung mit allen Sinnen öffnen, um uns eine Lebensqualität vor Augen zu führen, die man erreichen könnte, wenn man es schaffen würde, in vollen Zügen zu leben. Eine Kostprobe des Glücks und der Freude dessen, was jenseits unseres Alltags existieren könnte.

Sie ging sogar so weit, ihren Patienten von der Fortsetzung der Therapie abzuraten, solange sie ihren Moment der Harmonie noch nicht gefunden hatten, selbst wenn es einige Sitzungen lang dauerte. Ihr reichte der klassische *Safe Place* in Form einer Erinnerung oder einer angenehmen Wahrnehmung nicht aus. Es musste ein solcher Moment sein. Und selbst die Patientin, die während ihrer albtraumhaften Kindheit misshandelt worden war und versicherte, noch nie in ihrem Leben einen solchen gnadenvollen Moment erlebt zu haben, fand ihn schließlich. Plötzlich erinnerte sie sich daran, wie sie einmal weinend aus dem Haus ihrer gewalttätigen Eltern gerannt war, das mitten in einem Wald an einem Fluss gelegen war. Die Sonne schien zwischen den Bäumen hindurch, ihr Licht umspielte die Schatten der Blätter und malte bewegliche Muster auf die Wasseroberfläche. Sie war stehen geblieben wie vom Donner gerührt und spürte zum ersten Mal, dass das Leben ihr etwas anderes bescheren konnte als Leid. In diesem Moment hatte sie die Kraft gefunden weiterzuleben.

Es handelt sich nicht nur darum, mit unserem Intellekt einen Gedanken oder eine angenehme Erinnerung zu finden, sondern darum, mit unserem gesamten Sein das wahrhaftige Gefühl einer positiven Erfahrung zu spüren, die wir mit diesem Gedanken oder dieser Erinnerung verbinden. Anschließend muss man diese Übung einige Male wiederholen, um sich die Geborgenheit und die Sicherheit einzuprägen und sie mit einer Geste oder einer Bewegung zu verbinden. Im Fachjargon spricht man davon, sie zu »verankern«. Diese Verankerung erlaubt es uns, unseren *Safe Place* immer dann wiederzufinden, wenn wir ihn brauchen oder uns danach zumute ist.

Nun können wir den hypnotischen Zustand nicht nur dazu gebrauchen, einen Moment der Sicherheit zu erleben, sondern auch, um auf ein Ziel hinzuarbeiten. Die Hypnose ist ein Weg, neue Möglichkeiten zu finden, neue Höhen auszuprobieren. Doch im Frühjahr 1992 war ich noch lange nicht dort angekommen. Mein oberstes Ziel war es, zu lernen, mich vom Stress des Pilotendaseins in einem Heißluftballon mitten über dem Atlantik zu befreien und in einer unbequemen und winzigen Flugkapsel einschlafen zu können ...

Trance atlantisch

Obwohl mich der Kurs zu Beginn enttäuscht hatte, lernte ich dort dennoch, wie mein Teamkollege und ich uns ausreichend ausruhen konnten, um während der fünf Tage und fünf Nächte der Wettfahrt einsatzbereit zu bleiben und sie zu gewinnen.

Jedes Mal, wenn ich mich während des Flugs auf der schmalen Matratze inmitten unserer Ausrüstung ausstreckte, versuchte ich, die neu erlernte Technik zu perfektionieren. Ich lag auf dem Rücken, hielt die Luft an und ballte so fest es nur ging die Faust. In meine Faust legte ich meine negativen Gedanken, die Anspannung der vorangegangenen Stunden, meine Ängste. Ich drückte so fest es mir nur möglich war zu, als wolle ich sie zermalmen. Währenddessen schien meine Lunge zu zerplatzen. Ich konzentrierte mich mit dem Blick auf einen Teil meiner Hand, stärker und stärker. Dann, genau in dem Moment, in dem ich nicht mehr konnte, rollte ich die Augen nach hinten, schloss die Augenlider und ließ alle Anspannung los: meine Atmung, meine Faust, den Arm, der auf die Matratze fiel.

So gelang es mir in weniger als einer Minute, einen Zustand der Entspannung zu erreichen, der es mir ermöglichte, mich auf völlig neue Art auszuruhen. Ich schlief nicht sofort ein, manchmal schlief ich gar nicht. Mein Körper und mein Geist waren ganz einfach dissoziiert. Mir schien es, als schliefe mein Körper, während ich ihn mit wachem Geist beobachtete und dabei die Entspannung spüren konnte, um bei vollem Bewusstsein jene Geborgenheit und das Gefühl der Ruhe zu erfahren. Ich hörte weiterhin die Gespräche, die Wim am Funkgerät oder am Satellitentelefon führte, ich folgte dem, was an Bord geschah, doch es störte mich nicht. Ich durfte nur nicht versuchen, aktiv und unbedingt einschlafen zu wollen. Manchmal schlief ich so spontan ein.

Da ich in meiner Kindheit immer gelernt hatte, dass ich am nächsten Tag müde wäre, wenn ich nicht früh genug schlafen ginge, war dieser Zustand eine absolute Offenbarung. Ich konnte mich ausruhen, ohne zu schlafen, und mich dennoch extrem gut fühlen, wach und leistungsstark. Es handelte sich nicht nur um Selbsthypnose, sondern auch um eine Befreiung von dem, was man mir beigebracht hatte.

Nun galt es, meinen Platz als Psychiater und Copilot auch Wim gegenüber zu rechtfertigen.

Er war mit Schlafen an der Reihe. Ich sah, dass er sich auf der Matratze hin und her wälzte. Um Hilfe bat er jedoch nicht. Wir befanden uns nicht in einer gemütlichen Praxis, sondern schwebten in einer Gondel unter einem Heliumballon mitten über dem Ozean. Ich wusste nicht, ob es klappen würde. Ich musste alles auf eine Karte setzen, voller Selbstbewusstsein, um nicht zu scheitern. Im Grunde müsste ich statt *um nicht zu scheitern* sagen *um erfolgreich zu sein*, denn das Unbewusste kennt keine Verneinung. Es hört nur auf Worte, und in diesem Sinne sorgt das Wort Erfolg für eine positive Einstellung. Ich sah mich noch einmal im Hypnoseseminar einige Monate zuvor und nahm all meine Konzentration zusammen: »Wim, du könntest zum Beispiel deinen Daumen anvisieren … Halt ihn über deine Sichtlinie. Genau … Sehr gut. Dein Arm ist ausgestreckt … Und vielleicht wird er immer schwerer … Vielleicht wird er immer noch schwerer … Genau wie deine Augenlider … Die würden jetzt gerne zufallen …«

Ich sprach nur, wenn er ausatmete, und passte meine Atmung der seinen an. Ich suggerierte seinem Unbewussten ganz einfach, dass sich die Bewegungen ganz von selbst ergaben, ohne Anweisungen von außen. Alle 15 Sekunden feuerte ich etwas Helium in unseren Ballon, um ihn in dieser eisigen Nacht zu erwärmen.

»Das Geräusch, das du hörst, kann dich begleiten … Ich bin jetzt der Pilot … Du musst nichts mehr tun … Deine Atmung wird immer tiefer … Dein Arm wird immer schwerer … Genau wie deine Lider … Genau. Der Arm sinkt wie von selbst … Genau … So ist es gut …«

Nun lag Wim auch auf dem Rücken, seine Augen waren geschlossen, sein Gesicht ruhig.

»Ich bin jetzt der Pilot, du kannst dir also vorstellen, dass der Ballon sich von ganz allein bewegt … Ohne dass du auch nur das Geringste dafür tun musst.«

Nach der Entspannungsphase musste ich die Dissoziation hervorrufen, ihm also suggerieren, dass er sich nicht mehr im Ballon befand und sich nicht mehr darum sorgen musste. Durch dieses Gefühl der Befreiung konnte er einschlafen.

»Stell dir nun vor, wie sich der Ballon vor einem Regenbogen immer weiter von dir entfernt. Alles wird gut, alles passiert ganz sanft. Der weiße Ballon vermischt sich mit den Farben des Regenbogens ... Als Erstes siehst du, wie er durch den roten Strahl fliegt ... Rot wie die Anspannung, die bald komplett verschwinden wird. Dann erreicht der Ballon den orangefarbenen Strahl ... Den gelben ... Und wird immer ruhiger und ruhiger. Das Grün empfängt ihn ... Das Grün, wie eine riesige Wiese, wo du nur das hohe Gras siehst, das sich im Abendwind wiegt. Ganz am Ende der Wiese verschwindet der Ballon nach und nach im Blau ... Es wird ein bisschen kühler, ein bisschen schwerer und ein bisschen dunkler. Der Regenbogen wird violett, und darin verschwindet der Ballon. Alles steht für dich still, und du kannst in Ruhe einschlafen. Du kannst schlafen, so lange du möchtest. Denn jetzt bin ich der Pilot. Alles ist hinter dem Violett verschwunden, im Schwarz der Nacht ... In der du schläfst.«

Auch für mich war dies der Moment der Wahrheit. Ich fürchtete jeden Moment, dass er den Kopf heben würde, um mich zu fragen: »Das war's schon?« Doch er drehte sich auf die Seite und öffnete die Augen nicht mehr. Ein tiefer Seufzer sagte mir, dass er schon tief und fest schlief, ruhig und entspannt, geborgen in der Welt, die ich für ihn heraufbeschworen hatte.

Zwei Stunden verbrachte ich vor den Fluginstrumenten und versuchte, auf den Meter genau die richtige Höhe zu halten, die uns in die beste Richtung bringen würde, doch durch meine Müdigkeit machte ich einige Rechenfehler in der Navigation. Nach einigem Zögern beschloss ich, Wim sicherheitshalber aufzuwecken. Um ihn wieder zu wecken, sprach ich, wenn er einatmete: »Wim, deine Atmung wird leichter, oberflächlicher ... Der Ballon kommt wieder auf dich zu, und du steigst ein. Du kannst aufwachen, um wieder das Kommando zu übernehmen.«

Nachdem er sich ein wenig gestreckt hatte: »Warum hast du mich so lange schlafen lassen, Bertrand? Du hättest mich mitten in der Nacht wecken sollen.«

Die Erfahrung war ein voller Erfolg. Obwohl Wim unter Hypnose nur zwei Stunden geschlafen hatte, fühlte er sich so ausgeruht wie nach einer ganzen Nacht. Und so übernahm er wieder die Stellung, zunächst am Brenner. Dann ging die Sonne auf. Später beschrieb er mir diesen Sonnenaufgang als einen der schönsten, die er je habe beobachten dürfen.

Sich selbst beobachten

Wie Sie den Schilderungen zu meiner eigenen Erfahrung und der von Wim entnehmen konnten, reicht Entspannung allein nicht aus. Man muss ihr immer die Dissoziation hinzufügen. Dies unterscheidet die Hypnose von der einfachen Entspannung. Zunächst die Dissoziation und dann die Aufmerksamkeit, die man auf eine oder mehrere der dissoziierten Teile fokussieren muss. Der Patient fühlt sich gespalten: Ein Teil von ihm macht die Erfahrung, während der andere Teil sich selbst bei der Erfahrung beobachtet. In meinem Fall waren mein Körper und mein Geist voneinander getrennt. Im Fall von Wim wurde er selbst vom Ballon getrennt, den er beim Flug in den Regenbogen beobachtete. Ein Körperteil kann vom Körper selbst dissoziiert werden wie im Fall des Mädchens mit dem gebrochenen Arm, wenn man die Aufmerksamkeit auf etwas anderes lenkt. Auch kann man von seiner Gewohnheit, sich deprimiert zu fühlen, dissoziiert werden, wenn die Trance eine positive Erfahrung hervorruft ...

Um besser zu verstehen, was ich sagen will, können auch Sie die Dissoziation beispielhaft erleben. Das nächste Mal, wenn Sie joggen gehen, achten Sie einmal darauf, welche Teile Ihres Körpers ganz grundlos angespannt sind. Wir tendieren dazu, viel zu viele Muskeln anzuspannen, wodurch wir müde werden und Energie verschwenden. Sicherlich werden Sie Muskelanspannung in Ihren Beinen, dem Rücken und dem Bauch wahrnehmen, was ganz normal ist, aber Sie werden sie ganz sicher auch in Ihren Händen und Ihrem Gesicht wahrnehmen, wo die Anspannung ganz unnötig ist. Joggen Sie also weiter, aber entspannen Sie diese Teile Ihres Körpers, und Sie werden bemerken, dass Sie nun von den angespannten Teilen getrennt sind. So werden Sie ganz ohne Psychiater und ohne Atlantiküberquerung im Ballon sehen, dass eine Dissoziation leicht und angenehm heraufzubeschwören ist.

Eine natürliche Konsequenz dieser Erfahrungen ist, dass man zum Beobachter seiner selbst wird. Ich denke, dies ist der eigentliche Sinn der Hypnose. Wir entdecken die Fähigkeit, uns von uns selbst zu lösen, um mit uns zu interagieren und einige unserer Empfindungen zu verändern, unsere Gefühle, unser Verhalten. Sich selbst in jenem Zustand der Dissoziation zu beobachten wird auch unser Bewusstsein für uns selbst steigern, wenn wir dadurch die Tür zu gewissen spirituellen Erfahrungen öffnen. Damit es nicht zu schnell geht, sparen wir uns dieses Thema für später auf.

Zahlreiche Spezialisten streiten sich darüber, ob die hypnotische Trance an sich therapeutischen Wert hat oder ob nur die Arbeit, die während der Trance durchgeführt wird, die Gesundheit verbessern kann. Diese Debatten sind sinnlos, da man die Trance und die Therapie nicht getrennt betrachten kann. Ich persönlich glaube, dass die zentrale Erfahrung die Dissoziation ist. Die meisten Menschen haben nicht gelernt, eine Beziehung zu sich selbst aufzubauen, und eine durch die hypnotische Trance eingeleitete Dissoziation kann von daher schon für sich genommen eine geradezu lebensverändernde Offenbarung sein. Sich selbst zu beobachten ist die erste Etappe auf dem Weg der Selbsterkenntnis, auf dem Weg zu den eigenen inneren Kraftreserven. Man muss ganz einfach lernen, sich in einem neuen, ungewohnten Zustand zu beobachten.

Ich erinnere mich an einen depressiven Patienten, der behauptete, sich noch nie im Leben gut gefühlt zu haben. Seine erste Erfahrung der Hypnose hat ihn völlig verwandelt. Sein gnadenvoller Moment lag nicht in der Vergangenheit, sondern fand während unserer Sitzung statt. Alle paar Minuten brach er die Trance, um mir mit einem breiten Lächeln zu sagen: »Unglaublich! ... Zum ersten Mal im Leben fühle ich mich gut!«

Das Leid verwässern

Eine Erfahrung, die ich meine Patienten sehr gerne machen lasse, ist es, ihren *Safe Place* so sehr auszudehnen, dass sich in ihm das Leid oder der Stress verliert, der mit einem bestimmten Problem verbunden wird.

Erinnern Sie sich noch an die Formel aus der Thermodynamik, die wir in der Schule gelernt haben: $PV = rT$? Bei konstanter Temperatur sinkt der Druck eines Gases, wenn sich das Volumen erhöht.

Ersetzen Sie nun die Temperatur mit der Ursache eines Leids – sei es ein Schmerz, ein Trauerfall oder was auch immer –, den Druck mit dem Stress oder dem empfundenen Leid und das Volumen mit dem Bewusstsein Ihres Körpers. Wenn Sie Ihr Bewusstsein vergrößern, wird der Stress, den Sie mit einer Ursache verbinden, abnehmen.

Bildlich kann man sich diese sensorische Erfahrung folgendermaßen vorstellen: Wenn man einen Pinsel mit roter Farbe in einem kleinen Gefäß auswäscht, nimmt das Wasser sogleich eine kräftig rote Farbe an. In einem weitaus größeren Gefäß jedoch kann man den Pinsel auswaschen, ohne dass sich das Wasser wirklich verfärbt.

Wenn unser bestehendes Bewusstsein für uns selbst zu eng ist, wird uns jeder kleinste Angriff destabilisieren. Es liegt also an uns, an diesem Bewusstsein zu arbeiten und ihm mehr Raum zu geben.

Der Therapeut wird seinen Patienten insofern bitten, seinen gesamten Körper auszufüllen, vom Scheitel bis in die Fingerspitzen und in die Zehen, seine Sinne zu schärfen, damit Farben lebendiger und Geräusche klarer werden. Bis er spürt, wie sich seine körperlichen Grenzen ausdehnen. Von diesem Punkt an wird der Patient wahrnehmen, wie sich sein innerer Druck nach und nach verringert, wie das Leid verwässert wird. Der Auslöser ist noch immer da, er ist ganz sicher nicht verschwunden, doch der Patient versteht, dass er in sich die nötigen Kräfte trägt, um sich selbst zu schützen und weniger zu leiden.

Vor dem Ende der Trance wird der Therapeut dem Patienten suggerieren, dieses Gefühl der Zuversicht und der Kraft jedes Mal wieder aufkommen zu lassen, wenn ihm danach ist oder wenn es nötig ist. Dies ist das Prinzip der posthypnotischen Suggestion, die notwendig ist, um die Wirkung der Sitzung andauern zu lassen.

So spektakulär die Resultate der Hypnose auch sein mögen: Das ist noch nicht alles. Bei Weitem nicht.

Graduelle Veränderungen

Wir haben gesehen, dass es bei der Hypnose um mehr als bloße Entspannung geht, nämlich um schnelle und effiziente therapeutische Arbeit. Es geht nicht darum, die Wurzel unserer Probleme zu verstehen wie bei der Psychoanalyse, sondern um Veränderungen.

Die Hypnotherapie ist auf das Ergebnis ausgerichtet, nicht auf eine Erklärung. Unter uns gesagt, müsste sie eigentlich zu einer Lieblingsdisziplin der Krankenkassen werden, die doch alles daransetzen, die Gesundheitskosten zu senken.

Auch wenn es ein wenig überspitzt klingt: Ich würde sagen, dass sich der Patient bei der Hypnose schnell besser fühlt, ohne zu wissen warum, während es ihm in der Psychoanalyse weiterhin schlecht gehen kann, doch zumindest kennt er dann den Grund. Wenn Sie überzeugter Freudianer sind, seien Sie mir nicht böse: Diese kleine Spitze konnte ich mir nicht verkneifen.

Die Hypnose ist interaktiv. Der Therapeut bringt sich mit ein, redet viel, manchmal sogar mehr als der Patient. Er nimmt an der hypnotischen Erfahrung teil, indem er sich selbst in eine leichte Trance versetzt, um die Effekte nachzuspüren, die er suggeriert. Wohl auch, um während seiner Interventionen kreativer sein zu können und sich der Sensibilität und den Bedürfnissen seines Patienten leichter anpassen zu können.

Leider schreckt dies viele Therapeuten ab. Die von den Psychoanalytikern so heiß geliebte schützende Neutralität wird über Bord geworfen. Was bleibt, ist eine interaktive Beziehung, die sicherlich auch schützend ist, aber eben nicht mehr neutral. Man muss zugeben, dass diese Implikation Angst machen kann. Sie wird einem nicht an der Universität beigebracht, wo man den Arzt lieber auf seinem Podest stehen lässt, als ihn einen Schritt hinunter in Richtung der emotionalen Erfahrung seiner Patienten machen zu lassen.

In den Kursen, die ich zur Hypnose gegeben habe, habe ich zahlreiche überaus kompetente Ärzte erlebt, die die Methode niemals anwenden werden. Die Erkenntnis, dass sie nicht nur eine Technik anwenden würden, sondern ihre gesamte Art zu sein verändern müssten, entmutigte sie. Wie auch die Tatsache, dass sie auf ihre eigene Kreativität und die Kraftreserven ihrer Patienten vertrauen müssten.

Ein Psychoanalytiker sagte mir eines Tages: »Der Unterschied zwischen uns beiden ist, dass du aufs Unbewusste deiner Patienten vertraust; das tue ich nicht.«

Vor der Entwicklung der Erickson'schen Hypnose wurde das Unbewusste als eine Art Mülleimer betrachtet, wo sich Phantasmen und inakzeptable Gefühle anstauten.

Milton Erickson machte sich damit einen Namen, das Unbewusste seiner Patienten als ihren Kraftspeicher zu betrachten, in dem die Kompetenzen bereitlagen, mit denen sie wieder gesund werden könnten. Die Hypnose sollte nicht mehr autoritär und direktiv sein, sondern frei und introspektiv. So verschwand auch die falsche Annahme, der Therapeut heile seinen Patienten. Der Zauber läge dann nicht mehr in den manipulativen Anweisungen des Hypnotiseurs, sondern in den eigenen Fähigkeiten, die die Patienten in sich selbst auftauchen lassen könnten.

Es gibt also so viele Sitzungen, Hypnosestile und Techniken, wie es Patienten und Therapeuten (und die Verbindungen zwischen ihnen) gibt. Doch es gibt Konstanten, wiederkehrende Themen, die der Sitzung angepasst werden müssen, damit man von ihnen profitieren kann: der *Safe Place*, die Dissoziation, die hypnotische und posthypnotische Suggestion, die Begleitung des Symptoms, nicht der Kampf dagegen, die negative Trance, die informelle oder konversationelle Hypnose.

Der *Safe Place* als Konzept sollte deutlich geworden sein.

Die Dissoziation dagegen muss noch weiter vorgestellt werden. Man kann einen Körperteil vom restlichen Körper dissoziieren, um eine Betäubung einzuleiten, den Kopf vom Körper, um sich zu entspannen, oder sich selbst von seiner Umwelt, um schneller einzuschlafen. Das in der Therapie am häufigsten eingesetzte Mittel ist jedoch die Dissoziation der Vergangenheit von der Gegenwart, um problematische Sequenzen in der Vergangenheit aufzulösen oder um künftige Konfliktsituationen zu erahnen und zu behandeln. Man nennt dies »Regression« und »Progression«.

Die zeitliche Regression

Diese Art der Regression hat mich schon immer fasziniert, da sie es Patienten ermöglicht, sich schnell und dauerhaft zu verändern. Es ist eine extrem effiziente Therapiemethode, wenn es darum geht, traumatische Episoden einer unglücklichen Kindheit zu behandeln. Verschiedene Angststörungen oder Depressionen im Erwachsenenalter können Hilferufe des Kindes sein, das man einmal war und das im Moment des Leids nicht genügend Trost oder Erklärungen für sein Leid gefunden hat. Wie soll man sein Erwachsenenleben führen, wenn man früher einmal perverses oder gewalttätiges Verhalten seiner Mitmenschen erlitten hat? Wie soll man seinen Platz finden? Wie soll man gegenüber seinen eigenen Kindern die richtige Einstellung finden? Wie kann man sich von einem früher erfahrenen Leid befreien, wenn es ständig durch gegenwärtige Situationen reaktiviert wird?

Die Induktion kann viele verschiedene Formen annehmen, jedoch nur unter der Voraussetzung, dass zuvor ein *Safe Place* etabliert wurde. Erst dann kann sich die Sitzung auf die Dissoziation von der Vergangenheit richten. Dies lässt sich mithilfe eines imaginären Fotoalbums bewerkstelligen, in dem der Patient zurückblättert, oder ausgehend von einer genauen Erinnerung. Ein Teil des Patienten bleibt erwachsen und beobachtet den anderen Teil von sich selbst dabei, wie er in die Kindheit zurückkehrt. Zunächst ist es wichtig, sich auf eine Zeit vor dem Trauma zu konzentrieren, um eine stabile Verbindung mit dem angenehmen Zustand der Trance herzustellen, wie zwei Pfeiler einer Brücke, die eine Zeitperiode einrahmen, die es zu korrigieren gilt. Dies ist natürlich nicht immer möglich. Manchmal gibt es einfach keine schönen Erinnerungen, auf die sich in irgendeiner Weise aufbauen lässt. In diesem Fall ist der *Safe Place* aus der Gegenwart umso wichtiger. Von dort aus kann der Patient mit seiner inneren Sicherheit beginnen, das Kind zu begleiten, um die Vergangenheit zu erkunden. Es liegt an ihm, dem Kind Sicherheit zu geben, es zu schützen, ihm die Liebe zu geben, die ihm früher gefehlt hat, ihm die Ereignisse zu erklären, die damals unerklärlich schienen. Der Therapeut muss sich selbstverständlich ebenfalls einbringen, um Möglichkeiten zu suggerieren, die der Patient aufnimmt oder eben nicht. Es ist bekannt, dass die Dissoziation der Zeit effektiv ist, solange der Patient im Präsens von dem Kind erzählt, das einmal gelebt hat, und das alles in der dritten Person:

»Er ist allein. Er langweilt sich. Sein Vater ist verschwunden. Seine Mutter ... Ich sehe sie nicht ... Selbst wenn sie da ist, kümmert sie sich nicht um ihn ...«

»Warum nicht?«

»Sie ist traurig, dass ihr Mann verschwunden ist. Sie weint, doch sie will nicht, dass ihr Kind sie weinen sieht. Sie versteckt sich. Deshalb ist er allein. Er dachte immer, es läge daran, dass er nicht lieb genug zu seiner Mutter war.«

»Seine Mutter will ihn vor ihrer eigenen Traurigkeit schützen ...«

»Ja, genau. Sie kann ihm nicht zeigen, dass sie ihn liebt ... Will nicht, dass er etwas von ihrer Trauer mitbekommt ...«

»Liebt sie ihn?«

»Ja, sie liebt ihn, und deshalb leidet sie umso mehr. Ich sehe zum ersten Mal, wie sehr sie ihn liebt ...«

»Und Sie, können Sie dem Kind zeigen, dass Sie es lieben?«

»Wie?«

»Zum Beispiel, indem Sie es in den Arm nehmen, es trösten, ihm erklären, was Sie gesehen haben, warum seine Eltern sich nicht um es gekümmert haben.«

Sie werden es nicht glauben, doch der Patient öffnet die Arme beziehungsweise es wirkt so, als öffneten sich seine Arme von ganz allein, langsam, ganz langsam, als bewegten sie sich dadurch, dass sein Unbewusstes endlich mit seiner Vergangenheit im Reinen ist. Er kann sich direkt an das Kind wenden, jenes Kind, das das Leid bis hierher ertragen hat und das der Erwachsene aus ebendiesem Grund gehasst hat, ohne zu wissen warum und ohne es zu wollen: »Deine Mutter ist zu traurig, um sich gut um dich zu kümmern, aber das ist nicht dein Fehler. Das ist Sache der Erwachsenen, ich bin jetzt für dich da.«

»Er muss jetzt nicht mehr nach Hilfe rufen, um seine Ängste zu bewältigen ...«

»Ja, ich werde für dich da sein, jedes Mal, wenn du mich brauchst ...«

Seine Arme schließen sich langsam, um das Kind von damals zu erreichen und zu schützen.

Dies waren einschneidende Erlebnisse für mich als Therapeuten. Momente, in denen ich noch immer bereue, so lange in meiner Praxis einfach vor mich hingearbeitet zu haben. Momente, in denen man erleben darf, wie sich ein Mensch binnen weniger Sitzungen völlig verändert.

Um unerträgliche Situationen der Gewalt und Misshandlung zu heilen braucht es manchmal deutlich gewaltvollere Sitzungen. Der dissoziierte Teil des Erwachsenen muss dem Kind beibringen, wie es sich verteidigen kann, wie es seine Peiniger bekämpfen kann. Es handelt sich also nicht unbedingt gleich darum, zu vergeben, sondern aus der Sitzung ein innerlich gestärktes und selbstsichereres Kind hervorzubringen.

Hierbei verändern sich natürlich nicht die Tatsachen aus der Vergangenheit, aber die emotionale Aufladung der Erinnerung und die Interpretation der Situation können tief greifend und dauerhaft modifiziert werden. Es wird eine neue Beziehung zu sämtlichen Teilen der eigenen Persönlichkeit hergestellt. Der stechende Schmerz von damals findet endlich sein Echo. Seinen Ursprung zu verstehen und sich dagegen zu schützen ist umso befreiender, als der Patient dies direkt erfährt, nicht nur durch theoretische Erklärungen.

Bei dieser Art der Behandlung bestehen jedoch zwei Gefahren:

Zum einen kann der Patient falsche Erinnerungen oder Scheinerinnerungen bilden, die sich aus verschiedenen Teilen zusammensetzen, durch ihn selbst oder durch den Therapeuten. Es ist also besonders wichtig, Visualisierung und Realität nicht miteinander zu verwechseln. Ganz besonders nicht vor Gericht. Es sind bereits Eltern von ihren Kindern angeklagt und verurteilt worden, obwohl die Misshandlungen gar nicht stattgefunden haben. In den USA wurde sogar ein neues Syndrom dafür benannt: das False Memory Syndrome.

Zum anderen kann die Hypnose Probleme mit »multiplen Persönlichkeiten« auslösen, wenn der Therapeut seinen Patienten nicht ordnungsgemäß reassoziiert. Der Patient muss am Ende der Sitzung vollständig in die Gegenwart zurückgeholt werden, als eine einzige und identische Person.

Um eine Frage vorwegzunehmen, die Ihnen sicher auf den Nägeln brennt, nämlich ob es auch Regression in frühere Leben gibt, kann ich Ihnen nur antworten, dass ich für so etwas nicht ausgebildet worden bin.

Von einem Trauma geheilt werden

Hypnose ist in posttraumatischen Stresszuständen genauso effizient, auch wenn sie in diesem Fall eher Technik als emotionale Erfahrung ist. Ich habe noch nie psychische Folgen von Folter oder Deportation behandelt, da es sich hierbei um außerordentlich schwere Fälle handelt, die einer speziellen Ausbildung des Behandelnden bedürfen. Doch ich hatte bereits mehrere Patienten, die nach einem einschneidenden Erlebnis charakteristische Symptome wie Schlaflosigkeit, Flashbacks unangenehmer Erinnerungen, Angstzustände und Depressionen entwickelt hatten. Das Trauma wird durch automatisch und gegen den Willen des Patienten ständig wiederkehrende Erinnerungen aufrechterhalten, die jedes Mal wieder den gleichen emotionalen Schock auslösen.

Ein Mann, der auf einer Baustelle arbeitete, hatte eines Tages das Gleichgewicht verloren, war von der Leiter durch eine Zwischendecke gefallen und mit dem Gesicht in eine Metallstange gestürzt. Als der Krankenwagen kam, musste er sie selbst wieder herausziehen, weil niemand anders es wagte, und das Blut hatte nur so gesprudelt. Besessen von dieser Erinnerung verschanzte er sich seitdem zu Hause, hatte zu nichts mehr Lust und hörte sogar auf zu arbeiten.

In solchen Fällen kann die Dissoziation durch einen imaginären Bildschirm erreicht werden, auf dem sich vor den Augen des Patienten der Unfall erneut abspielt, dessen Ablauf von ihm dann jedoch mit einer ebenfalls imaginären Fernbedienung verändert werden kann. Mit der Fernbedienung kann der Patient vor- oder zurückspulen, sich den Film in Zeitlupe oder Zeitraffer ansehen, in ganzer Länge, oder bestimmte Passagen überspringen.

Als mein Patient sich seinen Unfall bei der zweiten Sitzung im Rücklauf ansah, fing er laut an zu lachen: »Sie sollten mal die Gesichter der Sanitäter sehen, wenn ich mir die Stange mit beiden Händen in die Fresse ramme!« Die automatische Folge der traumatischen Gedanken war unterbrochen, wodurch der Patient sich von dem Gefühl befreien konnte, das er unfreiwillig damit verbunden hatte.

Eine ähnliche Erfahrung habe ich selbst nach einem Unfall gemacht, bei dem ich schon gedacht hatte, ich müsse sterben. Mein Deltasegler war während einer Akrobatikvorführung gerissen. Ich verfing mich in den Seilen und konnte, geblendet vom Blut und durch die Luft trudelnd, nur mit Mühe und Not meinen Notfallschirm öffnen. Elf Sekunden freien Falls zwischen Rohren und Segelfetzen gaben mir genug Zeit, mir die Wucht des Aufpralls auszumalen, wenn ich unten ankommen würde. Doch wie durch ein Wunder öffnete sich der Fallschirm rechtzeitig, um meinen unkontrollierten Sturz abzubremsen.

Nachdem ich vom Krankenwagen abtransportiert und aus jedem Winkel geröntgt worden war, wurde ich mit folgenden Worten zur Beobachtung in ein Krankenzimmer gelegt: »Sie haben nichts. Keinen einzigen Bruch. Sie sind wirklich ein Glückspilz.«

Und dann war ich allein, äußerlich heil, aber innerlich zerbrochen. Ich hatte mich bereits sterben sehen. Im Fall hatte ich flüchtig das Gesicht meiner sechsmonatigen Tochter im Arm meiner Frau gesehen. Eine solche Erfahrung bleibt auf dem Röntgenbild in der Notaufnahme unsichtbar ... Ich spürte die Angst kommen und floh aus dem Krankenhaus, um zu meinen Fliegerkollegen zurückzukehren. Ich musste mit jemandem über den Vorfall sprechen, musste erzählen, was ich durchgemacht hatte, und dieses quälende Gefühl zu sterben loswerden. Zufällig hatte ein Zuschauer das ganze Ereignis gefilmt, sodass ich es mir tatsächlich ansehen konnte, nicht nur vor Ort, sondern auch später zu Hause, auf einem ganz konkreten Bildschirm mit einer ganz konkreten Fernbedienung in der Hand. Dadurch konnte ich mir wie bei einer Hypnosesitzung alles vorwärts und rückwärts, in Zeitlupe und in Zeitraffer ansehen. Ich analysierte meinen Sturz bis ins kleinste Detail, bis er seinen Schrecken verloren hatte.

Außerdem hatte ich – glücklicherweise, muss ich fast sagen – eine große Schnittwunde auf der Wange, sodass ich ständig gefragt wurde, was passiert sei. Ich erzählte wieder und wieder von meinem Unfall, bis ich ihn innerlich genügend banalisiert hatte und mich psychisch wieder bereit fürs Kunstfliegen fühlte …

Man sieht deutlich, dass die psychische Genesung beziehungsweise das Vorbeugen posttraumatischer Störungen mit einer bewussten Annahme des Ereignisses zu tun hat. Dies geschieht durch eine Verbalisierung und Entmystifizierung der Geschehnisse, um sie vom emotional Durchgemachten zu dissoziieren. Umgekehrt entstehen viele Folgeerscheinungen, gerade weil man das Erlebte mit niemandem teilt, es nicht in Worte fassen kann, wodurch das Gefühl verdrängt wird und in Form von Symptomen wie Depression und Angst wiederkehrt.

Die fehlende Ausbildung des medizinischen Fachpersonals in dieser Hinsicht wird vor allem nach Unfällen mit wenigen objektiv sichtbaren Folgen besonders spürbar. Es ist erschreckend festzustellen, wie geschickt einige Mediziner und Krankenschwestern darin sind, jede psychologische Dimension zu ignorieren und auf körperliche Beschwerden zu reduzieren. Der posttraumatische Belastungszustand scheint also auf iatrogene Weise verursacht zu sein, das heißt, vom medizinischen Personal selbst hervorgerufen.

Ich erinnere mich an einen Gastarbeiter, der auf dem Weg zur Arbeit einen Unfall mit einem Minibus hatte. In der Notaufnahme war er an einen besonders unsensiblen Chirurgen geraten. Der Patient hatte ein Schleudertrauma erlitten und klagte über Nackenschmerzen. Wenn er dazu imstande gewesen wäre, hätte er sich stattdessen lieber über die Angst beklagt, die er gehabt hatte, als er von der Straße abgekommen und in den Graben gefahren war. Doch das gelang ihm nicht, teilweise aufgrund der Sprachbarriere, aber vor allem, weil der Arzt ihm keine Gelegenheit dazu gab. Für den Mediziner war die Sache klar: Der Mann war ein Simulant, der sich vor der Arbeit drücken wollte. Und mir als Praktikant hätte er sicher nicht zugehört. Der Patient erschien danach regelmäßig in der Sprechstunde, häufte Krankschreibungen an und endete wie so viele andere als Fall für die Berufsunfähigkeitsrente …

Doch das medizinische Personal muss nicht nur im Hinblick auf die psychische Dimension sensibilisiert werden, sondern auch, was Dissoziationserscheinungen im Allgemeinen angeht. Diese können in zwei Formen auftreten. Absichtlich, wenn der Therapeut bewusst eine Schwachstelle im Abwehrsystem des Patienten hervorruft, um ihn zu heilen, aber vor allem auch unabsichtlich, wie wir bereits gesehen haben. Denn am häufigsten werden Dissoziationen spontan durch einschneidende Erlebnisse in einem emotional anfälligen Zustand hervorgerufen.

Die wohl bewegendste und gleichzeitig auch symbolträchtigste Situation habe ich mit einem jungen Mann erlebt, der 2004 nach dem Tsunami aus Thailand zurückgekehrt war. Von der Welle erfasst, überlebt er wie durch ein Wunder, verliert jedoch seine zwei Brüder. Er wird von den Notfallkräften in eine Uniklinik ausgeflogen, aber da ihm nichts fehlt, soll er ein paar Stunden später wieder entlassen werden. Ich sitze mit seiner Mutter an seinem Bett, nicht weil er mein Patient ist, sondern weil er mein Neffe ist. Sein Blick ist leer, seine Bewegungen schwerfällig, und er spricht mit Grabesstimme. Doch meistens schweigt er, vertieft in die Horrorvisionen seiner Erlebnisse. Der Junge ist völlig dissoziiert von Zeit und Raum. Körperlich befindet er sich zwar in der Schweiz, doch emotional ist er noch immer in Thailand. Das ist offensichtlich für mich, aber nicht für den behandelnden Arzt.

Wie es unser Berufsethos erfordert, bitte ich meinen Kollegen, eingreifen zu dürfen. Da er keine Ahnung hat, wovon ich spreche, erhebt er keine Einwände. Mein Neffe und ich begeben uns unter Hypnose mehrfach von der Schweiz nach Thailand und wieder zurück. Ich muss ihn nicht einmal in Trance versetzen, denn durch sein Trauma ist er bereits tief darin versunken. Und nach und nach gelingt es mir, ihn wieder im Hier und Jetzt zu verankern.

Mein Kollege ist völlig perplex, und das ist für mich das Schlimmste an der Sache. Ich frage ihn, ob er als Notarzt nicht auf solche Situationen vorbereitet wurde, doch er hat noch nie davon gehört. Und auch ich hätte nie davon gehört, wenn ich im November 1991 im Rahmen eines Einführungsseminars zur Hypnose nicht zufällig darüber gestolpert wäre, und wenn ich zuvor nicht geglaubt hätte, dieses Seminar zur Atlantiküberquerung im Ballon zu brauchen ...

Die zeitliche Progression

Die Dissoziation in der Zukunft, die zeitliche Progression, ist sowohl in der Medizin als auch im Alltag sehr nützlich. Durch sie lässt sich die Angewohnheit korrigieren, Probleme in die Zukunft hineinzuprojizieren, ohne gleichzeitig die passende Lösung dafür zu projizieren.

So habe ich mich zum Beispiel auf gefährliche Momente während meiner Weltumrundung im Ballon vorbereitet. Mithilfe meines *Safe Place* habe ich trainiert, ein tiefes Gefühl der Behaglichkeit zu empfinden, während ich gleichzeitig die gefährlichsten Situationen visualisierte, etwa ein Feuer an Bord, einen Riss in der Ballonhülle oder einen Fallschirmabsprung aus extremer Höhe. Das Ziel war, im Augenblick des Unfalls automatisch den *Safe Place* heraufzubeschwören, um eine Panik zu verhindern und Probleme ruhiger und effizienter angehen zu können.

Auf diese Weise habe ich auch meine Töchter auf ihr Examen vorbereitet. Sie haben visualisiert, wie sie ruhig ihre Prüfungen ablegen. Obwohl so viel auf dem Spiel stand, konnten sie so ihre Kräfte schonen und dem Druck standhalten.

Auch Flugangst sowie viele andere Phobien können mit dieser Methode geheilt werden. Der Patient lernt, sich selbst beim Fliegen zu sehen, trotz Turbulenzen in völliger Sicherheit, um in der entsprechenden Situation spontan zu seinem *Safe Place* zurückkehren zu können.

Doch es gibt einen Fehler, vor dem man sich beim Vorbereiten der Zukunft hüten muss. Die Arbeit unter Hypnose oder Selbsthypnose darf nie darin bestehen, sich das Ziel vorzustellen, sondern immer nur den Prozess, der zum Ziel hinführt. Hypnose kann keine objektiven Tatsachen der Zukunft verändern. Es ist also völlig sinnlos, sich vorzustellen, wie Sie einen Wettbewerb gewinnen, eine Prüfung bestehen oder Ihren Lebenstraum verwirklichen. So können Sie sich höchstens zusätzliche Motivation verschaffen. Das Visualisieren eines Ereignisses bedeutet nicht, dass dieses auch tatsächlich eintritt.

Wenn Sie einen Marathon laufen wollen, wird die Visualisierung des Moments, in dem Sie siegreich die Ziellinie überqueren, jede Minute des Laufs unerträglich machen. Stattdessen sollten Sie die Bewegung eines jeden Körperteils so gut Sie können visualisieren und nachempfinden.

Ich habe drei Tage und drei Nächte im Flugsimulator von Solar Impulse verbracht und konnte nur in 20-minütigen Abschnitten schlafen. Mir das Ende der Übung vorzustellen hätte diese zur Qual gemacht. Indem ich mich jedoch auf jede einzelne Handlung konzentrierte, eine nach der anderen, machte ich es zu einem einzigartigen Erlebnis.

Sie verstehen nun, wie wichtig es ist, sich mit aller Präzision vorzustellen, wie Sie vorgehen werden, um Ihr Ziel zu erreichen. Wann werden Sie es tun, mit wem und wie? Jede Kleinigkeit ist wichtig, denn es sind die Details, die Sie beeinflussen können. Bereiten Sie diese daher vor, laden Sie sie mit positiver Energie auf, verbinden Sie sie mit Freude, Kompetenz, Hartnäckigkeit und Motivation. Wenn Sie dann in Aktion treten, wird Ihnen all das bereits vertraut sein, wodurch Sie leistungsstärker, schneller und effizienter sein können. Sie werden fähig sein zu gewinnen, Erfolge zu feiern und Ihren Traum zu verwirklichen.

Doch noch weit über den Erfolg hinaus lässt sich durch Visualisierung das ganze Leben erschaffen: Wir können uns in unterschiedliche Möglichkeiten hineinprojizieren, um herauszufinden, welche uns am besten erscheint, um uns darin zu üben, die Weltsicht zu verändern, unsere unpassendsten Reaktionsweisen zu korrigieren, unser Selbstbewusstsein und das Bewusstsein für uns selbst zu entwickeln, andere Flughöhen zu erforschen. Um zu einem harmonischeren Dasein zu finden …

Negative Hypnose

Wenn uns die Zukunft oft düster erscheint, dann nur, weil wir uns unbewusst angewöhnt haben, negative Hypnose zu betreiben. Dabei entwerfen wir ein völlig realitätsfernes Morgen.

Eine meiner Patientinnen hatte es sich zur Gewohnheit gemacht, sich alle zukünftigen Ereignisse ihres Lebens auf die düsterste Art und Weise auszumalen. Ihr Lieblingssatz war: »Das wird schrecklich!«

Sie wandte selbst eine hypnotische Dissoziation an, übrigens viel geschickter als viele Therapeuten, indem sie sich im Voraus in Gedanken einen Film der schrecklichsten Dinge abspielte, die eine zukünftige Situation mit sich bringen konnte. Natürlich ohne sich auch die entsprechenden Lösungen vorzustellen. Ihre Angst war also begründet: Wer sich schreckliche Situationen so plastisch ausmalt, dessen Zukunft kann nur schlimm werden ... Man muss also versuchen, den Ausruf »Das wird schrecklich!« umzudeuten in »Meine innere Kraft wird mich beschützen«.

Während einer Sitzung schlage ich ihr vor, auf den Balkon zu gehen, und frage sie, ob sie Lust hat, aus dem dritten Stock zu springen, in dem wir uns befinden.

»Natürlich nicht!«

»Warum nicht?«

»Weil mir das Angst macht!«

»Die Angst ist also nützlich, weil sie Sie vor etwas beschützt, das Ihnen schaden könnte.«

Ich fahre fort: »Sie haben allen Grund, Angst vor Ihrer Zukunft zu haben, wenn Sie bereits erwarten, dass sie entsetzlich wird!«

Seitdem arbeiten wir daran, nicht die zukünftige Realität, sondern ihr Bild von dieser Realität zu ändern und darüber hinaus die Fähigkeiten auszubilden, mit denen sie sich schützen kann.

Ein Mann, der seine Arbeit liebte, war eines Tages zu Unrecht und auf grausame Weise entlassen worden. In diesem Augenblick des Schocks sagte er sich insgeheim, er würde nie wieder einen Job finden, der ihm so viel Spaß machte. Und er glaubte so sehr daran, dass er tatsächlich nie wieder Arbeit fand. Diese Affirmation, die er in einem verletzlichen Zustand formuliert hatte, nahm Züge einer posthypnotischen Suggestion an und wirkte nach, obwohl er sie längst vergessen hatte. Sie befand sich in Form einer selbsterfüllenden Prophezeiung in seinem Unbewussten. Die Therapie, in diesem Fall durch EMDR (Eye Movement Desensitization and Reprocessing), bestand darin, seine unbewusste Entscheidung von damals unter Hypnose durch eine positivere Entscheidung zu ersetzen.

Dies soll kein Buch über Therapiemethoden sein, und wenn Sie mehr zum Thema EMDR wissen wollen, informieren Sie sich oder bitten Sie Ihren Therapeuten, diese Technik anzuwenden, wenn es in Ihrer Situation angezeigt ist. Und nehmen Sie es nicht hin, wenn er behauptet, das führe zu nichts, nur weil er nicht dazu ausgebildet ist!

Immer wenn man von einer schlimmen Diagnose, einer Entlassung oder vom Tod eines Angehörigen erfährt, sollten Vorsichtsmaßnahmen getroffen werden, damit die Situation nicht pathologisch wird. Das Gleiche gilt natürlich für jedes Trauma und alle schlimmen Nachrichten. Leider fehlt in der medizinischen und pflegerischen Ausbildung noch immer die entsprechende Sensibilisierung.

In der negativen Hypnose ist ein spontaner Trancezustand ein übliches Phänomen. Auch in diesem Bereich ist er häufig die Folge eines Augenblicks der Verletzlichkeit, Müdigkeit oder Krise, der eine Schwachstelle in unserem Abwehrsystem ausnutzt.

Eine junge Frau hatte eine Phobie vor öffentlichen Verkehrsmitteln entwickelt, weil sie eines Tages zu viel Cannabis geraucht hatte und sich im Bus vor den anderen Fahrgästen übergeben musste. Vor lauter Scham hatte sie spontan die Drogen von der Situation dissoziiert und stattdessen den Bus assoziiert, der daraufhin selbst zum Problem wurde. Günstiger wäre gewesen, wenn die Phobie sich auf das Cannabis statt auf den Ort des Geschehens bezogen hätte, doch so war es bei ihr nicht. Sobald sie daraufhin versuchte, in einen Bus zu steigen, verfiel sie spontan in eine traumatisierende Stimmung. Die Therapie bestand darin, die pathologische Dissoziation zu verändern.

Diese Beispiele sind Fälle für den Psychiater, der sie hoffentlich lösen kann. Im folgenden Beispiel sehen wir, wie selbst ein Allgemeinmediziner jemanden zu einer negativen Hypnose verleiten kann.

Meine Arztpraxis war seit zwei Monaten geöffnet, als eine mir unbekannte Frau mich eines Tages um 19 Uhr anrief und klagte: »Herr Doktor, ich werde sterben, ich muss vorher unbedingt noch einmal zu Ihnen kommen!«

Ich empfing sie sofort. Es handelte sich um eine Frau um die 60, die vor fünf Jahren Brustkrebs gehabt hatte und bis zu dem betreffenden Morgen als vollständig geheilt galt. Doch dann hatte ihr Hausarzt sie bei einer Routinekontrolle geröntgt und Metastasen in Lunge und Leber gefunden. Ein schweres Rezidiv! Und ihr Arzt sagte doch tatsächlich zu ihr: »Hören Sie, Madame, ich kann nichts mehr für Sie tun, aber *sobald* Sie unerträgliche Schmerzen oder Übelkeit bekommen, kommen Sie bitte wieder in meine Sprechstunde, damit ich Ihnen etwas verschreiben kann.« Obwohl die Frau bis dahin noch keinerlei Symptome gezeigt hatte, war sie ein paar Minuten später offenbar mit unerträglichen Schmerzen und Übelkeit aus der Praxis ihres Arztes getreten.

Wenn Patienten einen Arzt aufsuchen, befinden sie sich für gewöhnlich in einem verletzlichen Zustand, und zur Verletzlichkeit gehören auch Sensibilität und Anfälligkeit. Was man ihnen sagt, setzt sich so tief in ihrem Kopf fest, wie es sich ein Therapeut in seinem bequemen Sessel kaum vorstellen kann.

Jedes Mal, wenn sich jemand in einem verletzlichen Gefühlszustand befindet, wird alles, was er hört, sieht und fühlt, zu einem Samenkorn, das man sät und das zu keimen beginnt.

Schon Nietzsche sagte: »Hütet euch, dem Einsiedler wehe zu tun. Der Einsiedler ist wie ein tiefer Brunnen: Leicht ist es, einen Stein hineinzuwerfen, aber wie willst du ihn wieder herausbringen?«

Der Arzt hätte seine Patientin beruhigen sollen: »Ihre Situation ist sehr ernst, aber ich bin immer für Sie da, um mich um Sie zu kümmern und Ihnen wenn nötig Medikamente zu verschreiben.« Er hätte ein positives Gefühl mit der Situation assoziieren sollen statt die Gewissheit, Schmerzen zu empfinden.

Manche Menschen sind sehr gut darin, negative Suggestionen in Umlauf zu bringen. Stellen Sie sich einmal vor, wie viel Gutes sie tun könnten, wenn sie es nur anders gelernt hätten.

Eine meiner Tanten flüsterte mir während der Beerdigung meines Vaters zu: »Glaub mir, mit der Zeit wird er dir immer mehr fehlen ...« Schrecklich! Statt in seinem Kummer getröstet zu werden, wird einem eine solche Last aufgehalst.

Furchtbar schockiert hat mich auch die Aussage eines Pastors bei der Trauerfeier für zwei Kinder, die bei einem Unfall ums Leben gekommen waren. An die Eltern gerichtet sagte er: »Was Ihnen passiert ist, ist entsetzlich und sinnlos. Es ist wider die Natur.«

Was er sagte, stimmte zwar, auch wenn es nichts bringt, so etwas zu sagen. Doch warten Sie ab, was dann kam: »Die gewaltige Leere, die nun bei Ihnen zu Hause herrscht, wird sich nicht mehr füllen lassen. Nie wieder werden Sie das Geigenspiel Ihres Sohnes hören, das die ganze familiäre Atmosphäre verschönert hat ...« Und so machte er weiter in einer negativen Trance, die danach unbedingt abgeschwächt werden musste.

Dies ist der Text, den ich für jene Trauerfeier geschrieben habe. Die positiven Suggestionen werden Ihnen sicher auffallen:

Lieber Gott,
wenn in der Welt da draußen keine Harmonie zu finden ist,
dann hilf uns, sie in der spirituellen Welt zu finden.
Wenn wir machtlos gegen die Naturgewalten dastehen, dann
hilf uns, unsere inneren Kräfte besser kennenzulernen.
Wenn wir die Gefahren des Lebens nicht beherrschen können,
dann hilf uns, innere Sicherheit zu finden.
Wenn das Leid untrennbar mit dem Leben verbunden ist,
dann hilf uns, es nicht noch zu verschlimmern, indem wir
dagegen ankämpfen.
Und wenn es illusorisch ist, Trauer unterdrücken zu wollen,
dann können wir dich bitten, uns eine Stütze zu sein und die

*Trauer mit einem Kokon aus Licht und Liebe zu umgeben.
Hilf uns dabei, sie hinter uns zu lassen und mit unserer
inneren Kraft eine Welt zu erspüren, die über uns hinausgeht.
Es ist unmöglich, in den schönsten Momenten des Lebens die
Zeit anzuhalten, deshalb hilf uns, die Erfüllung, die sie in uns
beschert haben, zu bewahren.*
*Wir werden so viele schöne Erinnerungen haben: Statt sie
von der Trauer fortspülen zu lassen, hilf uns dabei, jede
einzelne von ihnen nach und nach in ein Gefühl der Liebe
und der Freude zu verwandeln. Hilf uns dabei, sie zu nutzen,
um das Gefühl zu verstärken, uns auf dem richtigen Weg zu
befinden.*
*Du hast eine Welt geschaffen, in der es Nebel gibt, aber du
kannst uns auch dabei helfen, höher aufzusteigen, um zur
Sonne zurückzufinden.*
Amen

Häufig braucht es kein Trauma, um uns in eine negative Hypnose zu versetzen, weit gefehlt. Wir sind es selbst, ohne es zu bemerken. In gewisser Hinsicht sind auch Süchte und Wunschvorstellungen Trancen.

Eine Geste oder ein Gedanke kann ausreichen, um uns eine wünschenswerte Situation visualisieren zu lassen und einen Trancezustand zu induzieren. Der Raucher, der seine Zigarette stets auf die gleiche Art und Weise aus der Schachtel zieht, bevor er sie sich ansteckt, der Alkoholiker, der sich eine neue Flasche aufmacht, der Drogensüchtige, der seine Spritze mit einem bestimmten Ritual vorbereitet: Sie alle befinden sich in einer leichten hypnotischen Trance. Kurz nach der Handlung selbst tauchen sie wieder daraus auf, und diejenigen, die eigentlich aufhören wollten, sind perplex angesichts dessen, was sie gerade getan haben.

Auch die Sexsucht funktioniert auf die gleiche Art und Weise. Die empfundene Erregung wird nicht durch die konkrete Begegnung mit einem anderen Menschen hervorgerufen, sondern durch die Visualisierung dessen, was mit ihm geschehen kann. Riskante Verhaltensweisen wie ungeschützter Sexualkontakt mit Fremden sind durch den Verlust jeglicher Rationalität zu erklären, nicht etwa, weil man unter dem Einfluss einer anderen Person oder eines zu konsumierenden Produkts steht, sondern unter dem eines dissoziierten Teils der Persönlichkeit, der durch eigene Triebe gesteuert wird.

Auch die Regression im Alter kann uns überraschen. In bestimmten Situationen können wir uns völlig machtlos fühlen, wie ein Kind, das von einem Erwachsenen ausgeschimpft wird. Dieses Phänomen ist viel häufiger, als wir vielleicht vermuten, und es hat große Auswirkungen auf unser Berufs- und Sozialleben wie auch auf unsere Familie.

Wir müssen jeden Tag – nicht nur in Therapie – lernen, dieses Phänomen positiv umzudeuten, um uns auf ein zukünftiges Leben im Vollbesitz unserer Kräfte vorzubereiten. Dazu müssen wir lernen, uns von unseren dissoziierten Persönlichkeitsanteilen, die so sehr auf Unabhängigkeit erpicht sind, zu befreien.

Wir müssen lernen, was Dissoziation ist, um als Einheit besser leben zu können.

Eine andere Umgangsweise

Aus alledem wird deutlich, dass die Hypnose keine Methode, sondern vielmehr eine andere Art und Weise ist, mit sich selbst, mit anderen und mit seiner Umwelt umzugehen. Es ist zur Heilung also nicht zwangsläufig notwendig, eine Trance zu induzieren. Eine Unterhaltung, die von der gewohnten Erwartungshaltung des Patienten abweicht, kann bereits von durchschlagender Wirkung sein. Ein einzelner Satz kann zur Dissoziation seiner Erwartungen und der tatsächlichen Behandlung führen, die einen Veränderungsprozess anstoßen soll. Man nennt dies »konversationelle Hypnose«.

Vor einigen Jahren fuhr mich ein Freund mit dem Auto nach Hause. Irgendwann schlägt er vor, ich solle mir eine Broschüre über das Praktikum ansehen, das er gerade gemacht hat. Ich sage Nein und erkläre ihm, dass mir beim Lesen im Auto schlecht wird. Im Brustton der Überzeugung antwortet er: »Ja, bisher mag das so gewesen sein, aber das muss ja nicht so bleiben ...«

Irritiert greife ich nach der Broschüre und vertiefe mich in sie. Seitdem ist mir beim Lesen im Auto nie wieder schlecht geworden!

Ein Veränderungsprozess kann stark beschleunigt werden, wenn man alte Überzeugungen ablegen kann.

Während des Medizinstudiums hat jeder Arzt gelernt, in den ersten Sitzungen mit einem Patienten eine detaillierte Anamnese durchzuführen, und er wird sich tunlichst an das halten, was ihm beigebracht wurde. Jedes Detail der Krankengeschichte eines Patienten und dessen Familie muss in der Akte festgehalten werden.

Doch der Patient hat sicher lange gezögert, sich überhaupt in Behandlung zu begeben. Er musste seine Ängste überwinden und hat erst, als der Leidensdruck unerträglich wurde, einen Termin ausgemacht. Von diesem Augenblick an hofft er, dass sein Zustand sich verbessert. Er hat all seine Hoffnung in die erste Sitzung gesetzt, die den Beginn seiner Heilung darstellen soll. Leider wird er in den meisten Fällen einem Therapeuten gegenübersitzen, der ihn in den ersten drei Sitzungen bittet, erst einmal etwas über seine Eltern, Großeltern und seine Familiengeschichte zu erzählen. Glauben Sie, dass der Patient ein viertes Mal wiederkommt? Vielleicht wird er sogar schon früher das Handtuch werfen und gleichzeitig ganz den Glauben in die Psychotherapie verlieren.

Also muss schon in den ersten Minuten der ersten Sitzung der Beweis erbracht werden, dass eine Veränderung möglich ist. Nicht nur theoretisch, sondern auch praktisch, im Hier und Jetzt. Für diese schnellen Beweise wird im Rahmen der Kurztherapie Hypnose mit oder ohne direkte Induktion eingesetzt.

Während meiner Zeit als Assistenzarzt in einer psychiatrischen Poliklinik kam eine Frau mit einer Überweisung ihres Hausarztes in meine Sprechstunde: genau die Art von Patientin, auf die man morgens, wenn man noch müde ist, keine Lust hat. Eine völlig verwahrloste Frau mit todtraurigem Gesichtsausdruck, die sich in den Sessel fallen lässt und kein Wort sagt.

Ich frage sie, wieso sie gekommen ist. Sie antwortet schlicht: »Weil mein Arzt mich hergeschickt hat.«

Offenbar hat sie nicht die leiseste Ahnung, was ihr Problem ist. Ich versuche zu verstehen, warum das so ist. In dieser Situation gibt es genau zwei Möglichkeiten. Man kann zum Beispiel so anfangen: »Nun gut, versuchen wir, der Sache gemeinsam auf den Grund zu gehen. Wann sind Sie geboren? Haben Sie Geschwister? Was hat Ihre Urgroßmutter gemacht?«

Ich übertreibe ein wenig, aber im Großen und Ganzen sieht so die traditionelle Anamnese aus, mit der wir uns bereits beim ersten Gespräch absichern, dass nichts Grundlegendes im Busch ist, obwohl wir genau an dieser Stelle lieber beweisen sollten, dass eine Veränderung möglich ist. Um diesen Automatismus zu durchbrechen, kann der Therapeut sich selbst in eine leichte Trance versetzen, um seine Kreativität anzuregen. Verfolgen Sie doch einmal die Dissoziation, die meine Patientin zwischen dem Zustand erlebt, den sie bis dahin erleiden musste, und der Veränderung, die durch meine Frage induziert wurde.

»Machen Sie oft Sachen, ohne zu wissen, warum man Sie darum bittet?«

Sie hält kurz inne und realisiert plötzlich die Kluft zwischen ihrer Lebensrealität und dem Leben, das sie gern führen würde. Zu meinem großen Erstaunen antwortet sie: »Jetzt, wo Sie das fragen, fällt mir auf, dass ich das tatsächlich schon mein ganzes Leben lang mache!« Und dann: »Mein Mann zwingt mich, auf dem Sofa zu übernachten, wenn er mit seiner Geliebten in unserem Bett schläft. Und mein Chef im Blumenladen hat mich zum Kassieren verdonnert, obwohl ich viel lieber Sträuße zusammenstellen würde.«

Es folgt eine zehn- bis zwanzigminütige Tirade all jener Situationen, in denen sie sich widerstandslos unterordnet, bevor sie zu dem Schluss kommt: »Ich glaube, das muss aufhören!«

In der darauffolgenden Sitzung verkündet sie: »Ich habe mir einen neuen Job gesucht, weil ich es nicht mehr hinnehme, etwas zu tun, was mir nicht gefällt. Ich habe jetzt eine Stelle gefunden, bei der ich Blumen verkaufen kann, und meine Eheprobleme habe ich auch geregelt.«

Die dritte Sitzung dient nur noch dazu, uns voneinander zu verabschieden. Ich weiß noch immer nichts über ihre Krankheitsgeschichte, aber das ist uns beiden jetzt auch egal!

Wenige Worte können ausreichen, um einen Patienten zu heilen. Das Beunruhigende daran ist, dass man diese Worte manchmal bereits in der allererster Sitzung findet, in anderen Fällen aber erst nach Monaten oder Jahren. Und manchmal findet man sie nie ...

Eine andere Patientin war in ihrer Kindheit von ihrem Vater sexuell missbraucht worden. Sie nahm daraufhin bis zur Fettleibigkeit zu und verletzte sich mit Rasierklingen selbst an den Armen. Bei unserem ersten Gespräch erklärt sie mir, dass sie sich für die schlimmen Dinge, die geschehen seien, bestrafen müsse. Es ist typisch, dass missbrauchte Kinder sich schuldig fühlen, gegen ihren Willen körperliche Gefühle empfunden zu haben, die mit Lust assoziiert werden.

Ich versuche es mit folgender Bemerkung: »Ist Ihnen nicht auch schon einmal beim Duft von Salatdressing das Wasser im Mund zusammengelaufen, auch wenn Sie gar keinen Hunger hatten?«

Ich bemerke, wie sie kurz den Atem anhält, und obwohl ich weiß, dass ihr Unbewusstes es bereits verstanden hat, fahre ich fort: »Es ist ganz normal, dass es auch so ist, wenn man nicht angefasst werden möchte: Es gibt Körperreaktionen, die durch die Drüsen gesteuert sind, die auch reagieren, wenn man gar keinen Appetit oder keine Lust hat.«

Verblüfft sieht sie mich an: »Ach so! ... Also bestrafe ich meinen Körper für etwas völlig Natürliches!«

Die Therapie ist beendet, und ein paar Monate später schickt mir die junge Frau ein Foto von sich, das sie mit 30 Kilo weniger zeigt.

Was ich ihr gesagt habe, erschien mir in dem Augenblick völlig selbstverständlich. Also versuchte ich etwas Ähnliches bei einer anderen Patientin, die schon jahrelang wegen des gleichen Problems (Vergewaltigung durch einen Nachbarn) bei mir in Behandlung war. Ich war blockiert und die Situation festgefahren.

»Entschuldigen Sie, dass ich etwas so Banales zu Ihnen sage, aber ich habe letzte Woche einer anderen Patientin etwas erklärt, was ihr sehr geholfen hat. Man hat Ihnen das sicherlich schon gesagt.« (Sie hatte zuvor bereits mehrere andere Therapeuten gehabt.) Ich erzähle ihr also die gleiche Geschichte. Erstaunt sieht sie mich an und antwortet: »Wenn man mir das ein paar Jahre früher gesagt hätte, würde ich heute nicht hier sitzen!«

In solchen Augenblicken wird einem die Verantwortung klar, die ein Therapeut hat. Er muss ganz unterschiedliche Methoden gelernt haben und darf sich nicht auf einen einzigen Ansatz spezialisieren. Und es gibt noch etwas, was er lernen muss: Sich auftretende Probleme zunutze zu machen, statt sich gegen sie zu wehren.

Mit dem Problem gehen

Mit dem Problem gehen, statt dagegen anzukämpfen, trifft nicht nur auf Ballonfahrer zu, sondern auch auf Therapeuten und ihre Patienten. Bei der Vorbereitung einer Sitzung plant der Therapeut alles, was er mit dem Patienten vorhat, anhand dessen, was er von diesem zu wissen glaubt. Wenn der Patient jedoch plötzlich seine Haltung oder seine Antworten ändert, ist der ganze schöne Plan des Therapeuten dahin.

Ich glaube, dass die Hypnose an dieser Stelle die größte Verbündete des Therapeuten ist: weil man akzeptieren muss, nicht mehr zu wissen, was geschehen wird, tritt jede Planung in den Hintergrund. Es ist jetzt die Festplatte tief in seinem Inneren, die Informationen, Ideen, Worte senden muss, um an Leistung und Vorstellungskraft zu gewinnen. In so einem Augenblick muss man die Leere annehmen, statt gegen sie anzukämpfen, und sie nutzen, um seine Kreativität anzuregen.

Im Trancezustand ist es genauso. Manchmal liegt ein Patient vor einem, und plötzlich wird man unerwartet unterbrochen: Jemand klingelt an der Tür, oder das Telefon schrillt los. Solche Störgeräusche müssen genutzt und in die Sitzung eingebunden werden. Wenn eine Patientin gerade tief in sich versunken nach Lösungen sucht, stellt ein Schlagbohrer, der von der Straße ertönt, gleichzeitig eine Katastrophe und einen Glücksfall dar. Eine Katastrophe, wenn der Therapeut sich aus dem Konzept bringen lässt und nicht weiß, wie er reagieren soll, einen Glücksfall hingegen, wenn er es schafft, den Zwischenfall zu nutzen und ruhig daran anzuknüpfen.

»Sie merken, dass jemand Ihnen mit einem Schlagbohrer zu Hilfe eilt, um noch tiefer nach der Lösung des Problems suchen zu können …«

Der Therapeut muss die Hypnose auch bei sich selbst praktizieren, um zu verstehen, wie er sie bei seinen Patienten anwenden kann. Sobald er diese Geisteshaltung angenommen hat, wird sie zum Spiel des Lebens, das darin besteht, die beste Methode zu finden, die passendste Antwort und den wirkungsvollsten Hebel, um anderen zu helfen.

Nehmen wir zum Beispiel den Mann, der mich aufsuchte, nachdem er bereits bei sechs verschiedenen Psychiatern war. Er war Krankenhauspfarrer und nicht mehr arbeitsfähig, weil er seit zwei Jahren unter paralysierenden Angstzuständen litt. Die konventionelle Herangehensweise wäre gewesen zu versuchen, diese Ängste zu bekämpfen – doch dann wäre ich der siebte Therapeut gewesen, der scheiterte. In solchen Augenblicken muss man sich die Besonderheit der Hypnose zunutze machen, um zu sehen, dass das Symptom etwas anderes ist als gedacht.

Ich blickte meinem Patienten in die Augen und sagte: »Wenn so viele Psychiater es nicht geschafft haben, Ihre Ängste zu vertreiben, liegt das sicher daran, dass sie außerordentlich wichtig für Sie sind. Es wäre ein Fehler, sie unterdrücken zu wollen. Ich würde Sie also darum bitten, sich zu bemühen, sie zu bewahren – auch wenn es Ihnen schwerfällt –, bis wir herausgefunden haben, wozu sie gut sind.«

Sie können sich bestimmt bildhaft vorstellen, wie ihm die Kinnlade runterfiel! Jedenfalls fing er ein paar Wochen später wieder an zu arbeiten. Danach dauerte es noch länger, bis der Ursprung seiner Ängste behandelt war und er als gesunder Mann wieder in den Kreis seiner Familie treten konnte, die ihn als chronisch Kranken betrachtete. Heute arbeitet dieser Patient wieder ganz normal und hat zwei Kinder. Ich weiß, dass er mich noch immer als Zauberer sieht, denn statt mich mit dem Kampf gegen seine Ängste abzumühen, bat ich ihn, sie zu bewahren. Und so verschwanden sie »von selbst«.

Das Gleiche geschah bei einem Jugendlichen, der von seinem alkoholkranken Vater misshandelt worden war. Der Junge hatte sich insgeheim gewünscht, sein Vater würde sterben, um der Gewalt endlich entrinnen zu können. Und siehe da, der Vater brachte sich um! Daraus folgte zwangsläufig eine Depression aufgrund von Schuldgefühlen. Darüber hinaus hatte der Patient plötzlich erotische Träume, in denen seine Mutter vorkam. Wie den meisten Menschen war ihm nicht bewusst, dass die meisten Kinder solche Träume haben; stattdessen brachte er all seine Symptome mit den Mordfantasien seinem Vater gegenüber in Verbindung.

Ich sagte ihm einfach: »Jedes Kind und jeder Mensch hat von Zeit zu Zeit solche Träume.«

Er sah mich an und fragte: »Also ist das normal?«

»Ja, das ist normal.«

Fantasien werden nicht wahr. Nur weil man sich den Tod des Vaters herbeiwünscht, wird dieser nicht wirklich sterben. Wenn man träumt, mit seiner Mutter zu schlafen, gefährdet das noch lange nicht die Beziehung zu ihr. Sich das bewusst zu machen war die entscheidende Wendung in der Therapie meines Patienten. Gedanken zu unterdrücken, so schlimm sie auch sein mögen, schafft nur noch mehr Probleme. Anderen gegenüber mag es höchst unangebracht sein, alles zu sagen, aber sich selbst gegenüber darf man das. Seien Sie offen und ehrlich zu sich selbst, gestehen Sie sich die schlimmsten und unmoralischsten Ideen ein, die in Ihrem Kopf herumschwirren. Nur dann können Sie sich von ihnen frei machen. Wenn Sie sie hingegen bekämpfen, lauern sie in ihrem Versteck darauf, Sie zu überrumpeln und leiden zu lassen.

Die Bedeutung des Paradoxen

Das Ziel besteht also immer darin, einen Bruch zu schaffen, um der automatischen Reaktionsweise auf unterschiedliche Lebenssituationen zu entkommen.

Hierfür wird im Rahmen der Hypnotherapie das Paradoxon ausgiebig genutzt, um die Flughöhe zu ändern. Paradoxon: etwas, was den Gesetzmäßigkeiten, der Norm widerspricht. Man wendet es an, um etwas anderes als die übliche und erwartbare Antwort zu bekommen.

Ein neuer Patient erscheint in meiner Sprechstunde und sagt ohne Umschweife: »Herr Doktor, ich bin ein Niemand, ich bin wertlos, ich versage in allem, was ich mache, mein Leben hat keinen Sinn mehr. Mir bleibt nichts anderes mehr übrig, als mich umzubringen.«

Wenn man nicht aufpasst, kann die Antwort darauf leicht folgendermaßen ausfallen: »Aber nein, Sie haben doch schon den Mut aufgebracht, zu mir zu kommen, also haben Sie doch noch Energie, und sicherlich auch eine Familie und Dinge, die Sie glücklich machen ...«

Indem man gegen den Wind ankämpft, gegen den Patienten, verstärkt man die Energie, die dieser in seine Selbstzerstörung legt. Stattdessen muss man das Gegenteil dessen antworten, was der Patient zu hören erwartet: »Tja, ich kenne Sie nicht gut genug, um Ihnen zu widersprechen. Vielleicht stimmt es ja, und Sie sind tatsächlich wertlos. Aber warum sollten Sie zu mir kommen, um mir das zu sagen?«

Dann sitzt man plötzlich doch jemandem gegenüber, der versucht, das Ganze zurückzunehmen. Auf einmal ist er es, der Situationen aufzählt, in denen er doch nicht so schlecht war, und er grenzt auf diese Weise selbst die wenigen dunklen Winkel seines Lebens und die Probleme ein, die in der Therapie angepackt werden müssen.

Ein weiteres Beispiel, von dem ich gern berichten möchte, ist die Geschichte eines fünfjährigen Jungen, den seine Eltern in meine Sprechstunde brachten, weil er eine Phobie davor entwickelt hatte, entführt zu werden, nachdem er im Kindergarten vor Kidnappern gewarnt worden war. Er bewegte sich keinen Zentimeter mehr von seiner Familie weg, krallte sich an den Rockzipfel seiner Mutter und weigerte sich, mit den anderen Kindern im Schulbus zu fahren oder draußen auf dem Hof zu spielen.

Statt wie alle anderen das Kind zu beruhigen, bat ich es, mir von seiner Angst zu erzählen. Zum Entsetzen seiner Eltern fing das Kind bereitwillig an. Doch ich greife vor: »Ich muss mir ein genaueres Bild von deiner Angst machen. Kannst du sie mir bis zum nächsten Mal mit Lego nachbauen?« Dann fügte ich hinzu: »Aber pass gut auf, wenn du sie mir in die Praxis bringst, denn weißt du was? Ängste sind sehr zerbrechlich, und es wäre doch schade, wenn deine zerbricht, bevor ich sie mir ansehen kann.«

In der darauffolgenden Woche betrat das Kind mein Wartezimmer mit einem außergewöhnlichen und furchteinflößenden Lego-Gebilde: Alles, was typisch für einen kleinen Jungen von fünf Jahren ist, der mitten in der ödipalen Phase steckt. Viel Rot, viel Schwarz, Piratensegel, Haie und Drachen.

Ich führe ihn in mein Sprechzimmer und bitte ihn, ganz vorsichtig zu sein. Wir brauchen gute fünf Minuten, um den Flur zu durchqueren. Ich traue mich nicht, seinen Eltern in die Augen zu sehen, die mich garantiert für wahnsinnig halten. Doch es sind die fünf entscheidenden Minuten der Therapie: »Zerbrich bloß nicht deine Angst ... Sie ist fantastisch, aber auch sehr zerbrechlich! ... Pass gut auf ... Du trägst die Verantwortung für sie. Du kannst damit machen, was du willst.«

Nach dieser Kombination von Paradox und hypnotischer Suggestion stellt der Junge seine Angst vor seinen aschfahlen Eltern auf den Tisch. Ich bitte ihn, mir ganz genau zu beschreiben, was er gebaut hat. Er dreht sich zu seiner Konstruktion um und beäugt sie interessiert aus jedem Winkel, dann sagt er ganz selbstsicher zu mir: »Weißt du, wenn ich sie mir so genau angucke, macht sie mir gar nicht mehr so viel Angst!«

Endlich verstehen die Eltern meine Strategie und versprechen, sich in den darauffolgenden Tagen bei jedem Auftreten des Symptoms genauso zu verhalten. Drei Tage später geht ihr Sohn wieder in den Kindergarten und spielt, als wäre nichts gewesen – und das ganz ohne langwierige und kostspielige Psychotherapie.

Werden Sie mir jetzt sagen, dass ich das Problem nur aufgeschoben habe? Oder dass eine symptomatische ödipale Phase einer Psychoanalyse bedarf? Dann kann ich Sie beruhigen, denn ich habe den Jungen mit seiner Familie nach seinem Schulabschluss wiedergetroffen. Er hat nie wieder das Bedürfnis nach einer Therapie gehabt und die Schule erfolgreich abgeschlossen.

Unsere Gewohnheit, automatisch gegen den Wind und auftauchende Probleme anzukämpfen, hält uns davon ab, die Kräfte des Patienten zu wecken und den Entwicklungsprozess anzustoßen oder zu unterstützen.

Als ich meine Weltumrundung im Ballon vorbereitete, gab es eine interessante Situation mit meiner Tochter, die damals vier Jahre alt war. Die Kleine hatte Angst im Dunkeln und wollte immer, dass das Licht nachts brannte. Wenn man es löschte, sobald sie eingeschlafen war, wachte sie weinend wieder auf.

Unter meinen Utensilien für die Ballonfahrt befand sich auch eine Nachtsichtbrille. Ich schlug ihr also vor, die Dunkelheit mit diesem lichtverstärkenden Gerät zu durchdringen, das alle Gegenstände grünlich aufleuchten lässt. Als sie die Brille aufsetzte, rief sie: »Aber Papa, ich kann ja meine Teddys noch sehen und mein Bett und meinen Tisch und mein ganzes Zimmer!«

Ich fragte sie: »Ja. Erstaunt dich das etwa?«

»Ich dachte, nachts wäre alles weg.«

Sie hatte gedacht, in der Dunkelheit verschwinde alles, und diese Vorstellung hatte ihr furchtbare Angst eingejagt. Einfach einmal nachzusehen hatte gereicht, um ihre Angst zu vertreiben. Zu schade, dass so ein Gerät über 10000 Euro kostet! Die Krankenkassen sind sicher nicht bereit, die Kosten zu übernehmen, obwohl es genauso effizient ist wie eine Therapie, die dasselbe kostet!

Was haben all diese Beispiele gemeinsam, und welche Lehren können wir aus ihnen ziehen, sei es als Kranke oder als Therapeuten?

Patienten begeben sich mit einem Symptom in Behandlung, das sie loswerden wollen. Leider geraten sie allzu oft an Gladiatoren, die gelernt haben, Probleme zu bekämpfen. Der Gladiator sieht den Patienten als gesundes Wesen, dem es eigentlich gut geht, das jedoch äußerlich von einem Symptom befallen ist, das es angreift und dessen man sich um jeden Preis entledigen muss.

Ganzheitliche Heilung

Durch die Hypnose habe ich gelernt, dass ein Patient kein Symptom hat, sondern ein Symptom *ist*! Will heißen, der Patient ist ein Ganzes, das ein Symptom beinhaltet. Das ist sicher leichter am Beispiel eines Patienten zu verstehen, der mit einem gebrochenen Arm ins Krankenhaus kommt. Der Arzt wird nicht anfangen, auf den Arm zu schlagen, ihn in alle Richtungen zu zerren oder ihn zu amputieren. Er weiß, dass der Arm Teil des Patienten ist, und wird ihn reparieren und erhalten wollen.

Eines Tages kam eine Frau zu mir, die durch die Folgen einer gebrochenen Hand ihren geliebten Beruf nicht mehr ausüben konnte. »Alles nur wegen dieser Scheißhand«, sagte sie zu mir.

»Wie soll sie denn heilen, wenn Sie sie so behandeln? Sie sollten ihr lieber positive Energie und Liebe entgegenbringen!«

Warum sollte es für einen Patienten, der mit Ängsten, Depressionen oder Phobien zu mir kommt, anders sein? Wenn man einen Kranken heilen will, kann man dies nur im Ganzen tun, denn dieses Ganze beinhaltet das Symptom. Letztendlich muss man erst einmal von dem Symptom abstrahieren, dessentwegen der Patient kommt, und ihn in seiner Gesamtheit betrachten. Auf diese Weise kommt ganz selbstverständlich der Punkt, an dem der Patient sein Symptom oder vielmehr sein Problem ändert und es verschwinden lässt. Das gelingt einem natürlich nicht jedes Mal, aber wenn man es schafft, grenzt es oft an eine Wunderheilung. Ohne gekämpft zu haben kann man dabei zusehen, wie der Zustand des Patienten sich verbessert und wie der Patient »spontan« – und teilweise sehr schnell – seine verzweifelte Situation hinter sich lässt.

Wir schließen daraus, dass man jedes Mal, wenn man ein Symptom als etwas Äußerliches versteht und es zu bekämpfen versucht, vermutlich Jahre investiert, bis es einem gelingt – wenn es denn überhaupt gelingt. Wird es jedoch als Teil des Ganzen betrachtet, ist das Symptom kein Feind mehr, sondern schlicht ein Teil des Patienten, dem man helfen möchte. Das ändert die Situation vollkommen.

Genau darum geht es in der Hypnose. In dieser Geisteshaltung gehen wir mit der Situation, statt uns automatisch gegen sie zu stellen. In dieser höheren Sichtweise betten wir das Problem in ein Ganzes ein, um es im Ganzen zu heilen.

Meteorologe der Therapie

Sie verstehen jetzt sicher, warum ich erst Ballonfahrer werden musste, um ein guter Therapeut sein zu können. Solange ich mit meinem Akrobatik-Gleitschirm gegen den Wind geflogen bin, war ich der Ansicht, ein Pilot der Therapie sein zu müssen, der den Patienten dabei hilft, die Turbulenzen des Lebens zu bekämpfen. Damit war ich gelegentlich auch erfolgreich. Doch wenn ich es schaffte, die Symptome zu bekämpfen, dann nur – um es mit Marc Aurel zu sagen – weil ich die Kraft hatte zu verändern, was sich verändern ließ. Aber mir fehlte das Wesentliche.

Als Ballonfahrer habe ich verstanden, dass meine Rolle dem Patienten gegenüber die des Meteorologen sein muss. Bevor ich zu meinen Weltumrundungsversuchen aufbrach, berechneten Luc und Pierre für alle Streckenabschnitte die Windrichtungen auf den entsprechenden Flughöhen. Ich wusste also immer, ob ich steigen oder sinken musste, um nach rechts oder links zu fahren.

Das Gleiche muss man auch dem Patienten anbieten, der durch den Wind des Lebens navigiert. Ich muss ihn nicht steuern oder kontrollieren, sondern ihm alle Optionen und unterschiedlichen Denk- und Handlungsmöglichkeiten präsentieren. Ausprobieren muss er sie dann selbst. Mir obliegt es, ihn zu ermutigen, die verschiedenen Flughöhen zu testen, bis er selbst den Kurs findet, der ihm am besten erscheint, um unterschiedliche Strömungen zu finden und eine andere Richtung einzuschlagen. Welcher Therapie wir auch folgen, wie die offizielle Bezeichnung dafür auch sein mag, wir müssen uns auf die Suche nach der Flughöhe begeben, die den besten Kurs bietet. Dann sollte es der Patient selbst sein, der uns Rückmeldung gibt, auf welcher Flughöhe, das heißt, in welcher Form, mit welcher Grundhaltung, welcher Änderung seiner Lebensweise oder welchem neuen Verhalten er welche Veränderung beobachtet hat. Er kann sich durch Hypnosetechniken helfen lassen, um seine Ressourcen zu verstärken, aber er muss in seinem Leben, außerhalb der Praxis, unterschiedliche Arten und Weisen ausprobieren, mit sich und der Welt zurechtzukommen, und seinem Therapeuten danach davon berichten. Auf diese Weise, durch »Tuning«, durch kontinuierliche Verfeinerung, kann der Meteorologe der Therapie seinem Patienten dabei helfen, die beste Richtung zu finden. Die Arbeit muss jedoch der Patient leisten, nicht der Therapeut.

Das größte Hindernis, das jeder Veränderung im Weg steht,

ist nicht das Symptom, sondern das Gewicht des Ballasts, den man im Leben angesammelt hat, und die Angst vor dem Unbekannten. Die erste Handlung des Therapeuten muss also darin bestehen, den Glauben an die Veränderung zu stärken. Er muss ein Bedürfnis schaffen, eine Lust auf Entwicklung. Denn letztendlich ist Abenteuerlust nicht nur im Leben, sondern auch im therapeutischen Rahmen essenziell. Auch dort erforscht man das Unbekannte und bietet dem Patienten unterschiedliche Ebenen, die er erproben kann. Wenn Ihr Therapeut Sie nicht genügend in Ihrer Fähigkeit zur Veränderung bestärkt, fordern Sie ihn dazu auf! Es geht schließlich um Ihr Leben.

WOFÜR SIND KRISEN GUT?

Der Wind trägt uns durchs Leben, doch wir haben stets die Entscheidungsfreiheit darüber, auf welcher Flughöhe wir weiter navigieren wollen. Aber nutzen wir diese Freiheit eigentlich? Müssen wir unsere gewohnten Bahnen wirklich verlassen, wenn wir nicht dazu gezwungen sind? Turbulenzen können uns entweder zum Verhängnis werden oder uns zwingen, uns weiterzuentwickeln. Jedes Mal, wenn unsere Welt aus den Fugen gerät, müssen wir uns erneut fragen, welchen Ausweg es aus dieser Krise gibt.

Ein gewisses Maß an Stress ist vorteilhaft

Ich habe bisher ausführlich unser persönliches und kollektives Gleichgewicht beschrieben, das wir aufbauen, indem wir nach Orientierung suchen, zu Überzeugungen gelangen und Gewohnheiten entwickeln. Dieses mehr oder weniger stabile Gleichgewicht existiert in den meisten von uns. Es sorgt dafür, dass wir uns auf den Beinen halten, unseren Alltag bewältigen und innerhalb der Grenzen unserer Schutzmauern, die wir uns aufgebaut haben, funktionieren können. All das geschieht nach und nach, ganz selbstverständlich, und so haben wir kaum Grund zur Annahme, es könne andere Lebens- und Denkweisen geben.

Was geschieht nun also, wenn ein unvorhergesehenes Ereignis das System angreift und unsere Überzeugungen infrage stellt? Ein Unfall, eine Krankheit, ein Trauerfall, eine Entlassung, eine Scheidung usw., kurz, eine Böe des Lebenswindes? Wird das System zusammenbrechen? Das System schon, wir selbst jedoch nicht zwangsläufig. Zunächst einmal kann es sogar sein, dass wir noch besser funktionieren als zuvor. Wie ich es in meinem Erfahrungsbericht zum Delta-Akrobatikflug geschildert habe, kann unser Bewusstsein in einer Art lichtem Moment blitzschnell reagieren.

Sie erinnern sich garantiert sehr genau an all jene Augenblicke, in denen Ihr Gleichgewicht ins Wanken geraten ist oder gar Ihr Leben bedroht war. Brutal aus der Lethargie gerissen, in der wir für gewöhnlich vor uns hindösen, sind plötzlich all unsere Sinne erwacht, all unsere Abwehrmechanismen kampfbereit.

Innerhalb unseres Immunsystems stimuliert ein bakterieller oder viraler Angriff die Produktion von Antikörpern zu unserem Schutz. Warum sollte dasselbe nicht auch für alltägliche Ereignisse gelten?

Manchmal ist es ein unvorhergesehenes, aber erfreuliches Ereignis, das uns mit diesem innerlichen Energieschub versorgt, und auf einmal fühlen wir uns unbesiegbar.

Ja, zunächst einmal wird das Bewusstsein unserer Selbst sowie unserer inneren Ressourcen stimuliert, was uns dabei hilft, unsere Leistungsfähigkeit zu steigern. Alle Studien zeigen, dass ein wenig Stress uns effizienter werden lässt. Doch wie definiert man »ein wenig«? Gerade so viel, wie wir zu verarbeiten fähig sind. Ob das bedeutet, im Schwimmbad vom Beckenrand zu springen oder sich als Kriegsfotograf auf dem Schlachtfeld aufzuhalten, hängt immer vom Einzelnen ab.

Was passiert danach, wenn der Augenblick des Bruchs in seiner Intensität oder Dauer das für uns erträgliche Maß überschreitet?

Zu viel Stress wirft uns aus der Bahn

Nach dem Moment der Bewusstseinserweckung stehen wir orientierungslos vor dem Abgrund. Unser Reaktionsvermögen nimmt ab, bricht möglicherweise zusammen, und unsere Leistungsfähigkeit geht gegen null. Wir haben das Stadium des Bruchs hinter uns gelassen und stecken unvermittelt in der Krise. Die Krise überrollt unsere Abwehrmechanismen, reißt uns aus unseren Gewohnheiten und schneidet uns zunächst einmal von unseren inneren Ressourcen ab. Es gibt zwar Lösungen, doch diese befinden sich auf einer Ebene, auf die wir noch keinen Zugriff haben. Meist suchen wir übrigens erst gar nicht nach ihnen, weil wir die Situation bekämpfen wollen, statt sie zu unserer Entwicklung zu nutzen. Wir haben den Halt verloren und sind von diesem Verlust völlig geblendet. Wir leiden und wollen dieses Leid um jeden Preis beenden.

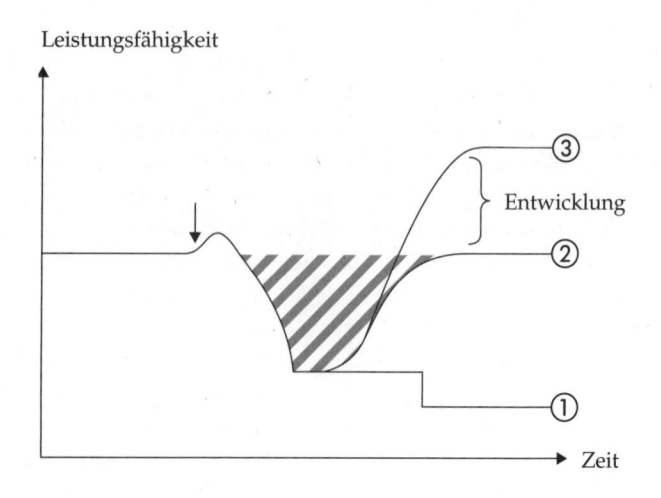

Wie weit stürzen wir ab? Bis zu einem Punkt, an dem wir erneut das Gleichgewicht erlangen, an dem wir uns mit letzten Kräften wenigstens auf den Knien halten können, wenn wir schon nicht wieder ganz auf die Beine kommen.

Sobald wir »ganz unten« angekommen sind, gibt es drei Möglichkeiten, die sich grundlegend voneinander unterscheiden:

1. an Ort und Stelle verharren;
2. versuchen, das zuvor verlorene Gleichgewicht wiederzuerlangen;
3. Fähigkeiten entwickeln, um höher aufzusteigen als vor der Krise.

Stecken bleiben und um sich schlagen

Eigentlich existiert jede Krise nur in dem Maße, wie wir uns gegen sie wehren. Und sie dauert auch nur so lange an, wie wir uns an die Fixpunkte klammern, die wir verloren haben.

Wir versuchen krampfhaft, wiederzubekommen, was wir lieben, um einen Bruch zu vermeiden. Wir können nicht akzeptieren, dass wir mit einer neuen Situation weiterleben müssen. Wir wollen den Arbeitsplatz zurück, den wir gerade verloren haben, das Haus, aus dem wir ausziehen mussten, den Partner, der uns verlassen hat, wollen wiedererlangen, was das Leben uns genommen hat: unsere Gesundheit, unsere Gewohnheiten, unsere Träume etc. Wir weigern uns, unser Leben unter anderen Umständen weiterzuleben. Wir wollen die Zeit zurückdrehen, die uns so unerbittlich dazu zwingt, uns zu verändern, zu altern, unseren Lebenswandel anzupassen.

Ich habe mich immer über Patienten gewundert, die in meine Sprechstunde kamen und sagten: »Mein Leben verändert sich, aber ich will mich nicht ändern; ich habe verloren, was ich geliebt habe, helfen Sie mir, es wiederzubekommen und wieder genau so zu werden, wie ich war!« In den meisten Fällen ist dies unmöglich. Die Patienten leiden also umso mehr, wenn sie sich aus Angst vor dem Unbekannten und aus Ablehnung eines anderen Lebens weiter an etwas klammern.

Meine therapeutische Arbeit besteht darin, den Patienten von einer allmählichen Öffnung bis hin zu der Fähigkeit zu begleiten, Dinge infrage zu stellen. Letzteres ist nötig, um im Laufe der Sitzungen herauszufinden, dass das ganze Leben als großes Abenteuer begriffen werden kann, in dessen Verlauf alle Krisen und Unglücksfälle, ebenso wie Hoffnungen und Erfolge, uns dazu zwingen, ein anderes Verhältnis zum Unbekannten aufzubauen. Dies ist unsere einzige Chance, uns zu entwickeln, vorausgesetzt natürlich, man glaubt, dass der Mensch zur Entwicklung bestimmt ist. Wenn man hingegen der Ansicht ist, der Mensch komme aus dem Nichts, er gehe nirgendwohin, und das Leben sei nur dazu da, die Jahre hinter sich zu bringen, die zwischen einer unnützen Geburt und einem unerklärlichen Tod liegen, dann ergibt das, was ich beschreibe, keinen Sinn. Wir kommen später auf diesen Punkt zurück, den ich für absolut wesentlich halte.

Unser Widerstand gegen jede Veränderung ist umso verständlicher, je glücklicher wir im vorhergehenden Zustand des Gleichgewichts waren. Man sollte sich jedoch darüber im Klaren sein, dass es gerade diese Abwehrhaltung ist, die unser Leiden verstärkt. Der verzweifelte Drang, zurückzublicken, widerspricht dem natürlichen Lauf der Dinge.

Natürlich gibt es auch Situationen, in denen wir kämpfen müssen, um zu überleben. Wenn Sie sich einen Knochenbruch zuziehen oder an Krebs leiden, gehen Sie zum Arzt, ohne lange hin und her zu überlegen. Wenn Sie die Kraft haben, sich gegen einen Angreifer zu wehren, tun Sie es. Wir müssen uns und unsere Familien verteidigen. Fatalismus ist nicht angesagt. Wenn wir etwas ändern können, was sich ändern lässt, sollten wir es ohne zu zögern tun. Doch wir sollten Dinge immer nur ändern, um voranzukommen, und nie, um den Status quo aufrechtzuerhalten.

Und wir sollten uns trotzdem immer die Frage stellen, ob wir so wirklich am glücklichsten sind … Denn häufig ist das gar nicht so klar. Wir neigen oft dazu, krampfhaft die Vergangenheit wiederherstellen zu wollen, statt uns eine bessere Zukunft aufzubauen.

Welche Fragen sollte man sich stellen?

Da es wenig fruchtbar ist, gegen den Wind anzukämpfen, sollten wir ihm entweder nachgeben oder aber die Flughöhe wechseln. Während jeder Krise sollten wir genügend Abstand bewahren, um uns die folgenden fünf grundlegenden Fragen zu stellen, eine nach der anderen, und sie, wenn möglich, schriftlich zu beantworten:

1. Auf welcher Flughöhe habe ich mich zuvor befunden, und in welche Richtung werde ich geweht?
2. Wo befinde ich mich gerade, und in welche Richtung bin ich unterwegs?
3. Welche andere Richtung würde ich mir für mein Leben und somit für mich selbst wünschen? Oder, aber diese Frage ist etwas schwieriger: Welche Richtung sollte das Leben und sollte somit ich selbst einschlagen?
4. Welche Flughöhe muss ich dafür erreichen? Mit anderen Worten, welche Werkzeuge, welche Mittel, die ich gerade nicht zur Verfügung habe, muss ich mir aufgrund dieser Krise aneignen, damit mein Leben eine bessere Richtung einschlagen kann?
5. Welchen Ballast muss ich über Bord werfen? Welcher Gewohnheiten, Überzeugungen oder Ansichten muss ich mich entledigen?

Die Antworten auf diese Fragen zeigen uns, was wir aus der Situation lernen können. Die Fähigkeiten, die uns zur Entwicklung fehlen, sind identifiziert, und so kann die Krise zum Auslöser ebendieser Entwicklung werden.

Streben nach einem besseren Gleichgewicht

Nachdem wir die Absturzphase hinter uns haben, lassen Sie uns die Paradigmen, die der verlorenen Situation zugrunde lagen, genauer untersuchen. Was uns mit dieser Situation verbindet; der Platz, den sie in unserem Leben eingenommen hat; die Bedeutung, die wir ihr beimessen und warum; die soziale Komponente des Verlusts, das Gerede der Leute; was wir empfunden und uns selbst gesagt haben, als wir die Neuigkeit erfuhren.

Während jeder Krise ist es wichtig, dass wir uns bewusst machen, woran wir uns klammern. Sobald wir das verstanden haben, können wir analysieren, was der Bruch aus dem Gleichgewicht gebracht oder erzeugt hat: Die Angst, allein dazustehen, ohne den Schutz eines anderen funktionieren zu müssen? Die Hoffnungslosigkeit, nachdem ein Traum zerplatzt ist? Nicht mehr die gleiche Leistungsfähigkeit zu besitzen wie zuvor? Oder was auch immer.

In diesem Stadium sollten wir uns vor Augen führen, dass eine Vielzahl an Möglichkeiten vor uns liegt, eine Vielzahl an Reaktionsweisen und Sichtweisen der Zukunft. Wenn wir uns auf eine einzige davon konzentrieren, fühlen wir uns in der Situation gefangen und können nicht frei auf sie reagieren.

Der vierte Schritt ist der Wiederaufbau. Finden wir heraus, welche Fähigkeit wir zuvor nicht besessen haben, denn ihre Entwicklung wird uns erlauben, höher aufzusteigen als vor der Krise und an Leistungsfähigkeit, Vertrauen und Ausgeglichenheit zu gewinnen.

Sehen Sie die Suche nach diesem neuen Hilfsmittel, diesem neuen Handwerkszeug, als neues Ziel an. Sie sind nicht mehr im Absturz begriffen, sondern arbeiten daran, etwas Neues zu erschaffen. Sie geben die Opferrolle also zugunsten der aktiven Rolle des Architekten auf. Die Herkunft des Wortes »Krise« bestärkt uns hierbei. Bei den alten Griechen bedeutete das Wort *krisis* »Entscheidung«. Ist es nicht beruhigend, die Krise als Entscheidung zu verstehen, die man trifft, statt als Anlass zu endloser Jammerei?

Dafür ist es allerdings wesentlich, sich selbst mit neuen Augen zu sehen: als einen Menschen, der eine neue Eigenschaft entwickelt hat, eine neue Art, seine Umwelt wahrzunehmen, eine Fähigkeit, die ein positives Gefühl in ihm erzeugt und ihn vertrauensvoll in die Zukunft blicken lässt.

Auf keinen Fall sollte man sich ausmalen, was früher war, was vergangen und verloren ist, sondern sich das Neue vorstellen, das wir noch nicht haben, auf das wir jedoch hinarbeiten können. Unser Krisenmanagement besteht darin, diese neue Eigenschaft aktiv zu entwickeln oder zu erlangen, denn dadurch vermeiden wir, passiv vor uns hin zu leiden.

Hypnose ist eine wertvolle Hilfe für diese introspektive Arbeit, aber nicht unerlässlich. Wir können in einer Psychotherapie oder manchmal auch ganz allein daran arbeiten, sobald wir gelernt haben, worauf es ankommt.

Das Wesentliche besteht darin, uns zu sagen: »Ich befinde mich in dieser Situation, weil mir etwas fehlt, und ich werde es mir erarbeiten, um hinterher besser zu funktionieren als vor der Krise.«

Am letzten Morgen meiner Weltumrundung im Ballon habe ich ein Foto geschossen, das meine Aussagen gut veranschaulicht. Eines unserer Bullaugen ist darauf zu sehen, durch die nächtliche Feuchtigkeit vereist. Die Eiskristalle behindern die Sicht. Sie werden von der aufgehenden Sonne erleuchtet und verleihen dem Glas einen wunderschönen orangefarbenen Schimmer.

Auch im Leben kommt es häufig vor, dass Hindernisse uns die Sicht auf die Zukunft verstellen. Wie auf diesem Foto muss man das Glas frei kratzen, um erkennen zu können, was dahinter liegt. Das Problem ist immer die Angst vor dem Ungewissen. Viele Menschen verharren lieber leidend hinter dem vertrauten Glas, als das Risiko einzugehen, sich auf die Suche nach etwas Neuem zu begeben.

Ich glaube nicht an die positive Wirkung eines Leidens, an das man sich aus Angst oder Dummheit klammert. Ich glaube an die menschliche Fähigkeit des Fortschritts, der Verbesserung und der Entwicklung.

Jeder Bruch, so schwierig er auch sein mag, ist eine Gelegenheit, sich selbst infrage zu stellen, um auf dem Weg zur Erfüllung, zur Leistungsfähigkeit oder zur Weisheit voranzukommen. Es heißt also, diese Augenblicke zu erkennen, sie sich bewusst zu machen, um aus ihnen das Beste zu machen.

All das lässt sich leider nicht so ohne Weiteres bewerkstelligen. Es ist wichtig, dabei zu berücksichtigen, wie schwer unsere Überzeugungen wiegen, unsere Konditionierung, all der Ballast, der uns davon abhält, eine neue Flughöhe einzunehmen, auf der wir besser funktionieren. Die neuen Fähigkeiten, die wir uns zur Überwindung der Krise aneignen müssen, stehen häufig im Widerspruch zu unseren bisherigen. Wenn wir uns entwickeln wollen, müssen wir eine ganze Menge Gewissheiten über Bord werfen. Um uns dazu zu bringen reichen kleinere Krisen selten aus, daher warten wir manchmal erst die Katastrophe ab, die uns zum Handeln zwingt.

Neue Fähigkeiten entwickeln

Es gibt unendlich viele Beispiele von neuen Fähigkeiten, die man sich aneignen kann. Wenn wir den Boden unter den Füßen verlieren, können wir versuchen, allein zurechtzukommen und uns auf uns selbst zu verlassen – uns selbst noch mehr zu festigen, noch autoritärer, zupackender, überzeugender, mutiger zu werden, wenn wir es nicht ohnehin schon waren. Oder aber, im Gegenteil, uns mehr auf andere zu verlassen, anpassungsfähiger und bescheidener zu werden, wenn uns die Krise die Macht über unser Umfeld genommen hat. Wir gehen vorsichtiger, diplomatischer, altruistischer, gleichmütiger an Dinge heran, wenn das Leben unser Ego mit Füßen tritt.

Wir können lernen, die Initiative zu ergreifen, das zu erreichen, was wir brauchen, Nein zu sagen ohne Angst, jemanden zu enttäuschen; oder vielleicht zuzuhören, ohne uns aufzudrängen, andere für das zu schätzen, was sie sind, und nicht für das, was wir uns von ihnen versprechen.

Ein Konflikt kann uns lehren, klüger und bedächtiger zu handeln, und warum sollte er uns nicht auch dazu ermuntern, einen Selbstverteidigungskurs zu belegen? Die Eigenschaft, die es zu entfalten gilt, könnte auch Kampfgeist sein, damit wir endlich die Stärke entwickeln, die uns immer gefehlt hat, um unseren Platz einzunehmen.

Ein schulischer Misserfolg kann uns dazu zwingen, mehr zu arbeiten, zu lernen, uns besser zu konzentrieren. Die Absage auf unsere Bewerbung bringt uns vielleicht dazu, in Zukunft professioneller aufzutreten. Eine gescheiterte Liebe sorgt dafür, dass wir an unserem Kommunikationsvermögen arbeiten. Eine Krankheit veranlasst uns, unseren Lebensrhythmus oder unsere Ernährungsweise zu ändern, unsere Süchte zu bekämpfen.

Die Liste von Beispielen wäre endlos, deshalb hören wir an dieser Stelle auf. Sie wissen, was ich meine.

Befreiung aus festgefahrenen Situationen

Was ist das Ziel dieser Arbeit an sich selbst? Einen neuen Zustand zu erlangen, der ohne den Bruch nicht möglich gewesen wäre. Zusammenfassend lässt sich feststellen, dass eine Krise uns aus festgefahrenen Situationen befreien kann. Sie kann dem selbstzufriedenen, faulen oder einfach nur müden Läufer die Kraft geben, sich zurück auf den Pfad der Steigerung zu begeben, andere Dimensionen seiner Existenz am Horizont zu erblicken, die Flughöhe zu ändern und Ballast abzuwerfen.

Routinen schläfern ein, Krisen wecken uns auf und verleihen uns Energie.

Ist Ihnen aufgefallen, wie schwer sich Gewohnheiten ändern lassen, sobald sie sich einmal in unserem sozialen, beruflichen, partnerschaftlichen oder ehelichen Leben verfestigt haben? Würden wir auch daran arbeiten, wenn keine Krise uns dazu zwingt? Selbst wenn es nur um alltägliche Kleinigkeiten geht?

Als mir vor Kurzem mein Laptop gestohlen wurde, war meine erste Reaktion: »Hoffentlich finde ich noch mal dasselbe Modell!« Dann ist mir eingefallen, was ich in diesem Kapitel zu schreiben begonnen hatte: »Wenn ich mir wieder den gleichen Computer besorge, hat der Diebstahl mir nichts als Ärger eingebracht.«

Also habe ich mir einen Mac gekauft. Dazu hatte ich schon länger Lust, doch es war mir immer bequemer erschienen, den alten PC weiter zu benutzen, den ich gut kannte, statt Zeit dafür zu opfern, mich auf ein neues System einzustellen. Jetzt war ich ohne eigenes Zutun dazu gezwungen und bin begeistert von meiner Entscheidung.

Brüche und Krisen werden zu einzigartigen Gelegenheiten, etwas in unserem Leben zu ändern: unsere Beziehungstrott, unsere Weltsicht und unsere Lebenseinstellung. Sie bringen ein Ungleichgewicht mit sich, das uns erlaubt voranzukommen, genau wie beim Laufen. Gehen ist eine stabile Angelegenheit, aber Laufen bringt das Risiko mit sich, zu stürzen, bis man gelernt hat, sich selbst aufzufangen, um schneller voranzukommen.

Wenn Sie von Natur aus egoistisch sind und das ändern wollen, wird niemand es bemerken, weil man Sie als Egoisten abgestempelt hat. Wenn Sie anfangen, Croissants mit ins Büro zu bringen oder Ihrem Ehepartner Geschenke zu machen, wird man sich den Gedanken nicht verkneifen können, Sie würden sich für etwas entschuldigen wollen oder eine Gegenleistung erwarten. Wenn Sie schüchtern oder gehemmt sind, wird es Ihnen nicht gelingen, ernst genommen zu werden, ohne dass man Ihre Selbstbehauptungen als Anfälle von Wahnsinn interpretiert. Außer vielleicht nach einem Burn-out oder einem Selbstmordversuch.

Wir sind alle in unserer eigenen Schublade gefangen. Wie oft habe ich nach meiner Ballonfahrt um die Welt schon gehört, ich könne nur ein aufgeblasener Typ sein ... ja, mit Helium!

Einem schamlosen Lügner glaubt man nicht, ein Spaßvogel wird nicht ernst genommen, der Scherz eines ernsthaften Menschen wird niemanden zum Lachen bringen. Ein aufsässiges Kind wird erst nach einer Strafe zur Vernunft kommen, ansonsten hätte es das Gefühl, das Gesicht zu verlieren. Die Krebserkrankung eines guten Freundes kann zum Anlass genommen werden, mit dem Rauchen aufzuhören, und eine angedrohte Scheidung oder ein Autounfall eignen sich besser dazu, einen Alkoholiker zu bekehren, als der Rat seines Arztes.

Wir haben manchmal das Gefühl, eine Umstellung unseres Lebenswandels wäre von Vorteil, aber sehen Sie sich tatsächlich am Frühstückstisch zu Ihrem Ehepartner sagen: »Wir schlafen jetzt schon seit 20 Jahren auf dieselbe Art und Weise miteinander, ich möchte bitte, dass wir es ab heute endlich anders machen ...«?

Ich habe noch nie erlebt, dass jemand es auf diese Weise geschafft hätte. Doch ich habe Paare erlebt, die in ihrer Intimbeziehung Fortschritte gemacht haben, nachdem einer der beiden sich ein außereheliches Abenteuer erlaubt hat. Jede Krise zwingt uns zum Dialog, zur Suche nach Erklärungen, und löst eine Änderung der Flughöhe aus. Doch sie bringt auch die Notwendigkeit mit sich, Ballast in Form von Selbstachtung, Stolz, Unnachgiebigkeit, Misstrauen, Angst vor Veränderung etc. abzuwerfen: von alledem, was wir normalerweise für wichtig halten.

Wenn wir in einer Krise stecken, spüren wir manchmal, dass wir nichts mehr zu verlieren haben, und dann können wir endlich authentischer sein. Plötzlich kann man loswerden, was man auf dem Herzen hat und sonst nicht zu offenbaren wagte, aus Angst, sich selbst oder andere in Schwierigkeiten zu bringen. Was für eine Erleichterung!

Jede Krise zu nutzen, um sich selbst infrage zu stellen, ist also das beste Mittel, um größere Krisen zu vermeiden. Das gilt sogar für Erdbeben. Die Regionen, in denen die meisten Mikrobeben verzeichnet werden, haben die wenigsten stärkeren Erdbeben. Wenn die tektonischen Platten nicht frei beweglich sind, baut sich so viel Spannung auf, dass eine Katastrophe droht.

Lassen Sie sich also auf die Krise ein, um sich selbst zu verändern. Sie sollten ein klares Ziel vor Augen haben, auf das Sie all Ihre Energie verwenden können: sich das Handwerkszeug zuzulegen, das Ihnen fehlt, um besser zu funktionieren! Die neue Situation bietet Ihnen irgendeine Chance, die Ihnen in der Vergangenheit verwehrt geblieben ist. Finden Sie heraus, welche Chance das ist.

Krise und Chance

Das chinesische Schriftzeichen für »Krise« macht uns Mut. Es besteht aus zwei Elementen, das erste steht für das Risiko und die Gefahr, während das zweite das Konzept einer Handlung ausdrückt, die man ausführt, oder einer Chance, die man ergreift.

危机

Ein anschauliches Beispiel hierfür habe ich im Rahmen von Solar Impulse erlebt. Der Prototyp hatte seine Karriere nach dem Interkontinentalflug nach Nordafrika beendet, und wir waren dabei, die Stabilität des zweiten Flugzeugs zu testen (das für die Weltumrundung bestimmt war). Nun war es so, dass der Haupt-Holm, sozusagen die Wirbelsäule der Tragfläche aus Kohlenstofffaser, bei einem Belastungstest brach, wodurch wir gezwungen waren, die Erdumrundung um ein Jahr zu verschieben. Was nun: Sich beklagen oder schauen, welche Chance sich daraus ergibt? Ein verlorenes Jahr oder im Gegenteil ein gewonnenes Jahr, um in der Zwischenzeit etwas anderes zu erreichen? Das Ganze bot uns die Gelegenheit, noch einmal das erste Flugzeug hervorzuholen und eine Mission umzusetzen, von der wir immer geträumt hatten, ohne je das geeignete Zeitfenster dafür zu finden: ein Flug über die kompletten Vereinigten Staaten, von San Francisco bis New York. Dies ist bis dahin der größte Erfolg von Solar Impulse. Dazu kommt, dass es durch den Rückschlag so aussieht, als hätte es zur Vorbereitung auf die Weltumrundung für uns keine bessere Übung als diese Expedition geben können.

Das Muster ist mir nicht neu. Vor 14 Jahren, bei der Ballonfahrt um die Welt, haben mir die Erfahrungen mit China die Augen geöffnet. Nach zwei Jahre andauernden Verhandlungen hatte ich endlich die Genehmigung erhalten, das Reich der Mitte zu überqueren, allerdings nur unterhalb des 26. Breitengrads, das heißt innerhalb eines engen Korridors ganz im Süden des Landes. Jedes Mal, wenn die Bedingungen günstig waren, um von Château-d'Oex aus zu starten, trieb der Wind den Ballon systematisch in Richtung Zentralchina. Das hätte einen Umweg von 10 000 Kilometern und fast einer Woche Zeit bedeutet, außerdem hätte der Ballon auch das dafür nötige zusätzliche Gas gar nicht fassen können. Wir befanden uns in einem unlösbaren Dilemma: Sollten wir es trotzdem wagen und riskieren, unterwegs wegen Treibstoffknappheit wassern zu müssen, oder sollten wir weiter abwarten, obwohl wir uns dem Ende der Jetstream-Saison näherten?

Wir beschlossen, alles auf eine Karte zu setzen. Und das Ergebnis? Ein Flug, der drei statt der zwei anberaumten Wochen dauerte, 45 000 Kilometer statt der 35 000 vorgesehenen. Obwohl bei der Landung nur noch 40 von den ursprünglich 3700 Kilo Propan übrig waren, ist uns der längste Flug in der Geschichte der Luftfahrt gelungen, sowohl im Hinblick auf die Dauer als auch auf die Distanz. Doch das Schönste daran war der Anruf aus der chinesischen Botschaft: »Monsieur Piccard, ist Ihnen aufgefallen, dass Sie einzig und allein deshalb so viele Weltrekorde gebrochen und den Unwettern über dem Pazifik entgangen sind, die über der vorgesehenen Flugroute Ihres Ballons gewütet haben, weil die Behörden meines Landes Sie dazu verpflichtet haben, weiter südlich zu fliegen?«

Das war absolut richtig! Als würden uns die schönsten Geschenke des Lebens manchmal in derart abstoßender Verpackung überreicht, dass wir sie auf den ersten Blick gar nicht öffnen wollen. Der Abenteurergeist besteht genau darin, das scheußliche Geschenkband zu entwirren, um herauszufinden, was das Paket enthält. Darin findet man manchmal den schönsten Lohn für seine Mühen, manchmal aber auch Dramen oder Schmerzen, für die es daraufhin erneut eine Lösung zu finden gilt.

Genau das musste ich mir einige Monate später angesichts der katastrophalen französischen Übersetzung des Buchs, das Brian Jones und ich auf Englisch geschrieben hatten, selbst vor Augen halten. Stümperhaft oder unsauber, jedenfalls unmöglich zu veröffentlichen. Meine Frau drängte mich dazu, alles neu zu schreiben. Ich weiß noch, dass wir uns deswegen sogar gestritten haben, weil ich meinte, einfach nicht die nötige Zeit dafür zu finden, nachdem ich durch die Vorträge und Feierlichkeiten im Anschluss an meinen Erfolg einfach völlig ausgelastet war. Um das Ganze noch etwas emotionaler zu gestalten, war sie bereit, einen Teil des Berichts zu transkribieren, den ich ihr unter Selbsthypnose erzählte. Schließlich, mit zwei Monaten Verspätung und neuem Text, erschien *Mit dem Wind um die Welt* zu Weihnachten in Frankreich ...

Am meisten berührt hat mich jedoch etwas anderes. Diese zwei Monate haben es mir ermöglicht, Michèle auf ganz persönliche Weise alle Einzelheiten meines Abenteuers zu erzählen. Und um keine Minute Zeit für das Schreiben zu verlieren, hat sie mich auf all meinen Reisen begleitet, sodass wir die Feierlichkeiten im Anschluss an die Weltumrundung gemeinsam erleben konnten. All das wäre sonst nie möglich gewesen.

Ja, die Geschenke des Lebens sind häufig in scheußliches Papier verpackt, und häufig hält man sie zunächst eher für eine Katastrophe als für eine Chance ... Unsere erste Reaktion, die uns weiterhin leiden lässt, wird immer sein, ewig um den Ausgangspunkt zu kreisen, statt zu sehen, was wir verändern können.

Wenn wir trotz allem bereit sind, das Päckchen zu öffnen,

ersetzen wir die quälende, aber unnütze Frage nach der Entstehung des Problems durch die Suche nach dem Sinn. Es ist, als hörten wir plötzlich auf, vor einer Pflanze zu knien, um ihre Wurzel zu ergründen, und richteten uns auf, um herauszufinden, welche Art von Blüte sie hervortreibt.

Aber Vorsicht! Dies gilt nur, wenn wir beachten, dass das Problem und das Geschenk, das sich daraus ergibt, sich nicht auf derselben Ebene befinden.

Natürlich ist der Tod eines nahen Menschen kein Segen, lediglich die Unabhängigkeit und die Kraft, die der Hinterbliebene daraus womöglich ziehen kann. Eine Scheidung kann nur konstruktiv sein, wenn die Exeheleute ihr Verhalten infrage stellen, um zukünftige Beziehungen anders leben zu können. Keine Krankheit, kein Unfall ist ein Geschenk, es sei denn, sie wecken mehr Weisheit oder Mitgefühl in uns.

Auch Pubertätskrisen sind keine Ausnahme von dieser Regel. Konflikte mit dem eigenen Kind sind nicht angenehm, aber wissen Sie, wozu sie nützlich sind? Sie verleihen dem Jugendlichen die Kraft und den Mut, seine Familie zu verlassen, um flügge zu werden. Vögel schubsen ihre Jungen aus dem Nest, um sie zum Fliegen zu zwingen. Eltern hingegen? Niemals! Dem Heranwachsenden bleibt also nichts anderes übrig, als unbewusst Konflikte zu schüren, um die Harmonie zu stören, die jede Trennung so schwer macht. Je besser der Familienzusammenhalt ist, desto unverständlicher sind solche Krisen manchmal für die Eltern, und desto länger dauert es, bis sie ausgestanden sind. Aber was wäre Ihnen lieber? Ein Kind, das abhängig von seinen Eltern zu Hause bleibt, oder eines, das dank der Autonomie, die Sie ihm ermöglicht haben, auf eigenen Füßen steht?

All das richtet sich natürlich an jeden Einzelnen unter uns, doch ich glaube, dass man dasselbe auch über soziale, politische oder humanitäre Krisen sagen kann. Auch aus ihnen lassen sich Lehren für Gemeinschaften, Gesellschaften und Regierungen ziehen.

Ein gutes Beispiel ist auch der Schweizer Wein. Gut geschützt durch Zollschranken, hatten die Winzer meines Heimatlandes jahrzehntelang keinen Grund, sich um die Qualität ihrer Produkte zu kümmern. Ihre Flaschen verkauften sich, weil es schwierig war, an Alternativen heranzukommen. Als die europäischen Grenzen geöffnet wurden, änderte sich die Lage. In Konkurrenz mit der gesamten Welt waren die Schweizer gezwungen, kontrollierte Herkunftsbezeichnungen einzuführen, wodurch ihre Weine so gut geworden sind, dass sie sich inzwischen problemlos verkaufen.

Als die Firma Caterpillar vom kalifornischen Gesetzgeber dazu verpflichtet wurde, den Kraftstoffverbrauch ihrer Maschinen zu senken, wurde dies zunächst als Krise aufgefasst. Bis der Anstieg des Ölpreises 2007/2008 der Firma einen wirtschaftlichen Vorteil gegenüber allen Konkurrenten verschaffte.

Firmen wie General Motors (die in dieser Zeit bankrottgegangen sind) und Kodak (einer Weltmarke, die vom Markt verschwunden ist, nachdem sie erfolglos versucht hatte, sich gegen die Digitalisierung der Fotografie zu wehren, statt die neue Technologie zu begrüßen) sind diese Lektionen offensichtlich entgangen.

Auch die großen Dramen der Weltgeschichte zeigen, wie Gelegenheiten entstehen. Denken Sie an die Situation in Tibet. Nie hätte der Buddhismus einen derartigen Aufschwung erlebt oder hätten seine spirituellen Werte auch in der westlichen Welt so viele Anhänger gefunden, wenn der Dalai Lama sich nicht aufgemacht hätte, um die Welt auf das Schicksal seines Landes aufmerksam zu machen.

Auf globaler Ebene geht es darum, neue Lösungen zu finden, neue Regeln zu etablieren: Respekt gegenüber Minderheiten, Toleranz gegenüber allen Religionen und Ethnien, soziale Gleichberechtigung, Eindämmung von Amtsmissbrauch, Abschaffung der Willkür etc. Ich stelle mir seit Langem – und bisher ergebnislos – die Frage, ob Gesellschaften sich wirklich als solche entwickeln oder ob die Entwicklung den einzelnen Menschen vorbehalten ist, die sie bilden. Europa hat zwar zum ersten Mal 70 Jahre Frieden erlebt, und man kann das durchaus den Lehren zuschreiben, die aus den Schrecken des Zweiten Weltkriegs gezogen wurden. Doch wie lange wird er noch andauern? Funktionieren das ehemalige Jugoslawien, Sierra Leone, Angola, Ruanda oder der Kongo jetzt besser, nachdem sie einen jahrzehntelangen Bürgerkrieg hinter sich haben? Gibt es Fortschritte, was die Menschenrechte anbelangt, und werden die Regierungen besser? Pessimisten denken, die einzige Lektion, die man aus der Vergangenheit ziehen könne, sei, dass man niemals aus der Vergangenheit lernen könne!

Das Leid annehmen?

Es gibt natürlich auch Krisen, die keinen Grund haben, für die es keine Erklärung gibt und die um nichts in der Welt hätten verhindert werden können. Bestimmte schicksalhafte Unfälle, der Tod eines Angehörigen, eine genetisch bedingte Krankheit etc. Doch das bedeutet keinesfalls, dass man keine Lehre daraus ziehen könnte. Ich werde im Kapitel zur Pädagogik der Schicksalsschläge ausführlich darauf zurückkommen, doch etwas Grundlegendes möchte ich bereits an dieser Stelle unterstreichen: Der verzweifelte Versuch, das ursprüngliche Gleichgewicht wiederherzustellen, obwohl es unmöglich ist, erzeugt das meiste Leid. Trotzdem tendieren wir dazu, beinahe systematisch auf diese Strategie zurückzugreifen. Aus Angst vor möglichem Leid leiden wir umso mehr. Die Weigerung, eine irreparable Situation zu ändern, richtet unsere Energie auf ein unerreichbares Ziel und verstärkt unsere Hoffnungslosigkeit. Genau dasselbe passiert bei krankhafter Trauer oder reaktiven Depressionen, bei denen ein Bruch in unserer Lebenssituation einen persönlichen Zusammenbruch nach sich zieht.

Es ist essenziell, das Leid anzunehmen, wenn man es nicht verhindern kann. Man sollte das Leid durchleben, statt sich darin zu suhlen, darin zu ertrinken. Alles, wogegen wir uns nicht mehr wehren, wogegen wir nicht mehr ankämpfen, nimmt weniger Platz in unserem Leben ein als umgekehrt.

Deshalb ist die wichtigste Fähigkeit, die man in solchen Fällen entwickeln kann, die zur Annahme. Um akzeptieren zu können, dass sich die Situation nicht rückgängig machen lässt, nicht wiedergutmachen lässt, dass man sich für den Rest seines Lebens damit abfinden muss: mit dem Verlust eines Kindes, einer Behinderung, einer Scheidung, einem Krieg, einer Naturkatastrophe, dem Exil. Man muss feststellen, dass der Wind des Lebens stärker ist als wir, dass er weht, wo und wie er will, häufig auf unvorhersehbare Art und Weise; dass das Leben womöglich einen versteckten Sinn hat und das Streben nach Erkenntnis Teil unseres neuen Lebens sein muss. Die Situationen, die wir nicht ändern können, haben die Kraft, uns zu verändern. Deshalb müssen große Krisen zu einer Änderung der philosophischen oder spirituellen Flughöhe führen.

Annahme ist ein Werkzeug, das uns die Türen der Zukunft öffnet. Grübelei schließt uns in der Vergangenheit ein. Und die Vergangenheit kann unglaublich viel Frust und Schuldgefühle wecken: »Wenn ich es anders gemacht hätte, wäre das Drama gar nicht erst entstanden.« Dieser Satz schwirrt einem im Kopf umher und lässt einen nicht los. Ja, es stimmt schon, aber ich habe es nicht anders gemacht, und das Drama ist nun einmal entstanden ...

Traurigkeit ist normal, Depressionen sind krankhaft. Der Schmerz gehört zum Leben dazu, aber die Angst vor diesem Schmerz verstärkt ihn nur.

Unsere Gesellschaft ist derart auf materielle Besitztümer fixiert, dass Gefühle, von denen wir uns nicht freikaufen können, Ohnmacht in uns hervorrufen. Das Ergebnis ist die Pathologisierung der Traurigkeit, als handele es sich dabei um eine Krankheit. Die wirksamsten Mittel und Wege finden sich heutzutage nicht mehr im Kreis der Familie oder Gemeinschaft, sondern im Medizinschränkchen. Ich finde, Trost sollte weiterhin ein menschlicher und kein therapeutischer Akt sein. Doch da wir nicht mehr dazu in der Lage sind, ist auf einmal der Psychiater gefragt.

Was können Sie zu jemandem sagen, der gerade etwas Schlimmes erlebt hat?

»Komm in meine Arme. Bei mir kannst du ruhig weinen. Danach ist immer noch genug Zeit für alles Weitere ... Lass erst mal deinen Tränen freien Lauf. Lass die Traurigkeit deinen ganzen Körper ausfüllen. Lass dich ganz auf sie ein ... und dann spürst du nach und nach, welche Kraft sie in dir wachsen lässt ...«

Natürlich sollten Sie das mit Ihren eigenen Worten sagen, nicht mit einer vorgefertigten Formel aus einem Buch!

Reden Sie nichts klein, versuchen Sie keine Gründe zu finden, um das Leiden zu schmälern, wie »Du hast Glück im Unglück gehabt« oder »Du hättest selbst dabei sterben können«. Räumen Sie dem Schmerz den größtmöglichen Platz ein. Mit dem Schmerz gehen, statt gegen ihn anzugehen, zumindest fürs Erste.

Was ist schlimmer als der Schmerz? Die Angst vor dem Schmerz. Deshalb sind wir so unbeholfen, wenn wir jemanden trösten wollen. Es ist diese Angst, der man den Schrecken nehmen muss, nicht dem Schmerz selbst.

Wir sollten also auf das Leid eingehen, indem wir ihm den Platz einräumen, den es braucht. Nur so können wir es verringern. Ich muss hinzufügen: »Gehen Sie darauf ein ... aber nur im Hier und Jetzt.« Man sollte wirklich um jeden Preis vermeiden, dieses aktuelle Leiden auf die Zukunft zu projizieren, denn dann läuft es Gefahr, sich zu verfestigen, chronisch zu werden: Nur weil die Gegenwart wehtut, muss die Zukunft ebenfalls mit diesem Schmerz verbunden sein.

Es gibt ein schönes chinesisches Sprichwort dafür: »Du kannst die Vögel des Unglücks nicht vom Fliegen abhalten, aber du kannst sie davon abhalten, ihr Nest in deinem Haar zu bauen.« Genau das ist es, woran man sich immer erinnern sollte, wenn man leidet, und was wir auch denen sagen sollten, die wir trösten wollen. Ich habe miterlebt, wie das Opfer eines schwerwiegenden Unfalls, querschnittsgelähmt, wieder angefangen hat zu arbeiten und die Invalidenrente abgelehnt hat, die andere schon wegen eines einfachen Beinbruchs in Anspruch nehmen …

Ist das eine Frage der Erziehung, der Persönlichkeit? Vielleicht, aber bestimmt nicht ausschließlich. Und es ist genau dieses »nicht ausschließlich«, dem ich mich in diesem Kapitel zu großen Teilen gewidmet habe. Möglich ist immer auch ein Lernen, eine Entwicklung, und eben die sollte man anstreben. Ohne sie bleiben wir am Boden, dem Wind des Lebens ausgesetzt, von jeder Sturmböe weiter geschwächt. Unsere Existenz verharrt auf Ebene 1 des Schemas (siehe S. 188) beziehungsweise sackt im Laufe der folgenden Schicksalsschläge immer weiter ab.

Es heißt, dass die Zeit alle Wunden heilt. Ja, im Laufe der Zeit verblassen die Erinnerungen, doch das reicht nicht aus. Möglicherweise können wir dadurch ein Gleichgewicht herstellen, das vergleichbar mit dem vorherigen Zustand ist, obwohl die Umstände anders sind. Wir finden eine andere Arbeit, einen anderen Ehepartner, ein anderes Haus. Manchmal müssen wir dafür kämpfen, manchmal gelingt es uns wie von allein. Doch wie bezeichnen wir nun den schraffierten Bereich der Grafik zwischen dem Bruch und dem neuen Gleichgewicht? Als unsinniges Leiden! Unsinnig, weil wir uns auf demselben Niveau wie zuvor befinden, ohne uns weiterentwickelt zu haben.

Wir sollten also zumindest versuchen, unserem Leiden einen

Sinn zu geben, uns von ihm dazu bringen zu lassen, unser weiteres Leben auf einer anderen Flughöhe zu verbringen.

So kann sich auch die Frage nach dem Sinn des Lebens und unseren Werten stellen. Wir sind gezwungen, unsere Gewohnheiten abzulegen, andere Dinge zu sehen als das Altbekannte, unsere Krücken wegzuwerfen und die Scheuklappen abzunehmen. Wenn ein Schicksalsschlag uns dies erkennen lässt, hat er uns bereits mehr gebracht als sinnloses Leiden.

GIBT ES EINE PÄDAGOGIK DER SCHICKSALSSCHLÄGE?

Wenn Krisen uns dazu zwingen, neue Fähigkeiten zu entwickeln, wie können diese aussehen, um uns die wirklich großen Dramen unserer Existenz durchstehen zu lassen? Meist reichen materielle und sogar psychologische Mittel nicht aus. Wenn wir unser Liebstes verlieren, gibt es ein Stadium, in dem einzig die Kraft unseres innersten Wesens und die Verbindung mit der Transzendenz uns noch aufrecht halten. Hin- und hergerissen zwischen unserer Verhaftung mit der Erde und der Anziehung des Himmels, zwischen Ablehnung und Annahme des Leidens, haben wir also die Möglichkeit, uns der spirituellen Dimension zu öffnen.

Das Leid – ein Tabu?

Gibt es etwas, was universeller und enger mit dem Menschsein verbunden ist als das Leid? Gibt es ein Thema, zu dem auf dem Gebiet der Religion, Philosophie, Literatur oder Medizin mehr Tinte geflossen ist und das eine ähnliche Vielzahl von Erklärungsversuchen hervorgerufen hat?

In allen Kosmologien der Geschichte und den unterschiedlichen Schulen der Medizin hofft der Mensch einerseits, das Leiden abschaffen, und andererseits, einen Sinn in diesem Leiden erkennen zu können. Diese beiden Wege konnten einander dank der engen Verknüpfung von Medizin und Religion lange Zeit ergänzen. Die Linderung des Leidens und seine symbolische Sinngebung waren vereint im heiligen Akt des Heilens.

Für Paracelsus galt vor 500 Jahren, dass der Arzt und die Medizin »nichts als Mitgefühl sind, das Gott denen zuwendet, die es brauchen«. Paracelsus verkörpert nun nicht gerade den Urtypus des leicht verständlichen Wissenschaftlers. Gehen wir also noch etwas weiter in der Geschichte zurück und wenden uns der unanfechtbaren Gestalt des Pythagoras zu: Er war der Ansicht, dass »eine Krankheit in gewissem Grad ein Problem der Disharmonie zwischen den irdischen Elementen des Menschen und dem Spirituellen« sei. Und Hippokrates, als Symbolfigur noch enger mit der medizinischen Welt verbunden, hat selbst an einer esoterischen Initiation durch einen Hohepriester teilgenommen.

Heutzutage muss jedoch wohl oder übel festgestellt werden, dass die Trennung von Wissenschaft und Glaube zwischen ihnen endgültig einen Spalt aufgerissen hat. Die Psychiaterin Mireille Mardon-Robinson geht sogar so weit, zu schreiben: »Der Psychiater war ursprünglich ein Seelenarzt, doch mit dem Aufkommen des Freudianismus hat er sich nach und nach vom Geist abgewandt, bis hin zur Leugnung seiner Evidenz, sodass sich in weniger als einem Jahrhundert eine atheistische, zutiefst materialistische Psychologie entwickelt hat.«

Seit mehreren Jahrzehnten investiert die westliche Medizin – unbestreitbar erfolgreich – ein Vermögen, um Mittel und Wege für die Früherkennung von Krankheiten und komplizierte Behandlungsmethoden zu ihrer *Heilung* zu entwickeln. Die Patienten, die zum Arzt gehen, sind auf der Suche nach Linderung, wenn möglich nach Beseitigung ihres Problems, ihrer Krankheit – ihres Leidens. Die Ärzte sind immer besser ausgestattet, um auf diese Wünsche eingehen zu können, doch jedes Scheitern verdeutlicht nur umso grausamer die Grenzen des Rechts auf Gesundheit, das von der Weltgesundheitsorganisation (WHO) als umfassendes körperliches, seelisches und soziales Wohlbefinden definiert wird.

Das Leiden ist weiterhin Alleinherrscher in Gebieten, in

denen die Medizin noch immer machtlos ist, und die Zerbrechlichkeit des Wohlbefindens, wie auch der Existenz an sich, liegt weiterhin auf unbekanntem Terrain. Wir können uns ihm nähern, indem wir uns fragen, wie viel Platz das bedingungslose Streben nach einer vollständigen Heilung noch dem Leiden derjenigen einräumt, die nur teilweise – oder gar keine – Linderung erfahren haben. Werden sie nicht oft nur als lästige Zeugen empfunden, die die Wissenschaft zwingen, ihre Grenzen einzugestehen?

Der Psychiater Robert Steichen scheint davon überzeugt zu sein, schreibt er doch: »Die traditionellen Feinde der Mediziner sind der Schmerz, die Krankheit und der Tod. Ihr gesamtes diagnostisches und therapeutisches Handeln beruht auf der Annahme, jedes Leiden sei ein unerwünschter Zustand der Unordnung, der in einer möglichst kurzen Zeitspanne eliminiert werden sollte.«

Wenn man unsere heutige Welt einmal betrachtet, haben wir allen Grund zu der Annahme, dass Therapeuten genauso viel Angst vor dem Leiden haben wie ihre Patienten.

Weitab von der Linderung des Leidens und der unmittelbaren Heilung gewähren Religionen und Philosophien ihrerseits unzähligen kranken oder unglücklichen Menschen Zuflucht, und ihr Stellenwert ist hoch, auch wenn ihre Verbindung zur Medizin hauchdünn ist. Simone Weil verdeutlicht diesen Zwiespalt sehr gut, wenn sie feststellt, das Christentum mache es sich nicht zum Ziel, das Leiden zu beheben, sondern ihm einen Sinn zu geben. In den jüdisch-christlichen Religionen gibt es zweifellos eine Pädagogik der Schicksalsschläge, die auf dem Weg der spirituellen Entwicklung sogar notwendigerweise durchlaufen werden muss. Dieser Glaubensakt ist zwar nicht beweisbar, doch er hat in unserer Gesellschaft einen hohen Stellenwert.

Zwischen diesen beiden Extremen befinden sich jedoch die Kranken, Verletzten, Traumatisierten, kurz: »Patienten« im etymologischen Sinne – Leidende. Ihre Situation wollte ich in meiner Doktorarbeit beleuchten. Und zwar nicht im Hinblick auf ihre äußere und aktive Hinwendung zur Medizin oder Philosophie, um Linderung oder einen Sinn für ihr Leiden zu finden, sondern im Gegenteil, indem ich ihnen das Wort überließ, damit sie selbst eine Erklärung für ihre innere und persönliche Entwicklung durch Schicksalsschläge finden konnten. Und vor allem, indem ich untersuchte, wie sie selbst das Erlebte empfanden und welchen Nutzen sie daraus für ihre Zukunft zogen.

Es erschien mir wesentlich, zu untersuchen, ob es den Patienten gelungen war, außerhalb eines therapeutischen Rahmens selbst Wege zu finden, ihren Schmerz zu lindern, und in welchem Maße diese Mechanismen individuell sind oder sich womöglich verallgemeinernd auch auf andere übertragen lassen.

Haben Patienten eigentlich Erwartungen oder Fragen philosophischer und spiritueller Natur, wenn sie einen Arzt aufsuchen, oder haben sie sie eher, wenn sie sich gegen einen Arztbesuch entscheiden? Kann eine spirituelle Suche oder eine Sinnsuche überhaupt die Grundlage für die Konsultation eines Arztes bilden?

Kann man nicht sogar noch weiter gehen und sich die Frage stellen, ob die Patienten nicht parallel zum Aufsuchen eines Arztes bereits damit begonnen haben, für sich selbst einen Sinn in ihrem Leiden zu suchen, indem sie es als grundlegenden Teil ihres Schicksals betrachten? Und wenn sich diese Hypothese beweisen ließe, wäre es dann möglich, das Leiden oder die Prüfungen des Lebens als Etappen zu sehen, durch die unsere Persönlichkeit reifen und wachsen kann?

Es war also nötig, sich dem Bereich der irrationalen Annahmen sowohl der Patienten als auch der Behandelnden zu öffnen, vor allem aber auch der Frage nach dem Einfluss ihrer tiefsten Überzeugungen. Es war ein Risiko, das ich einzugehen bereit war, selbst für eine wissenschaftliche Arbeit. Ich bin sogar der Ansicht, dass alle Ärzte dieses Risiko eingehen sollten, wenn sie ihre Chancen erhöhen wollen, die tatsächlichen Erwartungen ihrer Patienten zu erfüllen.

In unserer Gesellschaft, in der die Nachfrage nach Behandlung bei Weitem das Angebot der Therapeuten übersteigt, wird häufiger gefordert, dass der Patient sich dem System und den Werten seines Therapeuten anpasst, als umgekehrt. Wenn Sie nicht nachvollziehen können, wovon ich spreche, versuchen Sie beim nächsten Arztbesuch einmal, Ihre spirituelle Suche zur Sprache zu bringen, erklären Sie, dass Sie gleichzeitig von einem schamanischen Arzt betreut werden oder eine ergänzende homöopathische Behandlung wünschen ... Es ist eine bedauerliche Tatsache, dass der Patient sich in eine bestimmte Form pressen lassen muss, um die Ehre zu haben, zur Behandlung zugelassen zu werden, und dass man sich am Ende über die Vielzahl von therapeutischen Misserfolgen wundert.

Ich bin der Ansicht, der Arzt sollte sich geehrt fühlen, von einem Patienten ausgewählt worden zu sein, und er sollte sich die Mühe machen, die Weltsicht des Patienten zu verstehen, dem er helfen darf. Auch wenn es dem Arzt schwerfällt, sich die Überzeugungen des Patienten zu eigen zu machen, sollte er ihnen zumindest die Bedeutung einräumen, die sie verdienen, und sie nicht als unpassend abtun. Den philosophischen oder spirituellen Überzeugungen des Patienten Raum zu geben zwingt den Behandelnden sicherlich dazu, seinen gewohnten Referenzrahmen zu verlassen. Doch ermöglicht es ihm nicht auch ein vollständigeres Bild seines Patienten, und wird nicht gerade dadurch das therapeutische Bündnis gestärkt?

Eine Vertiefung des Dialogs erlaubt dem Patienten in jedem Fall, Themen anzuschneiden, »die man beim Arzt nicht anspricht«, und damit nach und nach S. Stephanos Lügen zu strafen, der dazu schreibt: »Die Traumatisierten sind dazu verdammt, Ausgestoßene unserer Gesellschaft zu sein.«

Sinn und Leid

Ein wichtiger Zweig der Komplementärmedizin, die Anthroposophie nach Rudolf Steiner, befasst sich seit Langem mit dem Sinn von Krankheiten. In diesem Bereich gibt es sogar ein Werk mit dem Titel *Krankheit als Segen*, in dem erklärt wird, dass »die zunehmende Entwicklung des Menschen im Bereich des Denkens und der Differenziertheit sein ursprüngliches Wahrnehmungsvermögen für suprasensorische Realitäten ersetzt«. Daraus ergäben sich »Prädispositionen«, das heißt Deformationen, die ihre Wurzeln im Seelenleben hätten und eine Stagnation der menschlichen Evolution nach sich zögen. Die unterschiedlichen Krankheiten würden die Auflösung all dieser individuellen Prädispositionen ermöglichen, um die Beziehung zwischen dem Menschen und seinem kosmischen Ursprung wiederherzustellen. »Die Krankheit, so paradox es auch erscheint, weiht die Menschheit und macht ihre Evolution möglich.«

Jung untermauert diesen Ansatz mit anderen Worten. Für ihn erschwert das ans materielle Leben gebundene Ich die Entfaltung des Selbst, des göttlichen Funkens im Menschen. Durch Schicksalsschläge könne dem Ich übel mitgespielt werden, was zu einer »Durchquerung der Wüste« führe, zu einer Depression oder sogar einer psychotischen Episode, die das Ich spalten könne. Nach der Krise könne es zu einer Umstrukturierung kommen, durch die der Schwerpunkt Richtung Selbst verschoben werde. Sie ermögliche eine spirituelle Transformation des gesamten Wesens, eine Art zweite Geburt. Das Ich ordne sich nun dem Selbst unter, statt es zu dominieren.

Es geht hier nicht darum, einen solchen Ansatz vollständig zu übernehmen oder abzulehnen; vielmehr will ich hervorheben, dass der Gedanke, Leid oder Krankheit hätten einen Nutzen – der Glaube an eine Pädagogik der Schicksalsschläge –, in der Medizin durchaus vorkommt. Leider findet er in den wissenschaftlichen Forschungsprotokollen und der alltäglichen Praxis viel zu selten Erwähnung und Anwendung.

Umso interessanter sind also zwei deutsche Studien, die mit einer Gruppe von Patientinnen mit gynäkologischen Krebserkrankungen durchgeführt wurden.

In der ersten Studie fragten die Autoren 30 Kranke, wie ihre Krebserkrankung ihr Leben verändert habe. Die meisten Antworten beinhalteten den Gedanken, der Tumor sei eine Art Botschaft, die sie dazu gebracht hätte, ihren Lebensstil zu überdenken. Während sich manche Überlegungen auf eine sehr praktische Ebene und die Organisation des Alltags beschränkten, beschäftigten sich andere auf einmal mit Religion und Transzendenz, bis hin zur Neuausrichtung ihrer gesamten Weltanschauung. Mehr als die Hälfte der Patientinnen gab an, diese Änderungen in ihrem Leben wären niemals möglich gewesen, wenn nicht der Krebs sie dazu gezwungen hätte.

Ein anderer Forscher ermittelte anhand eines Fragebogens das psychologische Profil von 80 Kranken. Die letzte Frage war folgendermaßen formuliert: »Hatte der Krebs in irgendeiner Form einen positiven Einfluss auf Ihr Leben oder Ihr Lebensgefühl? Wenn ja, welchen?«

Etwa die Hälfte aller Erkrankten stimmte zu und nannte als grundlegende positive Veränderungen ein intensiveres und bewussteres Leben, mehr Verständnis für Mitmenschen, eine bessere Beziehung zum Partner und eine verstärkte innerliche wie auch soziale Selbstentfaltung.

Leider gibt es nur wenige Untersuchungen dieser Art, doch die existierenden bezeugen größtenteils, dass Patienten das Bedürfnis haben, in ihrem Schicksalsschlag einen Sinn zu erkennen. Sie zeigen, dass diejenigen ihre Traumata am leichtesten überwinden, die einen Sinn darin erkannt oder aber andere positive Konsequenzen daraus gezogen haben.

Menschen mit schweren Verbrennungen oder Lähmungen waren überzeugt, ihr Trauma sei eine Prüfung gewesen, die sie bestanden hätten und aus der sie gestärkt hervorgegangen seien, um ihr Leben weiterzuführen. Diese Art von Schicksalsschlag kann zur Entwicklung einer größeren Selbstbewusstheit *(self awareness)*, einem Wandel des Wertesystems und einem größeren Verständnis für Mitmenschen führen.

Im Rahmen einer anderen Studie berichten weibliche Opfer familiären Missbrauchs, sie könnten in ihrem Trauma einen Sinn erkennen und teilweise sogar positive Konsequenzen daraus ziehen, die sie ohne das Trauma womöglich vernachlässigt hätten: eine gesteigerte Empathiefähigkeit, die Entwicklung einer größeren inneren Stärke, die ihnen in ihrem Erwachsenenleben helfe und ihnen Vertrauen in ihre Fähigkeiten gebe, zukünftige Probleme zu bewältigen, bis hin zu einer neu entdeckten spirituellen Lebenssicht, die anders nicht möglich gewesen sei.

Ich erinnere mich, im Laufe meiner Forschung einen an Multipler Sklerose Erkrankten getroffen zu haben, der seine Schwierigkeiten unbewusst mit einer Sklerose, also einem Erstarren, seines Lebens und seines Denkens in Verbindung brachte. Er war bereit, seine religiösen Ansichten zu verändern, weil ihm auf einmal das Sektierertum und die Engstirnigkeit seines bisherigen Lebens bewusst geworden war.

All das kann uns lehren, dass gerade das Leid den Menschen dazu zwingt, sein Leben wieder in die Hand zu nehmen und angesichts der Geschehnisse wieder vermehrt Verantwortung zu übernehmen, um bestimmten Elementen des Lebens ins Auge zu blicken, denen er bis dahin keine Beachtung geschenkt hatte.

Im Augenblick der Krise wird das zuvor existierende Gleichgewicht infrage gestellt, und sie dauert so lange an, bis es durch ein neues Gleichgewicht ersetzt wird. Es ist unsere Entscheidung, ob wir dieses neue Gleichgewicht auf demselben Niveau wie das alte errichten wollen oder auf einer anderen Flughöhe, tiefer oder höher. Wenn wir die Krise als Chance zur Entwicklung *be*greifen, versuchen wir, sie zu *er*greifen. Wenn nicht, stagnieren wir. Das Schlüsselwort ist also wie immer das Anzweifeln vorheriger Überzeugungen und Gewohnheiten.

Auf allgemeinerer Ebene kommt der Philosoph und Wissenschaftshistoriker Thomas Samuel Kuhn zu der Ansicht, Krisen seien für die Entwicklung der menschlichen Gesellschaft sowie wissenschaftlicher Erkenntnisse unabdingbar, da sie dazu führen, dass allgemeingültige Paradigmen gewechselt werden müssen. Doch unsere Überzeugungen infrage zu stellen ist niemals einfach, wie es auch der Psychiater Karl Abraham formuliert: »Es gibt Krisen, die uns erleuchten, Krisen, die uns anspornen, und Krisen, die uns erneuern. Natürlich gibt es auch Krisen, die uns erschüttern, und solche, die uns niederschmettern.«

Wir neigen dazu, den Gegensatz von Zusammenbruch und positiver Entwicklung erst im Nachhinein zu verstehen.

Unter diesem Gesichtspunkt können Schicksalsschläge, die häufig schwere Krisen auslösen, als Chance erlebt werden, neue innere Fähigkeiten auszubilden. Auch die Rolle der Depression im künstlerischen Prozess ist untersucht worden, wobei die Bedeutung von Trauer für das Aufkommen von Kreativität nachgewiesen wurde.

Die spontane persönliche Entwicklung, die von einer Krise in Gang gesetzt werden kann, ist umso wahrscheinlicher, je mehr das Umfeld der leidenden Person dabei hilft, einen Sinn in ihrem Leben zu erkennen. Dabei wird deutlich, dass die spirituelle Dimension heute nicht weniger tabuisiert wird als zu dem Zeitpunkt, als Jung und Freud nicht zuletzt aufgrund dieser Frage miteinander brachen.

Robert Steichen hat es sehr schön ausgedrückt: »Man kann also zu dem Schluss kommen, dass gewisse Formen des Leidens, das Mediziner bei ihren Patienten feststellen, nicht zwingend krankhaft sind, sondern trotz ihrer häufig beachtlichen Ausprägungen auch Indiz für eine normale und notwendige evolutionäre Krise sein können.«

Was lernen wir aus dem Leiden?

Vielleicht habe ich dieses Gebiet zum Thema meiner Doktorarbeit gemacht, weil ich selbst Angst vor den großen Leiden des Lebens hatte und das Bedürfnis verspürte, mich zu beruhigen, und zwar noch bevor das Konzept der Resilienz (seelische Widerstandsfähigkeit) von Boris Cyrulnik behandelt wurde. Dieser Ausdruck taucht daher im Folgenden nicht auf.

Ich musste Antworten auf drei wesentliche Fragen finden, die ich mir selbst stellte:

1. Gibt es eine Pädagogik der Schicksalsschläge, das heißt die Möglichkeit eines Reifungsprozesses, einer psychischen, sozialen oder spirituellen Entwicklung durch Krankheiten, Unfälle oder Prüfungen des Lebens?
2. Welche Rolle spielen Annahme und Aneignung des Leidens durch den Patienten für die Entwicklung seiner Gesundheit, welche Rolle hingegen eine ablehnende Haltung und ein Kampf gegen das Leiden?
3. Entwickeln Patienten mit traumatisierenden Erfahrungen ein philosophisches und spirituelles Bewusstsein oder Erwartungen in dieser Richtung, auf die Ärzte eingehen sollten?

Annäherung an das Wesentliche

Ich habe also rund 30 Personen mit dramatischen Erlebnissen gebeten, an meiner Studie teilzunehmen. Durch einen gemeinsam mit Kollegen erstellten Fragebogen konnte ich die Geschichten der Patienten aufnehmen.

Es ging darum, herauszufinden, in welchem Maße der Schicksalsschlag ihnen ungeahnte innere oder äußere Ressourcen offenbart und inwieweit diese Erfahrung ihre Sicht auf das Leben verändert hatte.

Eine große Anzahl meiner Probanden antwortete im Sinne einer Pädagogik der Schicksalsschläge und einer persönlichen Entwicklung, die durch eine Krankheit, einen Unfall oder ein Trauma ermöglicht wurde. Sie erzählten von plötzlich entdeckten Fähigkeiten, die ihnen bis dahin nicht bewusst gewesen waren. Sie erzählten von neuen Herangehensweisen an ihr Leben, von einem anderen Bewusstsein für das Leben an sich. Ihre Antworten sind also von ganz besonderer Bedeutung – als wäre ein Schwall neuen Lebens in das furchtbare und unterschätzte Feld des Leidens gefahren.

Ich kann nicht auf alle genannten Begriffe eingehen, möchte aufgrund meiner Erkenntnisse aber immer wiederkehrende Konzepte wie Liebe, Toleranz, Harmonie, Glaube, Spiritualität, tiefer Reichtum, Vertrauen, Religion, Ausgeglichenheit, Erkenntnis und Annahme näher erläutern.

So unglaublich es auch erscheinen mag: Die Mehrzahl der Probanden fühlte sich durch den Schicksalsschlag besser und sprach von ihrem Leiden, als sei es der Schlüssel zu einem befriedigenderen Leben mit größerer persönlicher und familiärer Erfüllung:

- Abgesehen vom Leiden hat das Drama, das wir erlebt haben, uns gestärkt, weil wir uns die Frage nach dem Sinn

unseres Lebens erneut stellen konnten und weil wir uns mehr spirituelle Fragen stellen konnten.
- Wir haben zwar nicht auf alles Antworten erhalten, aber wir haben es geschafft, die Fragen zu vertiefen.
- Wir haben endlich gespürt, dass das Leben einen tieferen, grundlegenderen Sinn hat, und dieses Gefühl hat uns getragen und weitergebracht.

Doch nach genauerer Betrachtung stellte ich mir beim Verfassen meiner Arbeit die Frage, was wohl diejenigen Patienten von alledem halten mochten, die ihr einziges Heil in der Ablehnung finden, weil sie sich durch Unfälle und Trauerfälle, durch Krankheiten und Depressionen vom Leben gebeutelt fühlen. Die Vorstellung einer individuellen Entwicklung durch das Leiden mag für manche moralisierend oder sogar anmaßend wirken. Als stünden auf einer Seite die »Guten«, die es verstanden haben, und auf der anderen Seite die »Schlechten«, die ihre Rettung haben vorbeiziehen lassen. Es liegt mir selbstverständlich fern, irgendeine Art von Werturteil zu fällen. Dennoch muss festgestellt werden, dass einige Menschen sich durch ihr Leiden entwickeln, während andere an ihm zerbrechen.

Um uns diesem Rätsel anzunähern, können wir feststellen, dass sich der Sinn eines Schicksalsschlags meist erst im Nachhinein offenbart und nicht währenddessen. Es muss also eine zeitliche Komponente miteinbezogen werden, um zu erkennen, dass die Personen, die in ihrer Verzweiflung verharren, einige Zeit später möglicherweise ähnliche Aussagen treffen wie die Probanden meiner Studie.

Wenn man am Boden zerstört ist, kann das Wissen, dass sich im Nachhinein womöglich doch noch ein Sinn offenbaren wird, sicherlich eine wertvolle Hilfe sein.

Eine andere Herangehensweise definiert Leiden als den stetigen, ja physisch oder psychisch krampfhaften Willen, sich gegen Veränderungen durch bestimmte Ereignisse im

Leben zu wehren. Trotzdem gibt es zwei Grundhaltungen gegenüber dem Schicksalsschlag: die Überzeugung, »aufgrund von« etwas zu leiden, mit dem daraus folgenden erbitterten Kampf gegen die Veränderung; und die Überzeugung, »für« etwas zu leiden. Die zusammengestellten Aussagen der Probanden sind im Sinne eines Leidens »für« etwas zu verstehen, also offen für Veränderung, für das Unbekannte und somit auch für die Möglichkeit zur Entwicklung.

Darauf zielte ich auch mit einer meiner Fragen bezüglich der Annahme im *Gegensatz* zur Ablehnung des Leidens ab. Es ist vorstellbar, dass die Probanden, die von einer Pädagogik der Schicksalsschläge berichten, ihr Leiden akzeptiert haben, und die anderen wiederum diejenigen sind, die dagegen ankämpfen. Ohne eine eindeutige Antwort darauf geben zu können lässt sich dennoch feststellen, dass die meisten Aussagen in ihrem Tonfall auf ein akzeptiertes Leiden hindeuten.

Auch der letzte Teil des Fragebogens untermauert diesen Gedanken. Es wurde nach einem Ratschlag gefragt, den der Patient jemandem geben würde, der eine ähnliche Belastung erlebt wie er selbst. Und hier lässt sich die Hälfte der Antworten zusammenfassen zu: »Akzeptieren Sie das Leiden, leben Sie es einfach, um es durchzustehen, und ziehen Sie jede nur mögliche Lehre und Bereicherung daraus.«

Bei genauerem Hinsehen waren die Antworten sogar interessanter, als ich ursprünglich erwartet hatte. Im Gegensatz zu der Art von Ratschlägen, die ich gerade erwähnt habe, war die andere Hälfte der Probanden der Ansicht, man solle keine Ratschläge geben, sondern dem Leidenden einfach zuhören und schweigend für ihn da sein. Wir können daraus eine Lektion der Demut ziehen, und vielleicht wäre dieser Ansatz auch für alle Behandelnden, die sich bemühen, ihre Patienten durch technische Erläuterungen oder intellektuelle Ratschläge zu beruhigen, der wirksamere.

Milton Erickson war davon bereits überzeugt, als er sich über Therapeuten beklagte, die dazu neigen, ihre Patienten zu beruhigen: »Sie versuchen, ihnen die Realität ihrer Symptome abzusprechen, statt diese Realität zu akzeptieren und damit zu arbeiten.« Der Psychoanalytiker und Hypnotherapeut François Roustang sagt über Erickson: »Er ist also kein naiver Optimist, wie man vielleicht glauben könnte – oder wenn doch, ein außerordentlich scharfsinniger Optimist –, wenn er als Arbeitsgrundlage annimmt, dass Menschen das Leiden brauchen. Sein Vorschlag ist, sich damit auseinanderzusetzen und es einzuordnen. Bei der ersten Begegnung mit dem Therapeuten ist ein Symptom gleichzeitig isoliert und erduldet; im Laufe der Behandlung geht es nicht darum, es zu beseitigen, sondern es in Relation zu setzen und seiner Herr zu werden. Das ist ein Aspekt der Technik des Reframing oder der Kontextänderung, die Erickson propagierte […]. Dem Symptom einen Kontext geben, der diesem per definitionem fehlt.«

Das Konzept des Reframing ist für die Fragestellung meiner Doktorarbeit von größter Bedeutung, denn sie bezieht sich auf die inneren Erkenntnisse der Leidenden. Die Berichte der Probanden weisen klar darauf hin, dass sich aus Schicksalsschlägen gelegentlich Fragen ethischer, philosophischer oder spiritueller Art entwickelten, die zuvor so nicht existiert hatten. Als wäre es den Probanden gelungen, ihr Leiden in einen neuen Kontext persönlicher Entwicklung einzuordnen. Es ist ihnen gewissermaßen selbst oder mithilfe von außen gelungen, ein Reframing nach Erickson durchzuführen.

Die Hypothese des Reframing ist verführerisch, da sie uns einen überaus nützlichen therapeutischen Hebel bietet, doch stellt sich weiterhin die Frage, warum sich die Kontextänderung auf philosophischer oder spiritueller Ebene vollzieht. Als gäbe der Weg, den unsere Patienten hinter sich gebracht haben, uns plötzlich Rätsel auf.

Wie wir weiter oben gesehen haben, ist es bei manchen Krisen relativ einfach oder zumindest möglich, das Werkzeug zu finden, das einem zuvor gefehlt hat, um wieder auf die Beine zu kommen und sich weiterzuentwickeln. Die Krise hat uns gezeigt, was wir an unserem Verhalten ändern müssen, wie wir unsere Beziehung zu anderen verbessern können und welche Fehler wir korrigieren sollten. Wenn wir in unsere Vergangenheit blicken, fällt uns häufig auf, dass einige der durchgemachten Krisen logische Folgen aus unseren Fehlern waren oder sich aus Dingen ergaben, die wir bis dahin noch nicht gelernt hatten.

Aber das ist nicht immer der Fall. Haben wir nicht manchmal den Eindruck, wir würden nicht einer Krise, sondern einer unüberwindlichen Prüfung gegenüberstehen? Dieses Gedankens konnte ich mich nicht erwehren, als ich miterleben musste, wie meine Cousine durch den Tsunami im Jahr 2004 zwei Kinder verlor. Als während eines Nachtdienstes ein vietnamesischer Flüchtling zu mir kam, von allen Verwandten getrennt, und mir unter Tränen die Narben zeigte, die seinen skelettartigen Körper überzogen. Als ich die nigerianische Tuareg mit ihrem Kind in den Armen sah, dessen Gesicht durch Noma zerfressen war. Oder die chinesische Frau, die beim Betteln ihr verbranntes Baby zeigte ... Ganz zu schweigen von der muslimischen Familie, die im Norden von Indien Opfer eines Pogroms geworden war, alles verloren hatte und seit dem Vortag im schlimmsten Slum von Mumbai Zuflucht gefunden hatte: Diese Menschen passten überhaupt nicht in das abstoßende Umfeld, in dem sie sich befanden. Als ich mich näherte, um herauszufinden, was sie dort taten, zupfte sich der Vater, der vor Schweiß triefend unter einer Plastikplane saß, mit einem letzten Aufbäumen seiner Würde sein Hemd zurecht. Ich werde den zutiefst hoffnungslosen Ausdruck in seinen geröteten Augen niemals vergessen.

Unser Menschenleben umfasst Zustände unbeschreiblichen Leids, in dem unser ganzes Wesen an den Rand der völligen Erschöpfung gerät, ohne sich dagegen wehren zu können. Als wäre die Ebene, auf der wir normalerweise funktionieren, untergegangen und würde uns nicht einmal mehr ansatzweise Erklärungen bieten. Als würden wir auf irdischer, stofflicher und konkreter Ebene nichts mehr verstehen. Weil sich die Fähigkeit oder das Werkzeug, das wir uns aneignen müssen, um uns zu entwickeln, auf einer anderen Flughöhe befindet, und wir unseren gesamten Ballast auf einmal abwerfen müssen, um diese Ebene zu erreichen.

Können wir uns die Frage nach dem Sinn unseres Lebens und der Schicksalsschläge stellen, die uns ereilen, ohne uns zwangsläufig zu fragen, ob wir wirklich alle Karten in der Hand halten? Spielen wir das Spiel unseres Lebens allein, oder wird die Partie von unsichtbaren Mitspielern beeinflusst? Diese Art von Fragen stellen wir uns nicht, solange es uns gut geht, doch das Leid löst sie aus und lässt sie quälend werden. Sie können uns zu der Schlussfolgerung drängen, wir könnten als Menschen nicht alles verstehen und müssten auf einem anderen Niveau nach Erklärungsansätzen suchen. Wenn man auf der irdischen Ebene nichts mehr von der Krise hat, muss man also sehen, was man auf einer höheren Ebene finden kann. Denn das Unfassbare kann im Rahmen unseres gewohnten Referenzsystems nicht erklärt werden. Wenn wir einen Zugang finden wollen, müssen wir uns anderen, ebenfalls unbeschreiblichen Ebenen wie der Religion oder der Spiritualität zuwenden.

Man sagt, ein zu starker Schmerz, sei er körperlich oder moralisch, zwinge uns dazu, unsere Alltagssorgen zu vergessen, damit wir uns aufs Wesentliche konzentrieren. Wenn wir diese Niveauänderung akzeptieren, scheint es möglich, uns von der Illusion eines irdischen Paradieses und des damit verbundenen Leids zu befreien und uns auf die Suche nach der Einheit zu begeben.

In diesem Zustand der Verzweiflung kann sich der Funke finden, der den Traumatisierten aus seiner Hoffnungslosigkeit rettet. Auf diesem Niveau wird ein Reframing möglich, und die Leidenden können daraus die nötigen Kräfte ziehen, um sich mit dem Schmerz auseinanderzusetzen und weiterzuleben.

So jedenfalls verstehe ich diesen Text von C. G. Jung:

Die Animaphänomene gehören zu jenen »Grenzerscheinungen«, die vorzugsweise in besondern psychischen Situationen auftreten. Solche Situationen sind stets gekennzeichnet durch ein mehr oder weniger plötzliches Zusammenbrechen einer Lebensform oder -lage, die zuvor die unerlässliche Bedingung oder Grundlage eines ganzen individuellen Lebenslaufes zu sein schien. Tritt eine derartige Katastrophe ein, so sind nicht nur alle Brücken nach rückwärts abgebrochen, sondern es scheint auch kein Weg weiterzuführen. Man steht vor einem hoffnungslos undurchdringlichen Dunkel, dessen abgründige Leere nun plötzlich ausgefüllt wird durch die sichtbare Vision oder fühlbare Gegenwart eines fremdartigen, aber hilfreichen Wesens, wie sich ja auch in lang dauernder großer Einsamkeit die Stille oder das Dunkel sichtbar, hörbar und fühlbar belebt und das eigene Unbekannte in unbekannter Gestalt an uns herantritt.

Könnte man die Frage andersherum angehen? Ist nicht die spirituelle Verbundenheit der Normalzustand? Oder genauer gesagt, sollte sie nicht der Normalzustand sein, für den der Mensch gemacht ist, den er aber verloren hat? Warum verloren? Ohne nun unbedingt auf das Konzept der Vertreibung aus dem Paradies durch unsere Erbsünde zurückzukommen, ist klar, dass das Streben nach irdischem Glück seit der Aufklärung zu unserem Recht geworden ist, als man sich offen von der Kirche und ihren Exzessen distanzierte. Seit diesem Augenblick haben wir uns von der Transzendenz entfernt, von der Wahrnehmung einer höheren, über uns hinausgehenden Welt. Wir wahren natürlich eine spirituelle Fassade, wir denken daran, Gutes zu tun und manchmal vor dem Schlafengehen zu beten. Wir haben die Idee der Spiritualität nicht vergessen, wir haben einfach nur die Verbindung verloren, das Bewusstsein, das uns mit dem Wesentlichen verbindet, um unserem Weg auf Erden einen Sinn zu verleihen.

Die Spiritualität gewinnt wieder an Bedeutung, wenn wir jede Hoffnung auf irdisches Glück verloren haben. Ich würde sogar noch weiter gehen. Solange wir mit materiellen Gütern versorgt und mit dem zufrieden sind, was wir besitzen, haben wir eigentlich keinen Grund, uns für etwas anderes zu interessieren. Erst wenn unser irdisches Glück uns nicht mehr erfüllt, müssen wir uns auf spiritueller Ebene Hilfe suchen.

Leonard Cohen deutet in seinem Lied »Suzanne« sogar an, dass wir uns ohne Leid niemals auf die Suche nach Gott begeben würden:

> *Jesus was a sailor*
> *When He walked upon the water [...]*
> *And when He knew for certain*
> *Only drowning men could see Him*
> *He said, ›All men will be sailors then*
> *Until the sea shall free them‹*

Wir sind Gefangene des Meeres, der Erde, des Stofflichen und des Leids, das sich daraus ergibt, und uns bleibt nichts anderes übrig, als den Weg des Heils einzuschlagen.

In einem alten Sprichwort der Sufis heißt es, dass Gott sich in den Trümmern des Herzens versteckt. Aber haben wir wirklich Lust, ihn dort zu suchen? Dennoch haben sich viele der Patienten, die an meiner Studie teilgenommen haben, ihm zugewandt.

Das Leiden, das die Krise mit sich bringt, befreit uns von überflüssigem Gewicht und zwingt uns somit, den Blick wieder aufs Wesentliche zu richten. Je ernster die Krise, desto deutlicher wird uns die Nichtigkeit dessen bewusst, was wir für wichtig hielten und woran wir uns geklammert haben. Ist der Tod also die höchste Form der Befreiung?

Das, wovon die Probanden meiner Studie unter den Stichworten »Spiritualität« und »Philosophie« berichteten, scheint mit Jungs »Anima« übereinzustimmen, die er als »schicksalskündend« und als »Archetypus der objektiven Seele, des kollektiven Unbewussten« beschreibt. Diese Ausdrücke beschreiben die Mehrzahl der in meiner Studie behandelten Schicksalsschläge sehr gut, und das Erscheinen der Anima veranschaulicht die in der Befragung erwähnte Entwicklung eines Vertrauens, einer inneren und spirituellen Ausgeglichenheit. Die Probanden sprechen nahezu geschlossen von einer Befreiung, einem Aufbruch zu einer neuen Lebensphase und einer neuen Erkenntnis über das Leben.

Nietzsche geht sogar noch weiter: »Die Zucht des Leidens, des großen Leidens – wisst ihr nicht, dass nur diese Zucht alle Erhöhungen des Menschen bisher geschaffen hat?«

Wenn das wahr ist, folgt daraus als logische Konsequenz: Können wir in unserem Leben wirklich frei und glücklich sein, wenn wir nicht bereit sind, eines Tages alles zu verlieren, was wir lieben?

Dachte Janis Joplin an all das, als sie in »Me and Bobby McGee« sang: »Freedom is just another word for nothing left to lose«?

Meist liegt es nicht in unserer Hand, über unser Glück zu bestimmen, ob es nun um die Gesundheit unseres Partners geht, lauernde Gefahren für unsere Kinder, eine drohende Naturkatastrophe oder die Möglichkeit einer sozialen Krise. Innerhalb von Sekunden und ohne Vorwarnung können wir von diesen Dingen überwältigt werden.

Die natürliche Reaktion darauf wäre, die drohende Gefahr zu ignorieren und gegen die Angst anzukämpfen, indem wir unsere Gedanken in einer Art Tunnelblick auf unser unmittelbar alltägliches Leben richten.

Die andere Möglichkeit, aus einem entgegengesetzten Blickwinkel betrachtet, wäre das Eingeständnis, dass im Leben Schlimmes passieren kann, in der Hoffnung, dass diese

Erkenntnis eine Energie in uns freisetzt, die stärker ist als alle Bedrohungen von außen. Denn dann können wir unser Streben nach Glück auf eine völlig andere Ebene verlagern.

Betrachten wir die Geschichte von Hiob im Alten Testament einmal eingehender. Dieser fromme, reiche und glückliche Mann wird vom Teufel beschuldigt, er hätte lediglich eine so gute Verbindung zu Gott, weil er wunschlos glücklich sei. Gott nimmt ihm also nach und nach alles Gute in seinem Leben, bis er körperlich und moralisch am Ende ist. Seine Kinder sind tot, sein Reichtum ist verloren und sein Körper eine einzige klaffende Wunde. Trotzdem weigert er sich, Gott zu verfluchen, er sagt sich niemals von seinem Glauben los und beweist damit eine selbstlose und wahrhaftige Liebe.

Trotz allem will Hiob seine Unschuld beweisen und wendet sich an Gott. Er ist überzeugt davon, dass er sich nichts vorzuwerfen hat, doch kann ihn dieses Wissen nicht trösten. Am Ende einer langen Klage gibt er zu, dass Gott sich auf einer anderen Ebene als die Menschen befindet und es daher unmöglich sei, seine Absichten zu ergründen. Daraufhin schenkt Gott Hiob mehr, als er ihm zuvor genommen hatte. »Und was du zuerst wenig gehabt hast, wird hernach gar sehr zunehmen«, weissagt ihm ein Freund. Als läge das Unglück weniger in der göttlichen Strafe selbst, sondern in der Notwendigkeit des Bewusstwerdens.

Einer meiner besten Freunde, der fast wie ein Bruder für mich ist, hat mir geschworen, sich umzubringen, wenn seiner Frau und seinen Kindern etwas zustößt. Möge er diesen Teil meines Buches lesen und verstehen …

Psychiatrie und Religion

Einige Psychiater haben versucht, religiöse Konzepte mit der Psychologie zu verbinden, allerdings ohne sich primär darauf zu konzentrieren, das Leiden zu beenden.

Der erste, Pierre Janet, war in seiner Studie mit mehreren Fällen psychasthenischer Patienten für einen spirituellen Ansatz offen. Unter dem unmissverständlichen Titel *Von der Angst zur Ekstase* zeigt er, wie Vorgeschichten von körperlichem und psychischem Schmerz intensive spirituelle Lebenserfahrungen ausgelöst und der Ekstase gewissermaßen den Weg geebnet haben. Für ihn »gehen Ekstasen häufig depressive Phasen der Schwermut und der Leere voraus«, und »je bedeutsamer das Leiden war, desto tiefer die Ekstase«. Madeleine, die acht Jahre lang bei ihm in Behandlung war, fügt hinzu: »Wenn ich viel gelitten habe, hört der Schmerz plötzlich auf, und je mehr ich gelitten habe, desto besser geht es mir. Alles ist Zunder für das köstliche Feuer, das mich verbrennt, sogar das Leid, alles ist eine Stufe zum Himmel.« Und weiter: »Wenn die Heilung ein Segen ist, dann ist ein Ertragen, ein Sichabfinden mit dem Leid ebenfalls ein Segen.« Janet bemerkte, dass nach jeder ekstatischen Phase immer längere Phasen folgten, in denen die Symptome zurückgingen, bis Madeleine die Psychiatrie schließlich verlassen konnte.

Man spürt, dass Janet zwischen mehreren Denkansätzen hin- und hergerissen ist. Einerseits zeigt er, dass »ein große Anzahl zwanghafter Patienten sich voller Liebe der Göttlichkeit hingibt und Kraft zieht aus der Betrachtung einer Marienstatue oder dem Gedanken an einen barmherzigen Gott, der die kleinen Seelen um sich schart«; andererseits ist er der Ansicht, man müsse »verhindern, die Betrachtung zu sehr auf religiöse Asketen zu beschränken und das psychologische Problem durch religiöse Diskussionen zu verschleiern«.

Der Philosoph und Romancier George Fonsegrive sagt angesichts der damals fruchtbaren Diskussion zu unserem Thema: »Die mystische Erfahrung bringt den Heiligen Freude, der Mystizismus der Verrückten hingegen ist traurig; die eine beflügelt, der andere deprimiert, beides ist nicht zu verwechseln.«

Maxime de Montmorand findet eine noch einfachere Erklärung für die Psyche des Mystikers: »Gott macht die Seele benommen, um ihr die wahre Weisheit besser einflößen zu können.«

Der Psychiater J. W. Perry hat sich damit beschäftigt, die Gedanken von an Schizophrenie Erkrankten zu entschlüsseln. Bei seinen Untersuchungen hat er psychotische Dekompensation als Möglichkeit zur spirituellen Entwicklung des Menschen betrachtet. Diese Episoden sind seiner Ansicht nach notwendige Turbulenzen auf dem Weg zu einer besseren Kenntnis seiner selbst und zu einem intensiveren Gefühlsleben.

In einem aktuelleren Werk von Mireille Mardon-Robinson, das sie gemeinsam mit einem Mönch geschrieben hat, werden die körperlichen und psychischen Krankheiten mehrerer großer Mystiker der Kirche untersucht, um zu dem Schluss zu kommen: »Jede Krankheit hat einen Sinn und schreibt sich in die spirituelle Geschichte der Person ein [...] Wir müssen herausfinden, welche positiven Seiten sie umfasst, worauf sie hindeutet, welche tiefer liegenden Probleme sie ausdrückt. Wir können uns niemals sicher sein, dass eine nervöse Depression von Gott gewollt ist. Trotzdem hilft er uns dabei, mit ihr zu leben, sie durchzuhalten, in ihr einen tieferen Sinn zu entdecken, den Sinn des Lebens überhaupt herauszufinden. Die Krankheit ist immer eine Offenbarerin und lässt uns in diesem Sinne wachsen.«

Zuvor hatte Mardon-Robinson bereits Zusammenhänge zwischen melancholischer Depression und der »Nacht der Sinne« erforscht, ein Ausdruck für die größte Prüfung der großen Mystiker. Wenn man dies auf das Leben eines jeden von uns übertrage, fügt sie hinzu, könnten Trauer, körperliches Leiden, gescheiterte Liebesbeziehungen, Haftstrafen, berufliche oder familiäre Probleme ebenfalls als Hauch von »spiritueller Nacht« betrachtet werden, je nachdem, wie sie erlebt würden. »Psychische Störungen können also als das Produkt einer Disharmonie angesehen werden, als ein permanenter Konflikt zwischen Altruismus, der versucht, das Ich in eine dynamische Liebesbeziehung zu anderen und zu Gott zu bringen, und Abschottung (ein Selbstschutzmechanismus, der den Menschen im stofflichen Leben verankert).«

Die Kluft zwischen Psychiatern und Patienten

Zu diesem Zeitpunkt können wir uns bereits fragen, wie die kolossale Kluft zwischen all diesen Berichten und der Praxis moderner Psychiater entstehen konnte. Mit anderen Worten: Wir fragen uns zu Recht, ob Psychiater überhaupt dieselbe Sprache sprechen wie ihre Patienten. Ein Großteil meiner Probanden hatte ein Interesse für spirituelle und philosophische Fragen entwickelt, mit denen Ärzte nicht gerade täglich zu tun haben. Warum? Weil Gegenstand dieser Studie nur eine unendlich kleine Randgruppe der Bevölkerung war, die vom Titel meiner Doktorarbeit angezogen wurde? Oder verbergen Patienten ein solches Interesse, weil sie das Gefühl haben, es ihrem Therapeuten nicht anvertrauen zu können?

Stellen wir uns die Frage einmal anders, um einen Erklärungsansatz zu finden: Sind Psychiater dazu ausgebildet, den philosophischen Interessen oder dem spirituellen Leben ihrer Patienten genügend Raum zu lassen? Dies können wir mit einem klaren Nein beantworten, da dieser Bereich im Lehrplan der westlichen Universitäten nicht vorkommt.

Man muss natürlich zugeben, dass religiöse Fragen der

Patienten häufig in Form von Wahnvorstellungen während psychotischer Episoden auftreten. Doch auf diese Art und Weise zu verallgemeinern und diese Diskursform lediglich psychisch Kranken zuzuschreiben würde bedeuten, das Kind mit dem Bade auszuschütten.

Ich erinnere mich noch an einen Nachtdienst als junger Medizinstudent. Eine etwa 40-jährige Frau hatte gerade einen Selbstmordversuch unternommen. Bei der Anamnese schien mir nur eine Sache von Belang zu sein: Sie stellte sich seit Langem die Frage nach dem Sinn des Lebens und hatte keine Antwort darauf gefunden. Also hatte sie verzweifelt Medikamente geschluckt. Als ich mit dem Oberarzt darüber sprach, antwortete er, ohne zu zögern: »Die Frau ist schizophren. Nur Schizophrene stellen sich solche Fragen.«

Ich spürte, wie ich innerlich zu kochen begann. Ich blickte ihm direkt in die Augen und entgegnete: »Dann muss ich wohl auch schizophren sein!«

Wütend ging ich nach Hause.

In der nächsten Psychiatrievorlesung im Audimax hob ich die Hand und fragte: »Wir lernen viel über Psychologie, aber was tun wir, wenn wir einem Patienten gegenüberstehen, der sich die Frage stellt, wieso er am Leben ist und was er hier auf der Erde macht?«

Der Professor antwortete wie aus der Pistole geschossen: »Hier bei uns bekommen Sie die Mittel an die Hand, um Psychiater zu werden, nicht Pfarrer oder Pastor! Sie werden dazu ausgebildet, sich mit der Psyche des Menschen zu beschäftigen und nicht mit seinem Glauben!«

Doch auch Pfarrer und Pastoren sind meiner Beobachtung nach hilflos angesichts des Leidens und der Sinnsuche. Deshalb habe ich versucht, mich direkt mit den Gedanken von Patienten zu beschäftigen, die großes Leid erlebt haben. Ihre Antworten waren eine Offenbarung für mich, und ich hoffe, das ist auch bei Ihnen der Fall.

Wir sollten dabei nicht vergessen, dass Psychiater es per

definitionem mit psychisch Kranken zu tun haben, deren Erkrankung sich häufig gerade durch den Aufbau gewisser Schutzmechanismen gegen das Leid ausdrückt. Indem wir eine Studie mit nicht psychisch kranken Probanden durchgeführt haben, sind wir zwangsläufig auf andere Formen der Reaktion gestoßen. Statt dem Leid auszuweichen, haben unsere Probanden in der Spiritualität einen Weg zur Transzendenz und somit eine Möglichkeit zur Annahme des Leidens gefunden. Oder anders gesagt: Man könnte psychische Abwehrmechanismen als Versuch verstehen, das Leiden zu vermeiden, und den spirituellen Erkenntnisprozess als eine Form des Akzeptierens.

Auf jeden Fall stand ich in direktem Kontakt mit einer gewissen Anzahl von Probanden, für die Schicksalsschläge ein wichtiger Katalysator der persönlichen und spirituellen Entwicklung waren. Die Ergebnisse deuten also darauf hin, dass eine Pädagogik der Schicksalsschläge ebenso wie eine spirituelle und philosophische Reaktion der Probanden auf diese Prüfungen des Lebens tatsächlich existiert. Und wenn meine Universität schon nicht von selbst auf dieses Thema gekommen ist, so hat sie mir doch immerhin einen akademischen Preis für meine Doktorarbeit verliehen!

Es ist interessant, in dieser Hinsicht Studien zur Anthropologie der Medizin zu betrachten, die zeigen, dass es die Kluft zwischen Kosmologie und Therapie im Bereich der traditionellen chinesischen, indischen, indianischen und sogar der westlichen Medizin (Paracelsus) nicht gab. Auch die Probanden meiner Studie machten keinen Unterschied zwischen ihren spirituellen und therapeutischen Erwartungen. Sie sprachen nicht davon, gezielt diese oder jene Art Mediziner aufgesucht zu haben, und die meisten gaben sogar an, schulmedizinische statt alternativer Ärzte aufgesucht zu haben. Trotzdem scheinen die Universitätsmediziner leider, und sei es unabsichtlich, den Graben zwischen Therapie und Spiritualität aufrechtzuerhalten, indem sie Erstere für sich beanspruchen und Zweitere den alternativen Ärzten überlassen.

Eine größere Offenheit gegenüber den irrationalen Sorgen ihrer Patienten würde sicherlich gleichzeitig die Compliance und den therapeutischen Dialog wie auch das Bild der akademischen Medizin verbessern. Ansonsten riskieren wir, dass die Patienten ihren Ärzten davonziehen. Sie warten nicht darauf, dass ihr Therapeut auf die Idee kommt, sondern beschäftigen sich selbst mit Yoga und Meditation, was im Orient seit Anbeginn der Zeit empfohlen wird. Mehrere Probanden sprachen in ihren Berichten sogar konkret von diesen Praktiken.

Es ist, als liege in unserer westlichen Welt ein Bann auf der Beschäftigung mit Spiritualität oder Religion. Wir könnten uns sogar fragen, ob hier nicht ein Tabu vorliegt, das uns davon abhält, im Unglück auch etwas Gutes zu sehen. Das würde auch erklären, warum zu diesem Thema erst so wenig geforscht wurde. Wir ignorieren den göttlichen Bereich der Medizin, in dem von einer erlösenden Wirkung der Krankheit, des Leids und der Schicksalsschläge die Rede ist. Die meisten Vertreter traditioneller Medizin haben sich von dieser Dimension nie abgewandt. Ist es nicht an der Zeit für unsere westliche Medizin, angesichts des unbestreitbaren Erfolgs wieder dorthin zurückzufinden?

RELIGION ODER SPIRITUALITÄT?

Zwischen Behauptungen und Fragen ohne Antwort, zwischen Dogmen und Häresie verwechseln wir häufig Religion und Spiritualität. Alles, was in unserer stofflichen Welt auftritt und geschaffen wird, kann nur in einer dualistischen Form existieren. Nichts kann ohne sein Gegenteil bestehen. Wenn wir Gott eine menschliche Gestalt verleihen oder ihn in Worte fassen wollen, führt das zwangsläufig dazu, dass wir ihn auf diese dualistische Ebene herunterziehen, statt den Menschen zu erlauben, sich zur Einheit zu erheben. Das Ziel sollte sein zu verstehen, wie sehr wir uns tagtäglich von unserer Welt entfremden, und Abstand von dieser Dualität zu nehmen, um zu einem Zustand spiritueller Gnade zurückzufinden. Rituale können uns dabei besser den Weg weisen als Dogmen. Und wer überzeugt ist, die Lösung zu besitzen, ist entweder ein Schamane oder ein Hochstapler ...

Der Wunsch nach Erkenntnis

Schon als Kind war ich immer von dem Wunsch nach Erkenntnis getrieben, von dem Wunsch, Antworten auf die Frage nach dem Sinn des Lebens, des Todes, des Glücks und des Leids zu finden. Meine Mutter, Tochter eines protestantischen Pastors, den ich leider nie kennengelernt habe, hat mich – bis zu ihrem viel zu frühen Tod durch eine schlecht behandelte Krebserkrankung – bei meiner Suche begleitet.

Als ich noch klein war, habe ich sie gebeten, mich nach dem Abendessen in die Berge oder in den Wald mitzunehmen. Während dieser kostbaren Augenblicke, die zu den wichtigsten meines Lebens gehören, haben wir über alle möglichen philosophischen, religiösen und spirituellen Themen gesprochen. Ich bombardierte sie mit Fragen, und sie versuchte, sie mit bedingungsloser Ehrlichkeit zu beantworten, ohne mir ihre eigenen Fragen vorzuenthalten und ohne jemals festgefügte Theorien zu äußern. Sie erzählte mir auch von den Seminaren eines Gurus, den ich sogar ein paar Mal treffen durfte. Sie hat mich zu Vorträgen und Kursen zur Persönlichkeitsentwicklung mitgenommen. Da waren wir dann nicht mehr Mutter und Sohn, sondern einfach zwei Seelen auf der Suche nach Erkenntnis.

Ich fühlte mich bereits damals wie ein Forscher. Mein Ziel war nicht, Antworten zu finden und mich zu vergewissern, sondern Fährten und Konzepte zu entdecken, von denen ich gelesen hatte, und sie in meinem Alltag umzusetzen. Dafür musste ich bereit sein, Phasen des Zweifels durchzustehen. Meine Mutter und ich hatten oft das Gefühl, endlich etwas zu begreifen, nur um aus dem nächsten Vortrag oder dem nächsten Seminar wieder mit neuen Fragezeichen hinauszugehen. Dann lächelten wir uns einfach ermutigend an und machten weiter. Damals habe ich vermutlich gelernt, Zweifel und Ungewissheit auszuhalten und die spirituelle Suche als ein Bedürfnis anzusehen, die unterschiedlichsten Ansätze unter einen Hut zu bringen und mich nie an einem einzelnen festzuklammern.

Wir saßen gern im Wohnzimmer zusammen, tranken Kaffee und vertieften uns in stundenlange Gespräche. Ich erzählte ihr von dem Unterricht, den ich bei Anhängern von Georges Gurdjieff belegte. Uns fielen Parallelen zu Vorträgen zur Astrologie oder den Rosenkreuzern auf. Mir war ein Plakat zur Wiedergeburt ins Auge gestochen, und plötzlich fanden meine Mutter und ich uns bei den Rosenkreuzern wieder, Anhängern eines esoterischen Christentums, das der ursprünglichen Botschaft Jesu viel nähersteht als die heutige Kirche. Ich verpasste dadurch zwar häufig meine Nachmittagskurse an der Uni, hatte jedoch das Gefühl, dort Wesentlicheres zu lernen und meinen Wissensdurst besser stillen zu können als an der Universität.

Zu viele Dogmen

Ich bin protestantisch erzogen worden. Bis zur Konfirmation habe ich den Katechismus befolgt. Ich habe mich mit diesem Glaubensansatz niemals wohlgefühlt, kam er mir doch zu engstirnig, zu starr vor. Ich bewunderte den Mut der Reformatoren vor 500 Jahren, doch ich konnte mir ihre Auffassung von der Beziehung zwischen Gott und Mensch einfach nicht zu eigen machen. Wenn man mich nach meiner Konfession fragte, konnte ich keine ehrliche Antwort geben. Ich sagte stets: »Christlich.« Doch auch das Christentum, so, wie man es mir beibrachte, entsprach nicht meinen Erwartungen.

Ich weiß nicht, wie es Ihnen geht, aber die Religion als Ganzes, ob christlich oder nicht, konnte mir auf meine Fragen keine Antworten liefern. Oder vielmehr: Sie lieferte mir Antworten, viele sogar, aber sie waren starr und festgefügt und passten nicht zu meinen Fragen. Ich erlaubte mir nicht, den Gehalt dieser Antworten zu bewerten, sagte mir aber: Wenn sie wahr wären, gäbe es weniger Depressionen und Angst in unserer Gesellschaft. Als ich feststellte, dass die Kirchenbänke zunehmend spärlich besetzt waren, kam ich zu dem Schluss, wohl nicht der einzige Enttäuschte zu sein … Schon damals fiel mir die Kluft zwischen denen auf, die offizielle Erklärungen klaglos akzeptieren, und denen, die verstehen müssen, um glauben zu können.

Ich versuchte zu verstehen, wie man Zutritt zu einer besseren Welt erlangt, und man erzählte mir von einem Gott mit menschlichem Gesicht, menschlichen Gefühlen und Absichten … Ich wollte das Gute und das Böse verstehen, das Leben und den Tod, und ich hörte, dass der Tod nicht existiere, weil die Liebe Gottes zu den Menschen den Tod überdauere und die Auferstehung am Tag des Jüngsten Gerichts uns allen erlaube weiterzuleben. Dabei beobachtete ich doch weiterhin das Leiden um mich herum und die Tränen derer, die einen nahestehenden Menschen verloren hatten ...

Ich wollte wissen, wie man den Geheimnissen des Lebens auf die Spur kommt, und man zeichnete mir das Bild eines Gottes, das ich aus meiner Sicht als Erdbewohner erfassen konnte. Man erzählte mir von seinem Willen, seiner Herrlichkeit, seiner Liebe, von all den Worten mit menschlicher Bedeutung. Von all den Worten, die überall auf der Welt unterschiedlich verstanden werden und in deren Namen die schlimmsten Verbrechen begangen werden.

Ich habe mir immer gesagt, wenn man es schaffen würde, das Wesen Gottes zu begreifen, dann könne es nicht Gott sein. Ansonsten würde es bedeuten, dass wir bereits unseren Normalzustand hinter uns gelassen haben müssten, um uns auf sein Niveau zu begeben ... Der erste Vers des *Tao Te King*, des Fundaments des Taoismus, beginnt so: »Der Name, der sich nennen lässt, ist nicht der ewige Name.« Davon sollten wir uns alle inspirieren lassen.

Ich suchte einen Gott, der dem Menschen hilft, sich auf eine höhere Ebene zu erheben, und man bot mir einen Gott, den der Mensch auf sein eigenes Niveau heruntergezogen hatte. Denn die Erklärung vom Leid der Welt und der Art und Weise, wie man sich davon befreien kann, bot nichts Transzendentes. Beides war nichts als ein intellektuelles Konzept. Der Gott, den man mir präsentierte, konnte nicht Gott sein.

Es erschütterte mich, dass die Kirchen auf die offensten Fragen mit Behauptungen antworteten. Dass jede Kirche ihre Lehren und ihre Weltsicht auf Gewissheiten aufbaute. Sobald man sich diesen hingibt, erledigt sich nach und nach jede Frage: »Warum bin ich hier?«, »Wohin gehe ich?«, »Was kommt nach dem Tod?« Man wird von einer Lawine von Antworten überrollt, doch das Problem ist, dass jede Konfession unterschiedliche Antworten auf dieselben Fragen gibt! Man wird mit Gewissheiten konfrontiert, die sich widersprechen, und der schlichte Vorgang, dass man jemandem mit anderen Ansichten begegnet, wird zur Bedrohung.

Dieser Hang der Religionen, Lösungen auf die menschliche Ebene abzusenken, statt die Fragen auf ein spirituelles Niveau anzuheben, hat mich eigentlich am meisten schockiert. Doch mit etwas mehr Abstand wurde mir klar, dass ich selbst schuld war! Ich hatte einfach zu lange Religion und Spiritualität verwechselt.

Die Religion repräsentiert ein menschliches Regelwerk, das von Institutionen aufgestellt wird, um der Spiritualität einen Rahmen zu geben, da diese über menschliche Begriffe hinausgeht. Ohne diese Institutionen hätten wir vermutlich im Laufe der Jahrhunderte Propheten, Schamanen und Gurus vergessen, die sich von Zeit zu Zeit offenbarten, um der Menschheit den Weg zu weisen.

Lange Zeit war ich wütend auf die Kirchen, weil sie mir keine Antworten auf meine existenziellen Fragen geben konnten, dabei ist dies gar nicht ihre Aufgabe. Meine Erwartungen hätten sich darauf beschränken sollen herauszufinden, wie es möglich sein kann, eine Jahrtausende währende Praxis bis heute andauern zu lassen. Stattdessen wollte ich grundlegende Erkenntnisse über den Sinn des Lebens erlangen. Ein Geschichtsbuch beschreibt die Geschichte und lässt sie uns nicht leben, als wären wir dabei gewesen. Ich wollte Spiritualität leben, aber dafür habe ich einfach an die falsche Tür geklopft.

Religionen neigen dazu, Antworten auf alle Fragen zu geben, sogar auf solche, die noch gar nicht gestellt wurden. Die Spiritualität hingegen lässt uns Fragen stellen, auf die es nicht zwangsläufig Antworten geben muss. Es gibt daher kaum Gemeinsamkeiten zwischen beidem, obwohl die Religionen manchmal versuchen, sich auf die Spiritualität zu berufen, was andersherum nie der Fall ist.

Seit Anbeginn der Zeit stellt sich der Mensch die Frage nach seinem Ursprung und seiner Bestimmung. Es ist also normal, dass versucht wird, darauf zu antworten. Doch es sind nicht die irdischen Antworten, die uns interessieren sollten. Nur die himmlischen Antworten können uns erleuchten, und ich wusste nicht, wo ich diese suchen sollte.

Zum Glück bin ich nie einer Sekte in die Fänge geraten. Die Art und Weise, wie diese ihre Theorien propagieren, stößt mich augenblicklich ab. Um mir einen Eindruck vom Dogmatismus oder sogar der Gefahr zu verschaffen, die von solch einer spirituellen Logenvereinigung ausgeht, beginne ich immer damit, ihre Anhänger nach ihrer Meinung zu anderen Bewegungen zu fragen. Wenn ich höre, sie seien die Einzigen, die etwas vom Leben oder von Gott verstanden hätten, und alle anderen hätten unrecht, nehme ich die Beine in die Hand. Wenn die Antwort jedoch differenziert und tolerant gegenüber anderen ist, beschließe ich, sie auf ihrem Weg ein Stückchen zu begleiten. So kam es auch, dass ich mich einer Gruppe angeschlossen habe, die sich mit Gurdjieffs Lehren beschäftigt, und mir Vorträge der Rosenkreuzer, von Anhängern des Buddhismus sowie der Universellen Weißen Bruderschaft von Mikhaël Aïvanhov angehört habe.

Sekten sind nicht nur spirituell. Sie können auch wissenschaftlich, medizinisch oder politisch sein. Es gibt Homöopathen, die Ihnen verbieten wollen, Ihre Kinder impfen zu lassen oder Antibiotika zu nehmen. Es gibt auch Schulmediziner, die von Geburt an jede nur mögliche Impfung geben wollen und beim kleinsten Schnupfen Antibiotika verschreiben. Fragen Sie sie, was sie von anderen halten. Wenn sie Ihnen voller Bescheidenheit raten, unterschiedliche Ansätze zu kombinieren, bleiben Sie. Wenn sie jedoch autoritär die Wahrheit für sich beanspruchen, ergreifen Sie lieber die Flucht.

Trotzdem kann ich verstehen, dass es manchmal tröstlich ist, nicht mehr suchen zu müssen und alles vorgesetzt zu bekommen, ohne Fragen zu stellen. Einige Menschen können Ungewissheit so schlecht ertragen, dass sie sich auf die erstbeste Theorie stürzen, die ihnen Sicherheit verspricht. Ich kann es nur immer wieder sagen: Es ist lebensnotwendig, zu lernen, das eigene Maß dessen auszudehnen, was man an Angst und Zweifel ertragen kann. Wenn man es aushalten kann, dass es Fragen ohne Antworten gibt, wird man weniger leicht einer Sekte zum Opfer fallen. Wenn einem jedoch das kleinste Anzeichen von Sicherheit genügt, läuft man Gefahr, sich nie wieder aus den Fängen derer befreien zu können, die davon profitieren. Man sollte sich daran erinnern, dass die meisten Religionen uns vor falschen Propheten warnen. Leider tappen sie allzu oft selbst in diese Falle …

Zwar gibt es viele erfolgreiche und bekannte Sekten, doch es gibt sie nicht zuletzt, weil die Kirchen nicht mehr das bieten, wonach viele suchen. Und warum ist das so?

Am Anfang einer Religion steht immer ein Guru oder ein Prophet, der sich offenbart. Das Erste ist immer eine Botschaft der Liebe oder der Toleranz, die Erläuterung eines spirituellen Wegs, der zur Befreiung der Seele führen soll. Die grundlegende Botschaft wird danach aufgegriffen und verbreitet, zunächst von unmittelbaren Anhängern, dann von Generationen von Gläubigen, die nie in direkten Kontakt mit dem ursprünglichen Gedanken gekommen sind. Der Kerngedanke wird abgeschrieben, verändert und interpretiert und gerät so im Laufe der Zeit in Vergessenheit. Festhalten lässt er sich in Dogmen und Doktrinen. Letztere richten sich an die neuen Anhänger, die nicht alle Grundlagen des ursprünglichen Gedankens durchdringen können. Doch das Problem ist, dass die Doktrinen von Menschen aufgestellt werden, die ebenfalls keinen direkten Kontakt zum Kern der Botschaft hatten. Zur Verknöcherung trägt weiterhin bei, dass viele Dogmen vor allem die Macht derer sicherstellen sollen, die sie aufgestellt haben. Politische, finanzielle, rechtliche Macht etc. Der Kern, der bei den meisten Religionen recht ähnlich ist, bleibt letztlich bestehen, doch das, was ihn umgibt, hat sich so stark verändert, dass es dem Wesentlichen häufig sogar widerspricht.

Die Botschaft ist ursprünglich spirituell, wird mit der Zeit jedoch religiös. Alles beginnt mit einer Frage wie: »Wie kann der Mensch erleuchtet werden?«, und endet mit Antworten, die festlegen, wie Gott sei! Die Antworten unserer Kirche können vielleicht unsere Existenzängste oder unsere Angst vor dem Tod mildern. Deshalb greifen wir nach ihnen wie nach einem Rettungsanker und bewerten sie automatisch höher als die von anderen Kirchen. Selbst wenn sie nicht das Wesentliche unserer Suche ansprechen, verteidigen wir sie vehement und versuchen, andere davon zu überzeugen.

Eine amerikanische Kirche hat an ihren Giebel geschrieben: »Unser Gott lebt. Tut uns leid für den Euren.« Zwar besitzen nur wenige die Dreistigkeit, so etwas zu tun, aber glauben Sie nicht auch, dass viele trotzdem dieser Überzeugung sind?

Doktrinen sind per se beruhigend, weshalb sich auch so viele Menschen leicht mit ihnen abfinden. Sich Fragen über das Leben, das Leid und den Tod zu stellen ist ermüdend. Was könnte tröstlicher sein, als eine Denkweise zu übernehmen, die von einer höheren Autorität gutgeheißen wird?

Häresie

Für jemanden, der schon immer verstehen wollte, bevor er etwas glauben kann, ist es unmöglich, ein Dogma oder eine Doktrin zu akzeptieren. Es ist ihm unmöglich, eine offizielle Behauptung als unverrückbare Wahrheit anzuerkennen, die von einer religiösen oder philosophischen Instanz angeordnet wurde, um die richtige Form des Glaubens festzulegen.

Dogmen sind Ballast, der über Bord geworfen werden sollte. Deshalb habe ich schon immer große Bewunderung für häretische Bewegungen gehegt, die sich das Recht herausnahmen, selbst zu wählen, was sie glauben wollten.

Nehmen wir zum Beispiel Amenophis IV., Pharao der 18. Dynastie, der mit dem Amun-Kult brach, den Namen Echnaton annahm und die erste monotheistische Gesellschaft gründete. Seine Nachfolger haben die Stadt Tell el-Amarna, die er als neue Hauptstadt aufgebaut hatte, nahezu dem Erdboden gleichgemacht und die Gesichter seiner Statuen zerstört, um die Erinnerung an ihn auszulöschen.

Und Friedrich II. von Hohenstaufen? Der Kaiser des Heiligen Römischen Reiches Deutscher Nation wird vom damaligen Papst exkommuniziert, nachdem Friedrich dem Wunsch des Papstes nach einem Kreuzzug nicht nachkommt. Als er sich schließlich doch nach Jerusalem aufmacht, setzt er auf friedliche Verhandlungen mit den Muslimen statt auf einen blutigen Kreuzzug.

Am symbolträchtigsten jedoch finde ich die Häresie der Katharer. Eine andere Art, an Gott zu glauben, die ähnlich wie der Taoismus dualistische Konzepte einschloss und von der »Heiligen Inquisition« mit Folter und Scheiterhaufen verfolgt wurde.

Die Inquisition hat die Katharer, Juden, Templer, Alchimisten, Wissenschaftler und sogenannte Hexen verfolgt, und auch heute noch werden unter anderem Namen diejenigen verfolgt, verstümmelt und verbrannt, die eine andere Form von göttlicher Liebe praktizieren. Das ist das Schlimmste für mich.

Aus diesem Grund berührt mich die folgende Passage aus dem Buch *Les Cathares ou le Baiser de Lumière* von Jean Broutin ganz besonders:

Die Häresie ist nie wieder zum Leben erwacht wie der Phoenix [...] Sie hat sich schlafen gelegt, zwanzig Jahre,

*hundert Jahre, zehn Jahrhunderte lang [...] doch in einer
Gegend der Welt, wie man sie kennt oder wie man sie morgen
oder später kennen wird, wenn man sich mit anderen Waffen
oder aus anderen Gründen bekämpft, wird es immer einen
Menschen geben, der allein und nackt unter der Sonne
wandert und mit seinen bloßen Füßen auf dem Boden ein
Zeichen für die Erleuchteten hinterlässt.
Es gibt noch immer Katharer, denn [...] es gibt Worte, die,
obwohl sie vom Winde verweht wurden, oder vielleicht auch
gerade weil sie von ihm getragen wurden, alles überdauern.
Sie überwinden die symbolische Barriere der Zeit, lassen sich
nicht aufhalten und dringen über Hunderte von Menschen-
altern hinweg schnell und geradewegs in die Herzen ein.*

Wie kann es sein, dass man gerade noch zu seinem Gott betet, um dann auf einmal seine Absichten so zu deuten, dass man auf andere herabschaut oder sie verurteilt, weil sie anders an ihn glauben als man selbst? Wie kommen wir dazu, zu denken, wir hätten uns besser als unser Nächster eine Lehre angeeignet, die wir doch niemals direkt erfahren haben? Indem wir uns auf die Gewissheit einer Doktrin beziehen, verlieren wir das, worauf sich die ursprüngliche Botschaft bezog – die Liebe und das Mitgefühl. Wer Gott auf ein irdisches Niveau herunterzieht und ihm menschliche Absichten und Eigenschaften zuschreibt, hindert die Seele daran, sich zu erheben.

Jenseits der Religionen

Mir scheint, dass in jeder Religion ein Körnchen Wahrheit steckt, jedoch ohne dass all diese Körnchen ein zusammenhängendes Ganzes ergeben könnten. Und da auch jede einzelne Religion überzeugt davon ist, den universellen Gedanken zu vertreten, wird es nicht gern gesehen, wenn man sie kombiniert oder zusammenfügt wie Puzzleteile, um ein ganzheitliches Verständnis der Welt zu erlangen. Aber genau das habe ich immer versucht.

Sie merken schon, dass mir dieses Thema am Herzen liegt, und ich möchte es auf keinen Fall außen vor lassen. Das einzige Problem besteht darin, dass ich nicht weiß, wie ich es anschneiden soll, ohne jemanden zu kränken. Es ist ein brisantes Thema, denn es berührt die Überzeugungen des Einzelnen und kann bei ihm auf heftigen Widerstand treffen, wenn er sich von der Art und Weise, wie es angesprochen wird, in seinem tiefen Glauben angegriffen fühlt.

Ich bin bestimmt zu vorsichtig, wenn ich das schreibe. Ich vergesse, dass Sie bereits Dutzende von Seiten über das Ändern der Flughöhe, das Abwerfen von Ballast, das Infragestellen und die Offenheit fürs Unbekannte gelesen haben. Es ist inzwischen zu spät, das Buch zuzuklappen. Machen wir also weiter.

Der Moment ist gekommen, sich eine Welt ohne die Überzeugungen vorzustellen, die Ihnen stets ein Gefühl der Sicherheit gegeben haben. Wenn alle das täten, gäbe es keine Glaubenskriege mehr. Viel besser noch, wir würden alle gemeinsam nach neuen Antworten suchen, statt uns wegen alter Ausrufezeichen zu bekriegen.

Die großen Religionen locken mit Liebe und Güte und mit der Möglichkeit, unseren niederen menschlichen Zustand zu transzendieren, indem unsere Seele in den Himmel aufsteigt. Welche konkreten Mittel bieten sie uns abgesehen davon? Theorien, aber weder praktische Ratschläge noch konkrete Lehren. Als müssten wir darauf warten, dass Gott sich in uns offenbart, weil wir uns ihm nicht aus eigener Kraft nähern können. Dabei besagt das Gleichnis vom vierfachen Ackerfeld eindeutig, dass wir den Boden vorbereiten und unermüdlich daran arbeiten müssen, etwas Göttliches in uns aufkeimen zu lassen. Doch wie geht man vor?

Ich profitierte von den ursprünglichen Botschaften, nicht

von dem, was die Menschen daraus gemacht haben. Heute glaube ich an den Gott, der die Welt erschaffen hat, und nicht an den Gott, den die Welt erschaffen hat, um ihre Furcht vor dem Nichts zu beruhigen.

Wohin führt uns das also? Neben denen, die sich an Dogmen klammern wie an einen Rettungsanker, fallen mir Menschen auf, die schon den Begriff der Spiritualität kategorisch ablehnen, weil sie ihn mit dem der Religion durcheinanderwerfen. Sie wollen nicht mehr an Gott glauben: Das Bild, das von ihm gezeichnet wird, überzeugt sie nicht. Angesichts der unbeschreiblichen Grausamkeiten, die es auf der Welt trotz der angeblichen göttlichen Liebe gibt, nennen sie sich Atheisten oder Agnostiker.

Diese Religionsgegner sind dennoch nicht sehr überzeugend. Sie neigen dazu, legitime Fragen mit philosophischen oder moralischen Konzepten zu beantworten, doch weder Respekt, Charakterstärke, Großzügigkeit noch Menschlichkeit ermöglichen uns Erkenntnis oder können Leid und Tod verhindern. Wie auch immer unsere menschlichen Tugenden aussehen mögen: Krankheit, Trauer, Alter und Tod müssen wir alle durchmachen. Die Philosophie versucht, areligiöse Lösungen für unser Bedürfnis zu finden, das Leben besser zu verstehen. Leider gelingt ihr das nicht, da sie gleichzeitig Spiritualität und Transzendenz umgeht, die sie mit der von ihr abgelehnten Religion in Verbindung bringt.

Dennoch ist die Spiritualität in ihrem Kern genau das Richtige für Atheisten und Agnostiker, solange man sie nicht zwingt, Überzeugungen zu schlucken, die ihnen nicht entsprechen. Denn auch sie sind auf der Suche nach einer Möglichkeit, den menschlichen Zustand mit all seinem Leid und seiner Angst hinter sich zu lassen. Sie streben nicht danach, in ein hypothetisches Paradies eingelassen zu werden, um als »gute Gläubige« belohnt zu werden, sondern ihr Streben ist ein inneres Bedürfnis. Sie wünschen sich kein ewiges Leben, sondern ein gutes Leben im Hier und Jetzt. Und das manchmal uneigennütziger als die leidenschaftlichsten Gläubigen ...

Religionen teilen, Spiritualität verbindet. Beide stehen nicht im Widerspruch zueinander. Es gibt religiöse Männer und Frauen von bewundernswerter Spiritualität, doch es gibt nur allzu viele, für die das Befolgen der Doktrin zum Selbstzweck wird und die Forderung von Liebe und Toleranz überlagert.

Die Welt ist dualistisch

Eine besondere Schwäche der Religionen liegt für meine Begriffe in ihrer Ansicht, es gäbe ein Gut und ein Böse. Der Mensch litte noch immer unter den Konsequenzen der Erbsünde und des Apfels, den Eva Adam gereicht hat. Es steht jedem von uns frei, zu entgegnen: »Was geht mich das an? Schließlich war ich nicht dabei.« Eine noch treffendere Frage müsste jedoch darauf abzielen, warum ein liebender Gott so viel Leid auf der Erde zulässt.

Auch wenn wir es uns am meisten wünschen – es gibt absolut keinen Grund, warum unsere Welt schön, das Leben heiter und die Zukunft unkompliziert sein sollte. Solange wir glauben, es müsse so sein, bleibt uns die Rolle Gottes verborgen, und wir steuern auf Desillusionierung und Leid zu.

Die Welt kann per se nicht nur schön, das Leben nicht nur heiter und die Zukunft nicht nur unkompliziert sein. Warum? Ganz einfach: Weil die Schöpfung, die Fleischwerdung, nur dualistisch sein kann. Welchen Namen wir ihm auch geben, Gott wird als einzigartiges Wesen beschrieben. Doch innerhalb der Schöpfung kann nichts, rein gar nichts, ohne sein Gegenstück existieren. Dafür müssen wir uns gar nicht erst dem Fernen Osten mit seinem Yin und Yang zuwenden: Alles, was uns umgibt, alles, was die Welt und das Leben ausmacht, ist aufgeteilt in Tag und Nacht, heiß und kalt, oben und unten, links und rechts, aber natürlich auch in glücklich und unglücklich, leicht und schwer, Lachen und Weinen, gut und schlecht, Gesundheit und Krankheit, Geburt und Tod und so weiter.

Ob es uns gefällt oder nicht, ob es zu unserem Bild von Gott passt oder nicht: Die Dualität ist ein fester Bestandteil unseres irdischen Daseins. Die größte Freude ist verbunden mit der größten Traurigkeit. Der Schmerz über einen Verlust folgt unmittelbar aus dem Glück, diesen Menschen gekannt zu haben. Die schlimmste Trauer übermannt uns dann, wenn wir geliebt haben.

Solange wir das nicht verstehen, verbringen wir unser Leben damit, nach Münzen zu suchen, die nur eine Seite haben, und werden daran verzweifeln, dass wir sie nicht finden. Wir nehmen es dem Himmel übel, dass er all das Böse um uns herum zulässt, oder stellen gar die Existenz Gottes infrage.

Auch deshalb sollten wir aufhören, Gott mit Namen und menschlichen Eigenschaften auszustaffieren, die ein einzigartiges Wesen auf die dualistische Ebene der Stofflichkeit herunterziehen.

Hören wir also auf, ihm das Leid übel zu nehmen, das wir ihm zuschreiben, oder ihm gar vorzuwerfen, dass er nicht existiert. Seit Tausenden von Jahren schickt er uns Propheten und Schamanen, um uns zu zeigen, wie wir uns von Dualität und Leid befreien können. Sie alle überbringen dieselbe Botschaft: »Das irdische Glück kann kein Ziel sein; es wird niemals ein Paradies auf Erden geben; die Welt, in der wir uns verwirklichen können, befindet sich auf einer anderen Ebene; ein langer spiritueller Prozess ist vonnöten, um sie zu erreichen.« Doch wir erkennen seine Abgesandten nicht, wir beachten sie nicht oder kreuzigen sie sogar.

Mich wiederum hat der Glaube an Theorien von Karma und Wiedergeburt lange Zeit das Konzept von Gut und Böse hinnehmen lassen, was mich nur umso skeptischer gegenüber der Religion machte. Ich will diesen Ansatz nicht leugnen, aber er reicht mir einfach nicht mehr aus, denn ich habe das Gefühl, man sollte allen voran im Hier und Jetzt leben. Wir müssen hier und heute das spirituelle Werk vollbringen, das es uns ermöglicht, tief in unserem Inneren eine andere Welt von ungeahnter Fülle zu entdecken. Der Mensch kann also, indem er die Gegensätze hinter sich lässt, dem Yin und Yang in einer vertikalen Auffassung von Transzendenz einen Sinn geben. Dann wird er nicht nur einen Platz, sondern auch die Verantwortung finden, die Extreme zu vereinen. Und er wird die Einheit wiederfinden, nach der er streben kann. In dem Versuch, in sich selbst Himmel und Hölle in Einklang zu bringen, kann er schließlich auf dem Weg fortschreiten, für den er geschaffen ist.

Wir verschwenden unsere Zeit und unsere Kräfte mit dem Versuch, das Böse zu beseitigen. Unsere Suche sollte sich auf das Mittel beschränken, mit dem wir uns vom Bösen befreien können. So betrachtet, verschwenden Pazifisten genau so viel Energie dafür, Kriege abschaffen zu wollen, wie Umweltschützer für die Erhaltung der Natur.

Die humanitäre Hilfe oder der Umweltschutz sollte nicht dem falschen Glauben an eine Utopie aufsitzen, die die Menschheit glücklicher und die Welt schöner macht, da dies unmöglich ist, solange wir uns auf dem Niveau der irdischen Dualität befinden. Grausamkeiten haben den Menschen noch nie von Grausamkeiten abgehalten, und Harmonie hat ihn noch nie fest im Glück verankert. Der Mensch ist wie eine Marionette mit losen Fäden, und genau daran sollte er arbeiten. Sein Ziel sollte nicht sein, die Welt zu verbessern, sondern die besten Umstände für seine persönliche Entwicklung zu schaffen.

Das beste Beispiel für das Scheitern angeblicher Humanität ist Judas. Nicht Judas, der Verräter, den jedes Schulkind hassen gelernt hat, sondern Judas, der Patriot und Widerstandskämpfer, der Palästina von der römischen Besatzung befreien wollte. Als er die Fähigkeiten Jesu und deren möglichen Nutzen für den Befreiungskampf erkannte, wollte er den Messias für seine Zwecke gewinnen und ihn zum König der Juden machen. Allerdings zu einem irdischen, menschlichen König. Nur durch Wunder konnte das Volk überzeugt und gestärkt werden. Doch Jesus lehnte ab und erklärte, sein Königreich befinde sich auf einer höheren Ebene. Er lud seine Anhänger ein, ihm auf diese andere Ebene zu folgen, statt ihn aufzuhalten, um ein Paradies auf Erden zu schaffen: »Ich bin in dieser Welt, aber ich bin nicht von dieser Welt.« In einer letzten verzweifelten Hoffnung verriet Judas ihn, um ihn zu zwingen, das höchste Wunder zu vollbringen: die Nägel herauszureißen und vom Kreuz herabzusteigen. Doch Jesus blieb bei seiner Botschaft von einer höheren Welt, die unsere alltägliche Welt transzendiert. Verzweifelt darüber, dass er das Los seiner Mitmenschen nicht hatte verbessern können, wie er es sich gewünscht hatte, beging Judas Selbstmord. Nicht aus Scham, sondern aus Verzweiflung. Er ist das erste Beispiel für das heute weitverbreitete Burn-out- und Helfersyndrom mit folgendem Suizid, bei dem der Betroffene sein Leben dem Wohl anderer unterordnet und irgendwann feststellt, dass er allein nicht viel ändern kann.

Eine höhere Welt? Was wissen wir schon darüber! Wie sieht sie aus?

Wir wissen lediglich, dass auf sie keine Beschreibung passt, die wir mit unseren menschlichen Worten geben könnten. Denn diese beziehen sich auf unsere irdische Ebene, nicht auf eine höhere. Wir können sie folglich gar nicht fassen. Versuchen Sie einmal, sich mit einem Erstklässler über Mathematik zu unterhalten. Dieses Gespräch wird mit der Sprache Einsteins nicht viel gemein haben. Warum sollte es in Bezug auf Spiritualität anders sein?

Dies ist ein Buch über die Psychologie des Lebens, keine esoterische Abhandlung. Ich verzichte also darauf, mich in kosmologischen Reflexionen zu verlieren, um zu erklären, warum wir hier sind. Dennoch erscheint mir die Sinnsuche absolut wesentlich. Auch ohne etwas erklären zu wollen, scheint es mir von großer Bedeutung zu sein, unser Leben in einen größeren Kontext einzuordnen. Dass es uns so schwerfällt, unseren Platz in der Welt zu finden und das Bedürfnis zu entwickeln, an uns selbst zu arbeiten, liegt in erster Linie an unserer Perspektivlosigkeit. Das Schlimmste ist zu stagnieren und nicht zu wissen, wem oder welchem Anliegen man sein Leben widmen soll. Wenn ich »sein Leben widmen« sage, meine ich weder materielle Ziele noch Leidenschaften oder Berufe. Ich denke auch nicht an das gesellschaftliche oder familiäre Leben, denn all das können wir von einer auf die andere Sekunde verlieren. Nein, ich spreche von etwas, was nichts und niemand uns jemals nehmen kann: das Zugehörigkeitsgefühl zu einem Ganzen, das größer ist als wir selbst und dem wir unser menschliches Schicksal verschreiben können.

Wenn man vom Glauben spricht, beschränkt man diesen Begriff für gewöhnlich auf den Glauben an Gott. Ich finde nicht, dass diese beiden Konzepte gleichgesetzt werden sollten. Für mich ist der Glaube die Wahrnehmung tief in unserem Inneren, dass alles in unserem Leben einen Sinn hat und sich in ein großes Ganzes einfügt, das unsere alltägliche Welt übersteigt.

In unserer Gesellschaft lernen wir zu wenig, den Funken dieser höheren Dimension in uns wahrzunehmen und ihn zu kultivieren. Und meiner Meinung nach wird dieser Punkt auch von den Religionen empfindlich vernachlässigt, die so sehr auf die Unfehlbarkeit ihrer Dogmen fixiert sind.

Die Gnade

Wir können die höhere Wirklichkeit nicht mit Worten beschreiben, aber wir können sie vielleicht erspüren, um ihr ein wenig näherzukommen.

Alle spirituellen Schulen erwähnen besondere Augenblicke, in denen man die Existenz einer höheren Ebene auf einmal erahnen kann. Vielleicht haben wir bereits einen dieser flüchtig aufleuchtenden, gnadenvollen Momente erleben dürfen, die erleuchten und beflügeln, als ließen sie uns einen Vorgeschmack auf unseren eigentlichen Normalzustand erhaschen.

Wir bekommen eine Ahnung von diesen Momenten, wenn wir auf eine Person treffen, eine Landschaft, eine Musik oder eine Erinnerung, die uns plötzlich mit uns selbst verbindet, sodass wir uns durch und durch lebendig fühlen. Meist werden uns diese Momente geschenkt. Sie ereignen sich zufällig, und wir sprechen von einem Geschenk, einem geweihten Moment.

Doch die Begeisterung schwindet so schnell, wie sie gekommen ist. Sie ist der Zwischenschritt, der uns aufzeigen soll, dass unser Bewusstsein noch unvollkommen ist, und der uns den Graben zeigt, der uns vom höchsten spirituellen Entwicklungsstadium und unserer Befreiung vom Dualismus trennt.

In unserem Zustand der Vergänglichkeit und Dualität wird nichts von Dauer sein. Es ist also normal, dass diese Einheitserfahrung nur eine flüchtige Erscheinung ist, die schnell zur bloßen Erinnerung verblasst. Warum? Weil wir nicht gelernt haben, diese Dimension zu pflegen. Im Gegenteil, wir verwenden zu viel Energie darauf, zu besitzen statt zu sein, selbst zu profitieren statt zu teilen, die Macht bei anderen zu suchen, statt uns selbst gegenwärtig zu sein.

Zur Veranschaulichung: Autoren wie Karl Marx, Sigmund

Freud und Alfred Adler, die nicht unterschiedlicher oder weiter entfernt von der christlichen Theologie sein könnten, haben jeder auf seine Weise drei Hindernisse auf dem Weg zur oben genannten dauerhaften Gnade gefunden: Marx sieht das Heil der Gesellschaft im Kampf gegen die Neigung, alles an sich zu reißen; Freud sucht das individuelle Gleichgewicht, indem er versucht, die Triebhaftigkeit zu zügeln; und Adler konzentriert sich in seiner Theorie auf das menschliche Machtstreben.

All das ist übrigens aus fernöstlichen Lehren übernommen. Diese beweisen die Sinnlosigkeit unserer irdischen Ziele in einer vergänglichen, aus Illusionen bestehenden Welt, die wir für die Realität halten.

Es verlangt ausdauernde Arbeit an uns selbst und unseren Gewohnheiten, Trieben und Ängsten, um die kostbaren Erleuchtungszustände allmählich zu verlängern. Wenn die Prüfungen des Lebens uns nach und nach verwandeln, können wir diese Erleuchtungen irgendwann womöglich selbst hervorrufen. Werden wir es also eines Tages schaffen, uns von allem Irdischen zu befreien und uns Gott zu nähern?

Während meines zweiten Anlaufs zur Ballonfahrt um die Welt habe ich die schönsten Augenblicke der Gnade erlebt. Die einzigen Winde in die gewünschte Richtung wehten auf einer Flughöhe von 300 Metern über einem Landstrich von Indien. Ich saß auf dem Boden der Kapsel und beobachtete, was unter uns passierte. Ich sah den Bauern auf ihren Feldern beim Arbeiten zu, ich sah ihre Dörfer, die sich über das Land erstreckten, so weit das Auge reichte: ein unermesslich großes Volk, das wir geräuschlos, beinahe wie mit einem fliegenden Teppich, Richtung Kalkutta überflogen. Ich schrieb in mein Bordtagebuch:

Die Landschaft zieht langsam an meinem Glück, aber auch an meinen Fragen vorüber. Wie können Bewohner desselben Planeten derart unterschiedliche Schicksale haben? Ich schäme mich nicht für mein Glück, aber ich schäme mich für all das Leid, das ich hinter dem Horizont erahne. Mir wird auf grausame Weise die Zerbrechlichkeit, die Vergänglichkeit meines eigenen Zustands bewusst. Wozu ist all das gut? Alles, was ich erlebe und sehe, alles, was ich weiß oder nicht weiß. Was bleibt mir von meinen wissenschaftlichen Kenntnissen, meinen philosophischen Ansichten, meinen selbstsicheren Ausrufezeichen, wenn ich mich frage, was der Sinn des Lebens ist, der Sinn ihres Lebens, der Sinn meines Lebens?

Zunächst einmal Antworten, jede Menge Antworten, eine so unvollständig und nichtssagend wie die andere; aber sie versichern, versichern mich. Sie füllen all die Lücken meiner Unsicherheiten, und schon kann ich mich wieder meinem gewohnten Denken hingeben, überzeugt von der Richtigkeit meiner Automatismen. Aber ich bin keinen Schritt vorangekommen.

Und dann beschleicht mich wieder die Frage: Was ist der Sinn des Lebens? Ich spüre, wie sie sich in mich einbrennt, und plötzlich wird mir klar, dass mein Verstand nicht ausreicht, um sie zu beantworten. Kann ich sie mit meinem Herzen leichter beantworten? Ich lasse mich auf die Gefühle ein. Das Elend der Welt macht mich noch aufgebrachter, ich ertrage all das Leid, das die Ungerechtigkeit des Lebens offenbart, noch schlechter. Doch jenseits meiner Gedanken, jenseits meiner Gefühle, bleibt die quälende Frage bestehen und durchdringt jede Faser meines Körpers. Mir wird allmählich klar, dass ich nicht nur mit meinem Verstand und meinem Herzen lebe. Es ist, als durchliefe mich angesichts dieser Frage ohne Antwort eine neue Schwingung, die mir auf geheimnisvolle Weise vermittelt, dass ich durch und durch lebendig bin. Die Frage ist inzwischen allumfassend, ebenso wie meine Präsenz in mir selbst. Das Licht hat sich verändert. Es ist schärfer, die Farben sind lebendiger, und auch die Geräusche wirken viel klarer. Meine Atmung hat

sich merkwürdig verlangsamt, durchströmt mich von Kopf bis Fuß und fühlt sich intensiv und ausfüllend an. Vielleicht ist dies der Hauch des Geistes. Ich fülle meinen Körper vollständig aus, und die Frage durchflutet ihn wie eine neue Energiequelle: Wenn mir jetzt bloß keine Antwort einfällt, wenn ich jetzt bloß zu keiner Überzeugung zurückkomme! Ich würde diesen gnadenvollen Zustand der Erleuchtung auf einen Schlag verlieren. Ich bin hingerissen von diesem Mysterium, das nicht nur die Tür zum Sinn des Lebens öffnet, sondern auch zu der Feststellung, hier und jetzt am Leben zu sein. Auf einmal kann ich damit umgehen, dass ich keine Antworten finde, dass ich von Zweifeln umgeben bin. Ich kann zulassen, dass das Unbekannte meine Seelenlandschaft übermannt, und fühle mich ohne Sicherheiten plötzlich besser als zuvor. In diesem Zustand ist es leicht, einer Spur am Himmel zu folgen, ohne im Geringsten zu wissen, wohin sie mich führt.
Doch mein Intellekt kommt nicht umhin, sich wieder in Gang zu setzen und mir zuzumurmeln: »Sieh an, sieh an, du hast sie gefunden. Die Spiritualität ist nicht nur eine abstrakte Idee, sondern das ausfüllende und erfüllte Gefühl, am Leben zu sein. Und der Sinn des Lebens ist, sich diesem Wunder durch die Annahme des Zweifels und des Unbekannten zu öffnen. Nur dieses Mysterium kann dir diese Dimension des Lebens eröffnen.«
Diese Gedanken verwandelten sich sehr schnell in Antworten, in neue Gewissheiten, und zerstreuten das Erlebnis wie ein zarter Schleier, der von einem Sturm zerrissen wird. Machtlos half ich dabei, dass das Lebendigkeitsgefühl verschwand, und kehrte ohne es zu wollen in meine bekannte Wirklichkeit zurück. Mir blieb nur die ferne Erinnerung an einen Augenblick des vollkommenen Einsseins und des innigen Wunsches, das fantastische Mysterium einer Frage ohne Antwort wiederzufinden.

Ich glaube, das war das erste Mal, dass ich das konkrete Ergebnis meiner spirituellen Suche tatsächlich erlebt habe, zumindest mit dieser Intensität. Bis dahin hatte der Deltaflug mich zwar das Gefühl entdecken lassen, im Augenblick zu leben, und dank des Ballons wurde mir bewusst, wie förderlich Kontrollverlust für eine bessere Navigation durch den Wind des Lebens sein kann. Doch als ich an diesem Tag die indische Landschaft überflog, hatte ich den Eindruck, dass sich die Puzzleteile endlich zusammenfügten, um mir eine spirituelle statt einer bloßen psychologischen Dimension aufzuzeigen.

Zweifel und Spiritualität

Kann der Zweifel ein Moment der Öffnung sein, um Bewusstsein zu schaffen? Dafür müssen wir diese beiden Begriffe zunächst einmal näher definieren.

Ich möchte klarstellen, dass ich, wenn ich über Zweifel spreche, kein Zögern im Sinn habe. Zweifel haben einen schlechten Ruf, weil sie als ein Zaudern verstanden werden, als endlose Grübelei, die unsere Entschlusskraft lähmt. Ich dagegen verstehe den Zweifel als wertvolle Offenheit für Fragezeichen, damit wir uns sagen können: »Ich bin mir meiner Zweifel sicher, und ich zweifle meine Sicherheiten an.« So können wir zu einem Künstler vor der leeren Leinwand werden. Wenn dieser seine Leinwand mit all dem füllt, was er bereits gelernt und getan hat, erschafft er höchstens eine blasse Kopie. Wenn er sich hingegen zum ersten Mal darauf einlässt, nicht zu wissen, was er malen wird, und bereit ist, vorbehaltlos zu schauen, was kommt, kann er ein Meisterwerk erschaffen. Letzten Endes ist es unsere Aufgabe, genau so auch in unserem Leben vorzugehen: uns dem Unbekannten hinzugeben, nicht vorhersehen zu wollen, was passiert, was uns auf unserem Weg begegnet, und so unser persönliches Meisterwerk zu schaffen. Fragen ohne Antworten schätzen zu können ist unerlässlich. Die Annahme dieses Risikos eröffnet uns die Möglichkeit von Brüchen statt Routine. Von Augenblicken, die uns lebendiger machen.

Paradoxerweise wird eine solche Erfahrung von manchen als inakzeptables Risiko empfunden. Seinem wahren Selbst ins Auge zu blicken erzeugt in diesem Fall keinen gnadenvollen Moment, sondern Panik. Deshalb halte ich es für so wichtig, die Abenteuerlust in uns zu wecken und in den Tiefen unseres Inneren Abenteurer zu werden. Wenn uns das gelungen ist, sollten wir es zu unserer Pflicht machen, unsere Mitmenschen in solchen Augenblicken des Bruchs zu begleiten, ihnen durch den Moment zu helfen, in dem sie sich von einer Sicherheit lösen und der Zweifel sich in Gnade verwandelt. Und zwar nicht, indem wir ihnen Erklärungen liefern, sondern indem wir ihr Selbstvertrauen stärken.

Ich glaube nicht, dass gnadenvolle Momente möglich sind, ohne dass wir mit unserer Alltagsroutine brechen. Der Bruch ist essenziell. Er ist es, der uns aufweckt, anstachelt, hinterfragt, er ist es, der Herz und Verstand öffnet.

So verstehe ich auch diese Definition der Spiritualität von Mikhaël Aïvanhov, die eine Synthese all dessen darstellt, was ich hier zu sagen versuche. Der bulgarische Guru und Gründer der Universellen Weißen Bruderschaft sagte: »Die Spiritualität besteht darin, sich alltägliche Tätigkeiten bewusst zu machen, um ihnen Geist einzuhauchen.«

Doch was ist Bewusstsein eigentlich? Wenn wir sagen, wir seien uns bewusst, was ist uns dann bewusst? Ich spreche natürlich nicht vom neurophysiologischen Bewusstsein, also von der Aktivierung des netzartigen Bereichs, der Impulse ans Großhirn sendet, um uns wach zu halten. Vielmehr interessiere ich mich für das spirituelle Erwachen. Dieses Bewusstsein oder Erwachen könnte man als Bruch mit den Automatismen des Alltags definieren. Das Bewusstsein wird dadurch zu einer dissoziativen Erfahrung. Wir sind von unserer alltäglichen Wirklichkeit und von unserer gewohnten Funktionsweise abgeschnitten, wie unter Hypnose. Es fragt sich, ob wir unter Hypnose nicht einen Vorgeschmack von jenem höheren Bewusstseinszustand bekommen können.

Es scheint, als wäre der Normalzustand des Menschen abgelenkt und automatisiert, im Gegensatz zu einem spirituellen, dissoziativen Zustand, in dem wir unser gewohntes Verhalten aus der Ferne betrachten, um uns sehr viel gegenwärtiger zu fühlen. Zu lernen, wie wir uns von unserem gewohnten Alltagszustand lösen können, ist also von grundlegender Bedeutung. Da wir es allerdings gewohnt sind, das Denken über das Fühlen zu stellen, haben wir verlernt, uns im Hier und Jetzt ganz bewusst selbst zu erleben.

Wie ich schon erwähnte, war ich mehrere Jahre lang Teil einer Gruppe, die sich mit den Lehren von Gurdjieff beschäftigt. Dort spricht man eher davon, sich seiner selbst zu erinnern, als vom Bewusstsein, aber auf Begrifflichkeiten kommt es ohnehin nicht an. Durch Übungen, Meditation und Lektüre strebten wir nach der Erfahrung, uns im Innern unseres Körpers ganz und gar lebendig zu fühlen. Wir lernten dort, uns daran zu erinnern, dass wir da sind, dass wir existieren. Und wie existieren wir? Indem wir das Leben in uns erspüren, indem wir nicht denken, sondern wahrnehmen, dass wir existieren. Wir sollten nach und nach den Keim des Bewusstseins wachsen lassen, um den Einfluss der Dualität und der Automatismen zu verringern.

Leider wurde nur wenig erklärt, und jede therapeutische Anwendung des Ansatzes wurde abgelehnt. Ich bedauerte dies zutiefst, denn gerade das Fehlen des Bewusstseins seiner selbst ist die Ursache vieler psychischer Probleme. Wahrscheinlich wurden keine Fragen beantwortet, um hiermit den Augenblick des Bruchs zu begünstigen, aber es fehlte auch die Erfahrung des Gurus selbst. Wir befanden uns bereits in der zweiten Generation, und einige der Anhänger hatten Gurdjieff nie persönlich kennengelernt.

Ich erinnere mich noch an die erste Sitzung. Eine alte Dame hatte uns begrüßt und gefragt, warum wir gekommen seien. Ohne das Schweigen um mich herum nachvollziehen zu können, antwortete ich mit meinen 20 Jahren voll jugendlichem Elan: »Um zu lernen, wie ich in Harmonie mit dem Universum schwingen kann!«

Die Antwort kam prompt: »Sie müssen sich erst einmal selbst kennenlernen! Wie wollen Sie die Schwingungen des Universums spüren, ohne wahrnehmen zu können, dass Sie im Augenblick leben?«

Ich habe zwölf Jahre lang *Auf der Suche nach dem Wunderbaren* von Peter D. Ouspensky studiert, ein Werk zur Lehre Gurdjieffs. Aber ich habe viel länger – viel zu lange – gebraucht, um den Zusammenhang zwischen dem Bruch, der Dissoziation und der Hypnose zu verstehen. Ich habe daraus zwar viel über das Leben und die Gesetze der Schöpfung gelernt, doch ich habe auch viel Zeit verschwendet. Ich wollte, dass alles schneller geht. Aber vielleicht war ich einfach noch nicht bereit.

Ich habe zu spät verstanden, wie wir einen Bruch unserer Gewohnheiten oder verunsichernde Fragen ohne Antworten als Impuls nutzen können, der den Kontakt zu uns selbst wieder herstellt und uns ermöglicht, ja, uns sogar dazu zwingt, uns von unserem gewohnten Zustand zu lösen und uns von außen zu betrachten. Man könnte sagen, das Bewusstsein oder das Erwachen sei nichts anderes als der Moment, in dem wir mit einem Teil von uns beobachten können, wie das Ganze funktioniert. In diesem Sinne wäre das assoziierte Leben der niedere Zustand, während das dissoziierte Leben der höhere Zustand des Erwachens, der Erleuchtung ist.

Hier müssen wir vielleicht ein oder zwei Vorurteile über Hypnose korrigieren. Darüber hinaus könnten wir uns der ewigen Frage widmen, ob der hypnotische Trancezustand an sich schon Therapie sein kann oder ob nur die Arbeit, die unter Hypnose stattfindet, heilen kann. Wenn die Dissoziation von unserem gewohnten Zustand einen Bewusstseinsmoment herbeiführt, einen Moment, in dem wir uns endlich vollkommen lebendig fühlen, dann trifft Ersteres zu. Dann kann der Übergang zur Trance bereits grundlegende Änderungen in der Auffassung von unserem Leben oder sogar im Leben an sich hervorrufen.

Fragen ohne Antworten, Krisen, Augenblicke des Umbruchs, des Zweifels, des Kontrollverlusts sind in unserem Leben unumgänglich. Es liegt an uns, ob wir sie in gnadenvolle Momente umwandeln. Und wie? Indem wir sie systematisch mit einer höheren Welt in Beziehung setzen, in der das gegenwärtige Problem nicht existiert.

In der therapeutischen Hypnose lernen wir, einen *Safe Place* zum Vorschein zu bringen, wenn wir uns in einer schwierigen Situation befinden. Um uns auf eine spirituelle Ebene zu begeben, auf der wir uns entwickeln und ein wenig besser verstehen können, was wir auf der Erde machen, müssen wir unseren *Safe Place* in einem Gefühl von Lebendigkeit verankern, in einem Bewusstsein des gegenwärtigen Augenblicks, in einer Wahrnehmung unserer selbst. So kann diese gnadenvolle Erfahrung auf ganz natürliche Weise wieder auftauchen, sobald wir den Mut aufbringen, uns von anderen verunsichern zu lassen, vom Wind des Lebens oder einer existenziellen Frage ohne Antwort, die unsere Gewissheiten bedroht.

Damit ist mein Ansatz komplett. Aber er ist, zugegeben, auch ziemlich kompliziert. Brauchen Sie ein konkretes Beispiel? Sie werden feststellen, dass nicht der gleichmäßige Rhythmus unseres tiefer werdenden Atems, unser Wohlbefinden oder das angenehme Gefühl, entspannt in einem Sessel zu sitzen, uns in Trance versetzt. In Trance versetzt werden wir durch eine Folge von eindringlichen Fragen: »Was haben wir auf dieser Welt zu suchen?«, »Woher kommen wir?«, »Was waren wir vor unserer Geburt?«, »Was werden wir nach unserem Tod sein?«, »Wohin gehen wir?«, »Wozu sind wir hier?«, »Wie viele Sterne gibt es im Weltall?«, »Was existiert jenseits davon?« Es gibt keine Antworten. Nur Fragen.

Wir sollten den Mut haben, diese Fragen auf uns wirken zu lassen, uns von ihnen ausfüllen zu lassen. Sie können unseren ganzen Körper durchfließen, bis in unsere Glieder und Extremitäten, bis in die Fingerspitzen und Zehenspitzen. Wenn sie irgendwo ihren Ursprung genommen haben, können sie sicher auch durch uns hindurch und aus uns hinaus fließen. Wir können uns erfüllt fühlen von diesem Fluss, der uns erweckt. Und dann können wir womöglich bereits sehen, mit offenen oder halb geschlossenen Lidern, wie das Licht sich verändert, wie die Farben an Intensität gewinnen, die Umrisse schärfer werden. Ist diese Energie, die uns durchfließt, der Hauch des Geistes? Wir können uns von diesen Fragezeichen erfüllen lassen, bis wir spüren, dass wir uns vollständig unserer selbst bewusst sind, offen gegenüber einer anderen Welt, in der alle Fragen ihre Antworten finden.

Von da an können wir entscheiden, ob wir noch weiter gehen oder nicht. Wollen wir uns auf noch mehr Fragen einlassen, oder reicht es uns erst einmal? Wir können den Prozess anhalten oder die vollkommene Wahrnehmung unserer selbst in unserem Körper, ganz da und ganz erfüllt, durch die Fragezeichen noch verstärken lassen. An irgendeiner Stelle unseres Lebensweges sollten wir jedenfalls das Band zwischen der Frage ohne Antwort und unserer Selbstwahrnehmung verstärken. Und dieses Band können wir so verankern, dass wir zukünftig in jeder Situation des Kontrollverlusts auf dieses Gefühl zurückgreifen können. Wenn wir nicht wissen, wohin wir gehen oder was wir denken sollen, wenn wir uns fragen, was sich hinter den Grenzen der Unendlichkeit verbirgt – dann können wir einfach ein Mensch sein, der nach Bewusstsein und einer Welt strebt, die höher ist als er selbst.

Dafür braucht man ein gewisses Maß an Mut, wie für jedes Abenteuer. Und unser Leben ist ein Abenteuer, sobald wir uns auf die Suche nach etwas begeben, was unsere Schritte durch den Wind des Lebens lenkt.

Um aus der Trance zu erwachen, müssen wir uns auf unsere Inspiration konzentrieren und zu dem zurückkehren, was wir »Alltag« nennen. Wir müssen uns recken und strecken und aktiv die Kontrolle über unseren Körper zurückerlangen. Doch von da an wissen wir, dass es jenseits unseres Alltags Türen gibt, die wir aufstoßen können, um auf unserem Weg voranzuschreiten ...

Der Sinn von Ritualen

Diese gnadenvollen Momente können sicher ein Vorgeschmack auf das spirituelle Streben sein, aber um die richtige Richtung einzuschlagen fehlen uns noch so viele Führer, so viele Meilensteine! Es gibt die unterschiedlichsten Theorien und Dogmen, die uns den Weg weisen wollen, aber die meisten von ihnen haben ihren Kern verloren. Die größte Schwierigkeit besteht in der Tatsache, dass die ursprüngliche Botschaft nur durch eine direkte spirituelle Erfahrung empfangen werden kann.

Eine direkte Erfahrung ist aber schwer zugänglich: Wir benötigen einen Schlüssel, um sie auszulösen. Dieser Schlüssel kann ein Ritual sein, durch das wir einen Augenblick der Erleuchtung finden oder wiederfinden. Das Ritual ist folglich nur ein Mittel zum Zweck, ein Werkzeug, um die Erfahrung auszulösen. So gesehen ist ein Ritual mit der Verankerung einer posthypnotischen Suggestion vergleichbar.

Als die Jünger Jesu am letzten Abendmahl teilnahmen, wussten sie, dass etwas Schlimmes passieren würde. In Erwartung des Endes befanden sie sich in einem Zustand größtmöglicher Aufnahmefähigkeit. Da saßen sie, ganz in der Situation und in sich präsent, und hingen in einem gnadenvollen Zustand an den Lippen ihres Meisters. Diesen Zustand wollte Jesus verankern, um weiter seine Lehren verbreiten zu können. Also forderte er sie auf, Brot zu essen und Wein zu trinken, und fügte hinzu: »Das tut zu meinem Gedächtnis.«

Das Abendmahl ist ein wunderbares Ritual, das den Jüngern ermöglichen sollte, jedes Mal wieder zu dem gnadenvollen inneren Zustand zurückzufinden, den sie an ihrem letzten Abend mit Jesus erlebt hatten. Selbst 2000 Jahre später können wir es zu seinem Gedächtnis durchführen, auch wenn wir es nicht genauso erleben können wie damals.

Auch die Hochzeit ist ein höchst symbolträchtiges Ritual. In unserer dualistischen Welt erinnert uns die Vereinigung zweier Extreme, des Männlichen und des Weiblichen, des Yang und des Yin, an die Notwendigkeit, zur Einheit zurückzukehren. So verstehe ich auch die Ablehnung der Kirche, Homosexuellen das Sakrament der Ehe zu spenden. Da uns niemand mehr dieses esoterische Ritual erklärt, können wir seinen Sinn nicht mehr erkennen und reduzieren diese Zeremonie häufig auf eine bürokratische Formalität. Wenn der Geistliche darüber hinaus verkündet, dass der Mensch nicht trennen darf, was Gott vereint hat, folgern wir daraus, dass eine Scheidung verboten sei, statt zu begreifen, dass es die Schöpfung in ihrer dualistischen Stofflichkeit ist, vor der man sich hüten sollte, weil sie uns von der Einheit Gottes entfernt.

Auch Begräbniszeremonien haben ihren tieferen Sinn verloren. Bei uns führt man sie nur noch für die Trauerarbeit der Hinterbliebenen durch, dabei waren sie ursprünglich für die Toten selbst gedacht. Antike Traditionen stimmen einhellig darin überein, dass Seelen sich nicht so einfach von der stofflichen Welt lösen, sondern Gefahr laufen, lange Zeit in den dichtesten Sphären des Jenseits herumzuirren. Man muss ihnen also durch Gebete und Beschwörungen auf ihrem spirituellen Weg zum Licht und zur Liebe helfen.

Rituale dürfen weder intellektualisiert noch dogmatisiert werden, da ihr Ziel allein darin besteht, eine Erfahrung in unserem tiefsten Inneren hervorzurufen. Auf diese Erfahrung kommt es an, nicht auf ihre Interpretation in diesem oder jenem Sinne. Und wenn man bedenkt, dass Christen von der Kirche für eine Interpretation des heiligen Abendmahls, das von der offiziellen Version abwich, gefoltert worden sind …

Die Religion kommt uns häufig trocken und unverständlich vor, weil man uns den Sinn ihrer Rituale nicht erklärt. Das kritisiere ich auch an den meisten religiösen Zeremonien. Sie sind nur Mittel zum Zweck. Sie verpflichten uns dazu, Handlungen zu wiederholen, die uns nicht erläutert werden. Wenn wir aber die Rituale nicht verstehen, die uns die Türen zur Spiritualität öffnen sollen, fühlen wir uns hier auf Erden verloren und finden unseren Weg nicht. Wir sind wie Kinder, die sich im Wald verirrt haben.

Früher war Spiritualität etwas Esoterisches, und alle Erläuterungen blieben den Normalsterblichen verborgen. Schon bei den alten Ägyptern waren die Priester die Hüter geheimer Praktiken, und die katholische Kirche hat die Tradition aufrechterhalten, die Grundsätze ihres Glaubens nicht zu erklären. Im Mittelalter wurden nur Bücher gedruckt, die die bischöfliche Druckerlaubnis erhalten hatten. Heute hat sich die Lage geändert. Durch das Internet sind wir in der Lage, die Theorien aller Meister zu sondieren, die seit Anbeginn der Menschheit existiert haben. Es steht jedem offen, die spirituelle Bewegung auszuprobieren, die ihm am besten gefällt. Mit einem einzigen Klick unterbrechen Epiktet, Durkheim oder Krishnamurti unseren Alltag. Das hat zur Folge, dass immer mehr Gläubige die Kirchen verlassen, weil sie in deren Ritualen, im Zölibat der Priester, im Verbot der Scheidung, in der Ablehnung der homosexuellen Ehe usw. keinen Sinn mehr erkennen können.

Sogar das Wort »Liebe« bedarf der Erläuterung, weil es nicht mehr für alle dieselbe Bedeutung hat. Ist es eher Mitgefühl, Empathie, Nächstenliebe oder wohlwollende Aufmerksamkeit? Heute liebt man etwas, morgen schon nicht mehr. Selbst meine Frau liebe ich nicht jeden Tag auf die gleiche Art und Weise, und vielleicht verlasse ich sie eines Tages, wer weiß?

Wenn wir uns weit in der Vergangenheit auf die Suche nach der Antwort machen, stoßen wir auf Konfuzius, der gesagt hat: »Sei es durch deine Geste, deine Worte oder durch deinen Blick, du erlaubst dem Menschen, sich zu erheben, und so vollführst du einen Akt der Liebe.« Diese Aufgabe sollte der Religion zukommen: uns und anderen erlauben, uns zu erheben.

Um dieses Ziel zu erreichen, bleibt uns der spirituelle Weg. Auf ihm lernen wir diese Geste, diese Worte und diesen Blick kennen und kommen mit Bewusstsein und Mitgefühl wesentlich schneller voran als mit Dogmen und Doktrinen. Er steht nicht mehr nur bestimmten Würdenträgern offen, sondern jedem Einzelnen, der das Bedürfnis verspürt, sich allen Dimensionen zu öffnen, die ihm auf diesem Weg zugänglich sind.

GIBT ES EINE ANDERE WELT?

Ich glaube nicht, dass der spirituelle Weg ein passiver Weg ist, auf dem wir schlicht darauf warten, dass uns die Gnade durch göttlichen Willen zuteilwird. Wir müssen uns aktiv für Energie statt Stofflichkeit, Mitgefühl statt Gleichgültigkeit entscheiden. Wir müssen bewusst beschließen, unser Inneres durch das Streben nach Güte und Weisheit auszubilden. All das bekommt in dem Moment eine neue Bedeutung, in dem wir erkennen, dass die Welt, in der wir leben, nicht die einzige ist. Manchmal lüftet sich der Schleier, der uns für gewöhnlich blind macht, und zeigt uns Bruchstücke des Unsichtbaren. Doch sind wir bereit, das Unsichtbare wahrzunehmen? Sind wir offen genug für die Synchronizität und andere Zeichen des Lebens, die uns den Weg Richtung Transzendenz weisen?

Eine Welt, die über uns hinausgeht

Sind Sie schon einmal aus einem besonders intensiven Traum erwacht, in dem Sie das Gefühl hatten, etwas real zu erleben? Erinnern Sie sich noch, wie sehr Sie in seine Handlung eingetaucht sind, wie sehr Sie sich mit jeder Einzelheit identifiziert und auf einen positiven Ausgang gehofft haben?

Was blieb nach dem Aufwachen von alledem? Ein Lächeln darüber, steif und fest an eine Illusion geglaubt zu haben! Alles, was Sie für real hielten und was eine solche Bedeutung für Sie hatte, war Ihrer bloßen nächtlichen Vorstellungskraft entsprungen. Als Sie sich in die Arme von Morpheus begaben, sind Sie von einer Welt in die andere getreten.

Wie wäre es, plötzlich aus unserem alltäglichen Leben zu

erwachen? Könnte es nicht sein, dass unser Leben, das wir bei Tag für ebenso real halten wie unsere Träume bei Nacht, in Wirklichkeit auch nur eine große Illusion ist? Werden wir bei unserem Tod ebenfalls von einer in die andere Welt treten? Und wieso nicht schon viel früher? Zum Beispiel während der gnadenvollen Augenblicke und der erleuchteten Momente, die unseren Weg säumen und uns häufig den Eindruck vermitteln, wir würden hinterher ein bisschen mehr verstehen als vorher?

Ich stelle mir die unterschiedlichen Bewusstseinszustände wie ein Kontinuum zwischen Tiefschlaf und spiritueller Erleuchtung vor. Unser tägliches Leben befindet sich irgendwo im Mittelfeld. Unser tägliches Leben? Ein Zustand der Lethargie, den wir auf allen vieren verbringen, die Nase im Teppich unserer Existenz vergraben. Den Wachzustand kennen wir nicht, in dem wir aufrecht gehen, in dem unser Kopf den Himmel berührt und wir allmählich das Muster des Teppichs erahnen können, das sich aus vielen kleinen Punkten zusammensetzt, die wir bis dahin direkt vor Augen hatten.

Wir leben für gewöhnlich in einer unbegreiflichen Welt, in der die Gräuel, die wir mitansehen müssen, uns sogar an der Existenz Gottes zweifeln lassen. Dennoch beschreiben alle Eingeweihten eine andere Welt, die sich auf einer anderen Ebene befindet und deren Bezugssystem sich völlig von unserem unterscheidet.

Spirituell die Flughöhe ändern können wir, indem wir andere Welten wahrnehmen, andere Existenzebenen, die an höhere Bewusstseinszustände geknüpft sind. Es geht nicht darum, die Nacht zum Tag zu machen, sondern das tägliche Leben zu einem erweckten Zustand. Doch jede Welt ist nur durch den ihr entsprechenden Bewusstseinszustand wahrnehmbar. Mit unserem bloßen Willen können wir uns weder in den Gefühlszustand eines Traumes zurückversetzen noch einen gnadenvollen Moment auslösen.

Ich fürchte, ich drücke meine Vorstellungen noch immer zu abstrakt aus. Versuchen wir es noch einmal anders.

Zwischen Masse und Energie

Es gibt noch ein weiteres Kontinuum, das uns dabei helfen kann, das Ganze etwas klarer zu sehen: Es führt von der Energie zur Masse oder – aus dem Blickwinkel der spirituellen Entwicklung betrachtet – vielmehr von der Masse zur Energie.

Inzwischen ist durch physikalische Gesetze bewiesen, dass Masse und Energie zwei Eigenschaften, zwei unterschiedliche Zustände derselben Schwingung sind. Je nachdem, wo der Zeiger innerhalb dieses Kontinuums steht, befindet sich auf der einen Seite die dichteste und stabilste Masse, die nur mit wenig Energie aufgeladen ist, weil die Schwingungsfrequenz am niedrigsten ist, etwa ein Stein, um ein vertrautes Beispiel zu wählen. Auf der anderen Seite befindet sich subtilere Energie, weniger durch Masse verkörpert, mit einer höheren Schwingungsfrequenz, ganz gleich, wie wir diese nennen mögen.

Der Mensch befindet sich irgendwo zwischen diesen beiden Extremen, zwischen der dichtesten Masse und der reinsten Energie. Wenn man seinen Körper betrachtet, ist er natürlich der Masse näher, wenn man jedoch seine Psyche betrachtet, ist sie dem energetischen Pol näher, und noch mehr gilt dies für seine Seele. Wir brauchen beides, um existieren zu können, sowohl Masse als auch Energie. Alle Ebenen gehen fließend ineinander über. Das Gehirn ist Masse, doch die chemischen Reaktionen seiner Zellen sind im Labor beobachtbar, weil sie elektromagnetische Wellen produzieren, die man Gedanken nennt.

Rufen Sie sich in Erinnerung, was Sie einmal im Biologieunterricht gelernt haben. Haben Sie sich gefragt, wie eine einzige Urzelle, indem sie sich millionenfach teilt, die Gestalt einer Pflanze, eines Tieres oder eines Menschen annehmen kann? Wie jede neue Zelle weiß, wo sie hingehört und wie sie sich von den anderen unterscheiden muss, um die endgültige Form mit hervorzubringen?

Es heißt, es gebe eine Energiehülle, die wie eine unsichtbare Gussform funktioniert. Wenn man Eisenspäne in ein Magnetfeld streut, zum Beispiel zwischen zwei Stabmagneten, verteilen sich die winzigen Späne exakt entlang der Feldlinien. Ähnlich scheint es mir auch bei Lebewesen zu sein. Die Zellen, Glieder und Organe verteilen sich im Inneren einer energetischen Form, um zu einem Körper irdischen Lebens zu werden.

Vielleicht existieren wir in subtilerer Form in einer höheren energetischen Welt, bevor wir uns auf einer dichteren Ebene materialisieren. Wenn wir bereit sind, verbinden sich ein Spermium und eine Eizelle und beginnen, sich im Inneren einer Energiehülle zu teilen, um uns unseren Körper zu geben. Da wir nicht alle in dieselbe Form gegossen werden, gleichen sich unsere Körper nicht genau. Schönheitsfehler oder körperliche Fehlbildungen rühren von energetischen Narben her, aber fragen Sie mich nicht, wie diese zustande kommen ...

In der traditionellen, das heißt einer esoterischen Tradition entstammenden Medizin ist man im Gegensatz zur westlichen, allopathischen Medizin der Ansicht, dass der Mensch aus einem physischen sowie mehreren energetischen Körpern unterschiedlicher Schwingungsqualität besteht. Der physische Körper mit seiner Temperatur, dem Herzschlag und dem Atemrhythmus verfügt über eine niedrigere energetische Schwingungsfrequenz als die ihn umgebenden Hüllen, die über unsichtbare Schwingungen von höherer Frequenz verfügen. Diesem Modell zufolge entstehen Krankheiten zunächst aufgrund von minimalen Gleichgewichtsschwankungen in den energetischen Körpern, die sich dann allmählich auf den materiellen Körper ausbreiten. Der Hormonhaushalt ist eine der Materialisationsformen des Energiezustands. Wir befinden uns hier nicht mehr in der Psychosomatik, sondern in der »energetischen Somatik«. Behandlungsformen wie Akupunktur, Homöopathie oder Ayurveda behandeln auf einer subtilen Ebene, indem sie auf den Energiefluss einwirken, bevor das Problem überhaupt auf die dichtere Ebene übergehen kann. Wenn man diesen Gedankengang einmal weiterspinnt, kann auch durch Psychotherapie in gewissem Sinne verhindert werden, dass psychische, also immaterielle Störungen zu körperlichen, also somatischen Symptomen führen.

Die Wissenschaft stritt jahrhundertelang ab, dass Blut in unseren Adern fließt, und die ersten Mediziner, die dies bewiesen, wurden von der Inquisition auf dem Scheiterhaufen verbrannt. Heutzutage hat sich die Debatte auf eine andere Ebene verschoben. Schulmediziner sind überzeugt davon, dass sich die Energie auf lokale chemische Reaktionen im Zellinneren beschränkt. Wann wird man anerkennen, dass sie den gesamten Körper umgibt und entlang der Akupunktur-Meridiane verläuft?

Ich will nicht weiter ins Detail gehen, aber es ist mir wichtig, diesen Zusammenhang aufzuzeigen, um Ihnen die weitere Betrachtung unseres Themas zu erleichtern.

Ich stelle mir das verlorene Paradies nämlich als den reinsten Energiezustand vor, der noch nicht von der Masse beeinträchtigt wurde. Auf die eine oder andere Weise kennt es jede Religion. Zwar unter verschiedenen Begriffen, doch das Konzept gibt es überall: ein Zustand absoluten Bewusstseins und Wohlbefindens, der nicht von der folgenden Dualität der Schöpfung beeinflusst ist.

Dann folgt der Sündenfall, die Fleischwerdung, die Umwandlung in Masse. Ich weiß nicht, warum das passiert, aber es stört mich auch nicht, wenn diese Frage unbeantwortet bleibt. Für die Kirche war der Sündenfall eine Strafe. Die Erbsünde – haben wir sie selbst gewählt oder wurde sie uns aufgezwungen? Auch auf diese Frage habe ich nie eine zufriedenstellende Antwort gefunden.

Doch genau wie im Umgang mit Krisen ist es weniger die Ursache, die uns interessieren sollte, als vielmehr, was wir daraus machen wollen.

Wir leben jetzt auf der Erde, bestehend aus einem Massepol und einem Energiepol, aus einem greifbaren körperlichen und einem nicht greifbaren unsichtbaren Teil. Unser Massepol wird wie selbstverständlich zu unserer Hauptsorge. Er ist es, der uns Befriedigung, Stärke, Reichtum und Kontrolle verschafft, und wir beginnen zu glauben, dass all das den Sinn des Lebens darstellt. Doch er ist es auch, der Schmerz, Traurigkeit und Leid in uns verursacht: all das, was uns sagen lässt, dass wir Gottes Absichten nicht mehr verstehen – oder gar, dass wir nicht mehr an ihn glauben.

Ohne unsere Lebensweise und unser berechtigtes Bedürfnis nach Befriedigung verleugnen zu wollen glaube ich, dass sich jeder Mensch folgende wesentliche Frage stellen sollte: »Möchte ich meine stoffliche Dimension über alles stellen, oder werde ich auch versuchen, meine energetische, spirituelle Dimension zu entwickeln?«

Ich sage bewusst »auch«, weil ich kein Extremist bin. Mir ist klar, dass wir unser materielles Überleben und das unserer Familie sichern müssen und dankbar die guten Momente annehmen sollten, die das Leben uns beschert. Allerdings ohne beides als das höchste Ziel anzusehen und auch ohne zu glauben, unsere Welt würde zusammenbrechen, wenn wir es nicht erreichen.

Es ist alles eine Frage des Blickwinkels auf unser Leben. Wir können unseren Blick horizontal um uns herum schweifen lassen und hier unser Lebensziel finden, in unseren Beziehungen, unserem Beruf und unserem Bankkonto. Doch der Blick kann sich auch nach innen richten, introspektiv werden, um uns dabei zu helfen, uns selbst besser kennenzulernen.

Schließlich können wir ihn anheben, um in der spirituellen Dimension den Sinn unseres Lebens zu finden.

Es geht nicht darum, einen Schnitt zwischen stofflichem und spirituellem Leben zu machen. Ich kenne Millionäre, die weiser und gütiger sind als viele bettelarme Menschen, die überzeugt davon sind, dass ihr karges Leben zum Seelenheil führt.

Ich glaube auch nicht an Paradies oder Hölle als himmlischen oder unterirdischen Ort. Für mich ist die Hölle gleichbedeutend mit einer Entwicklung einzig in Richtung des materiellen Pols. Sie besteht darin, sich immer mehr in der Dualität und ihren Exzessen einzurichten und die Kräfte zu vernachlässigen, die uns zum Aufstieg in eine höhere Dimension verhelfen können. Manchmal absichtlich, meist aber unbewusst und aus Unwissen. Deshalb ist es so wichtig, ein Bewusstsein für eine andere Welt zu entwickeln, die über uns hinausgeht.

Das Paradies hingegen steht für eine Bewegung nach innen und den Versuch, unseren spirituellen Pol aktiv zu entwickeln, uns vom Abstieg in die Stofflichkeit und die Dualität der Fleischwerdung zu befreien, um zu einem höheren Energiezustand zurückzufinden.

Ich weiß nicht, ob der Mensch bei seiner Geburt von Grund auf gut ist oder nicht. Ich glaube jedenfalls nicht, dass die Menschen eine bewusste Entscheidung für das Böse treffen. Es ist einfach viel leichter, sich von der Dichte der Masse und all ihren Reizen anziehen zu lassen. Zumindest anfangs ist es angenehm, bis dann eine leidvolle Erfahrung uns dazu drängt, uns auf die Suche nach etwas anderem zu begeben ...

Ob die Hölle und das Paradies nun unbewusste Tendenzen oder aber bewusste Entscheidungen sind: Wir leben weiterhin in einer dualistischen Welt. Selbst wenn wir die spirituelle Weiterentwicklung zu unserer Lebensweise machen, bietet uns diese kein sofortiges Heil. Nach wie vor sind wir von den Entscheidungen anderer abhängig. Der Gefangene im Konzentrationslager hat sich nicht selbst für die Hölle entschieden – er ist Opfer seiner Folterknechte, die diese Entscheidung für ihn getroffen haben.

Dazu fällt mir folgende Metapher ein: Wenn wir in den Ozean springen, werden wir nass, selbst wenn wir zu schwimmen versuchen. Wenn wir schwimmen, ertrinken wir zwar nicht, aber wir bleiben nass, bis wir eines Tages vielleicht das Ufer erreichen und dort trocknen.

Die Entscheidung fürs Paradies

Wir sollten also daran arbeiten, unsere Schwingungsqualität zu vervollkommnen, um uns von den niederen Energien zu befreien, die uns Richtung Masse ziehen. Uns mit den subtileren Energien verbinden, um uns mit dem Wert unserer Seele in Einklang zu bringen.

Ist Ihnen das zu abstrakt? Dann sage ich es noch einmal etwas konkreter: Sich von den niederen Energien zu befreien bedeutet, Gewalt, Hass, Wut, Neid und Grausamkeit aktiv zu vermeiden: alles, was uns nach unten zieht, in die niedersten Winkel unseres Wesens. Vielleicht fühlen Sie sich an die sieben Todsünden erinnert, aber ich mag diese Bezeichnung nicht, die meist in moralischem Kontext steht. Ich glaube, dass wir dem Bösen durchaus von Zeit zu Zeit einmal erliegen können, ohne dass dies gleich beweist, wir hätten uns absichtlich dafür entschieden. Kein Grund, gleich in den Beichtstuhl zu rennen, wenn es passiert ist. Geben wir uns erst einmal mit der Entscheidung zufrieden, es nicht zu unserem Ziel zu machen. Dann können wir genug Distanz aufbauen, um uns in Erinnerung zu rufen, dass wir in Wirklichkeit nach etwas anderem suchen. Wir sollten die Priorität wieder auf das legen, was unsere Seele erhebt, auf unsere Schwingung und auf das, was uns innerlich aus dem Gefängnis der Stofflichkeit befreit: Liebe, Mitgefühl, Empathie, Toleranz, die Fähigkeit zu verzeihen, Lächeln, Ausgeglichenheit, Weisheit, Güte. In unserem täglichen Handeln anderen und uns selbst gegenüber – durch Meditation, Gebete, durch alles, was unser Bewusstseinsniveau anheben kann und uns der Erleuchtung näherbringt.

Dies ist die faszinierendste Lebensweise: wenn wir es schaffen, uns im Alltag selbst zu beobachten, um uns unserer Emotionen bewusst zu werden und ihre Qualität zu erhöhen. Uns immer bemühen, die Liebe zu verstärken, die zwischen uns und den anderen zirkuliert. Als ich weiter oben vom Lächeln als positiver Energie sprach, haben Sie sich vielleicht gefragt, ob ich nicht eher »Freude« hätte schreiben sollen. Häufig wird angenommen, es sei die Freude, die ein Lächeln hervorbringt. Nun, ich denke vielmehr, dass es das Lächeln ist, das Freude bereitet. Es ist unmöglich, gleichzeitig zu lächeln und wütend zu sein. Testen Sie einmal selbst die Wirkung eines Lächelns vorm Spiegel, wenn Sie aufgebracht sind, und beobachten Sie, wie sich Ihre Stimmung sofort bessert.

Wenn man von Mitgefühl und Empathie spricht, stellt man sich vor, dass beides positiv auf unsere Mitmenschen wirkt. Aber im Prinzip hat beides auf uns selbst den größten Effekt. Versuchen Sie einmal, auf die Welle des Glücks zu achten, die auf Sie einstürmt, wenn Sie das nächste Mal bewusst jemanden glücklich machen. Nicht in Form eines Geschenks für einen guten Freund, sondern durch eine persönliche Aufmerksamkeit einer Person gegenüber, der Sie nichts schuldig sind. Eine nette Geste ohne Hintergedanken, die Sie mit jemandem verbindet.

Unser Mitgefühl lässt uns den Weg wahrnehmen, auf dem wir, genau wie alle anderen, in unserem Leben voranschreiten, mit all unseren Hoffnungen, unserer Freude und unseren Enttäuschungen – ganz zu schweigen von den Turbulenzen, die uns zu dem gemacht haben, der wir sind. Ich erinnere mich an einige Kriminelle, die bei mir in Behandlung waren oder für die ich psychiatrische Gutachten erstellt habe. Der Augenblick, in dem ich ihre Innenwelt wahrgenommen habe, war wie eine Erleuchtung für mich. Es ging nicht eine Sekunde darum, ihr Verhalten gutzuheißen, aber mir wurde klar, dass ihr bisheriges Leben sie unmöglich an einen anderen Ort hätte führen können. Oft hatte großes Leid sie zu dem gemacht, was sie waren. Wenn wir uns vollkommen in einen anderen Menschen hineinversetzen, können wir seine Weltsicht wahrnehmen, sie in uns nachempfinden und seltsamerweise einen gnadenvollen Moment erleben. Unser Mitgefühl schenkt uns Augenblicke der Erleuchtung.

Unsere Erziehung ist in dieser Hinsicht von unheimlicher Bedeutung. Als Jugendlicher bin ich einmal von einem älteren Cousin, der mich beeindrucken wollte, ins Restaurant eingeladen worden. Nach dem Essen wandte er sich hochnäsig an die Inhaberin und sagte ihr, er habe sich von der Akne der Kellnerin gestört gefühlt. Pubertär, wie ich war, fand ich das so lustig, dass ich es kurze Zeit später meinen Eltern erzählte. Diese ließen mich die andere Seite der Medaille betrachten. Die junge Frau hatte diesen Beruf gewählt und sicherlich große Hoffnungen für die Zukunft in ihn gesetzt. Und nun drohte ihr womöglich wegen eines gesundheitlichen Problems, das ihr ohnehin schon genug Leid brachte, die Entlassung. Das Nachempfinden dieses Schmerzes hat echtes Mitgefühl in mir ausgelöst. Später ist es mir gelungen, dies auch meinen Töchtern begreiflich zu machen, als eine von ihnen lachend aus dem Kindergarten nach Hause kam, weil sie ein anderes Kind aufgrund seiner Hautfarbe nicht in ihrer Gruppe hatte mitspielen lassen. Als ich ihr klargemacht hatte, welches Leid diese Zurückweisung in dem kleinen Jungen hervorgerufen haben musste, fing sie an zu weinen. Unsere Unfähigkeit, uns in andere hineinzuversetzen, ist der Grund für die meisten unserer schlechten Taten. Die Erfahrung von Mitgefühl bringt uns anderen näher, aber auch uns selbst und dem Strom des Lebens, durch den wir uns in subtilere Energie verwandeln können.

Unsere jüdisch-christliche Tradition lehrt uns, dass wir anderen durch Mitgefühl oder Hass, durch Vergebung oder Gewalt Gutes oder Schlechtes tun. Es ist an uns selbst, ob die Energie, die durch unser Auftreten freigesetzt wird, Gutes oder Schlechtes bewirkt. Wenn man jemandem vergibt, befreit man allen voran sich selbst aus einer negativen Situation. Wenn man jemanden hasst, tut man sich selbst nicht gut, der Hass nagt an den eigenen Eingeweiden, man selbst ist es, der in einer niedrigfrequenten Energie gefangen ist. Derjenige, den wir hassen, leidet niemals so sehr wie wir selbst.

Durch die Entscheidung, die wir mit unseren Gedanken, unseren Gefühlen und unserem Auftreten treffen, schwanken wir zwischen unserer eigenen Hölle und unserem eigenen Himmel.

Was denken Sie gerade? Dass ich vollends ins Irrationale und Mystizistische abgerutscht bin? Dass Sie das Buch lieber doch schon früher hätten zuklappen sollen? Aber nein, nichts von dem, was ich hier schreibe, ist irrational. Es wurde sogar durch die neueste Forschung auf dem Gebiet der Neurowissenschaften bewiesen, inspiriert durch Matthieu Ricard und das Mind and Life Institute, und zwar mithilfe von Neuroimaging, der Beobachtung unserer Hirnzellen in Aktion.

Diese Studien zeigen, dass Depressive, die immer wieder an traurige oder hasserfüllte Dinge denken, Aktivität in bestimmten Hirnregionen des Großhirns entwickeln. Mit modernsten radiologischen Mitteln kann also gezeigt werden, dass ein bestimmter Hirnbereich Oberhand über die anderen gewinnt, sobald man sich negativen Gefühlen hingibt.

Meditationsexperten, die sich auf die Erfahrung von Mitgefühl und Liebe konzentrieren, bilden wiederum andere Bereiche aus, vor allem die Inselrinde, die Amygdala und den Gyrus angularis. Je mehr sie dazu angehalten sind zu meditieren, desto mehr Aktivität leuchtet in diesen Regionen auf und bleibt über lange Zeit intensiv. Noch erstaunlicher ist, dass man bei den Meditierenden eine Verstärkung der grauen Substanz im linken Hippocampus sowie eine Verminderung entzündlicher Reaktionen im Immunsystem feststellen kann.

Ich möchte (gern gemeinsam mit Ihnen) folgende Schlussfolgerung aus diesen wissenschaftlichen Studien ziehen: Wir werden, was wir denken! Unser Hirn verändert sich entsprechend unserem Verhalten und unserer Art und Weise, es zu benutzen. Wir können selbst entscheiden, ob wir Liebe oder Hass werden, Mitgefühl oder Grausamkeit, Ausgeglichenheit oder Aufruhr, Sittsamkeit oder Trieb, Energie oder Masse, Spiritualität oder Fleischwerdung, Paradies oder Hölle sowie eines Tages womöglich Einheit statt Dualität.

Diese Forschung hat Überzeugungen revolutioniert. Während meines Studiums habe ich noch gelernt, dass das Gehirn ein ab der Geburt unveränderliches Organ sei; das Einzige, was man daran trainieren könne, sei das Gedächtnis. Heute weiß man, dass es ein sich stetig entwickelnder Zusammenschluss von Zellen ist, dessen Verästelungen und Verbindungen sich mit der Zeit und vor allem durch unser Erlerntes verändern.

Sicher, unser Gehirn wird durch unsere Erfahrungen konditioniert. Je nachdem, was das Leben aus uns gemacht hat, lässt es uns denken und handeln. Doch andersherum kann man genauso gut sagen, dass wir es beeinflussen und seine Funktionsweise und sogar seine Anatomie verändern können, indem wir uns einer spirituellen Welt öffnen. Das bedeutet, dass das Gehirn eines Weisen anders arbeitet als das eines Normalsterblichen.

Selbst unsere Gene kommen je nach Verhaltensgewohnheiten unterschiedlich zur Ausprägung, abhängig davon, ob die Ausschüttung von Hormonen ausgelöst oder gedämpft wird. Wir sollten wissen, dass unsere Lebensweise unsere körperlichen Funktionen beeinflusst und sogar an unsere Nachkommen vererbt werden kann.

Es gibt ein Bild, das mich in dieser Hinsicht sehr beeindruckt hat. Ich hatte die Gelegenheit, unter dem Elektronenmikroskop eine Gehirnzelle dabei zu beobachten, wie sie eine neue Verbindung herzustellen versucht. Man sieht einen Faden, wie ein ganz feiner Tentakel, kurz zu mehreren anderen Zellen Kontakt aufnehmen, bevor er sich mit einer von ihnen verbindet. Nach welchen Kriterien? Keine Ahnung, zumal es sich nur um ein Laborexperiment handelte. Doch immer wenn das im Kopf eines Menschen passiert, ist ein neuer Gedanke geboren. Von dem Augenblick an wusste ich, dass genau das Gleiche in meinem eigenen Kopf passiert und dass ich für die von mir erschaffenen Nervenverbindungen und meine mentale Architektur selbst verantwortlich bin.

Doch wie können wir noch darüber hinausgehen? Wie können wir uns eine Vorstellung von der höheren, spirituellen Welt machen, die per definitionem nicht mit menschlichen Worten zu beschreiben ist? Wie können wir uns die Energie vorstellen, wo wir doch der Masse verhaftet sind? Gelingt es uns, sie zu erspüren, wenn wir sie schon nicht erklären können? Können wir einen Blick auf die andere Seite des unsichtbaren Schleiers erhaschen?

Zeichen und Synchronizität

Nach dem Tod meiner Mutter habe ich umgehend ihre uralte Tante benachrichtigt. Schon seit einigen Monaten hatte ich den Eindruck, dass diese Tante bereits zwischen den Welten der Lebenden und der Toten weilte. Als ich ihr Krankenhauszimmer betrat, drückte sie mir bereits ihr Beileid aus, bevor ich überhaupt ein Wort sagen konnte. Durch ihren Schwebezustand zwischen zwei Welten hatte sie die Nachricht schon erhalten, ohne dass ich sie hatte aussprechen müssen.

Da wir uns spirituell auf einem relativ niedrigen Niveau

befinden, leben wir wie unter einem Deckel, der uns von allem trennt, was wir nicht sehen oder verstehen können. Diese andere Ebene ist uns nicht verboten, wir sind einfach nur nicht geübt darin, sie wahrzunehmen. Zumindest blicken wir nicht in die richtige Richtung, um sie erkennen zu können.

Es ist also nicht so wichtig, Erklärungen zu finden, sondern wir sollen Erfahrungen machen, die uns die Existenz einer anderen Dimension erahnen lassen. Ist Ihnen bereits aufgefallen, dass der undurchsichtige Schleier, der über uns liegt, manchmal einen Augenblick lang aufreißt und durchsichtig wird? Dass wie von Zauberhand Zeichen auftauchen, die uns leiten, uns auf unserem Weg voranbringen oder uns vor Irrtümern warnen?

Hören Sie sich einmal das Lied »Signs« von Neil Diamond an. Genau davon rede ich, nur kann er es so viel besser ausdrücken als ich …

Zu sagen, jemand hätte diese Zeichen ausgesandt, wäre eine Überinterpretation. Ich weiß nicht, woher sie kommen, aber das heißt noch lange nicht, dass man sie außer Acht lassen sollte. Sie sind von wesentlicher Bedeutung, da sie auf eine andere Realitätsebene verweisen. Nur wenige Menschen glauben an eine solche Ebene, da die Wissenschaft sie nicht beweisen kann. Aber wo liegt das Problem? Auch ohne sie erklären zu können, können wir sie sehr wohl wahrnehmen.

Gnadenvolle Momente können uns einen Vorgeschmack darauf geben, doch es gibt andere Erfahrungen, die ich in dieser Hinsicht noch ergiebiger finde: Synchronizitäten oder sinngemäße Koinzidenzen. C.G. Jung bezeichnete sie als »zeitliche Koinzidenz zweier oder mehrerer nicht kausal aufeinander bezogener Ereignisse, welche von gleichem oder ähnlichem Sinngehalt sind«.

Alles ziemlich theoretisch, ich weiß. Aber hier folgen einige selbst erlebte Beispiele.

Als ich C.G. Jungs Buch zu diesem Thema las, fand ich es

erst einmal furchtbar abstrakt und mysteriös. Ich fragte mich, wie einem diese Zeichen auffallen sollten. Musste man dazu besonders veranlagt sein? Eines Abends, als mir meine nachmittägliche Lektüre noch im Kopf herumschwirrt, sehe ich mir die Nachrichten im Fernsehen an. Darin wird von einem Hubschrauberabsturz in Frankreich und dem Brand eines Busses in der Türkei berichtet. Als ich aufstehe, um zum Tisch hinüberzugehen, stolpere ich über das aufgeschlagene Malbuch meiner zweijährigen Tochter: links auf der Doppelseite ein Hubschrauber, rechts ein Bus … In so einem Moment muss man sich entscheiden. Entweder Sie versuchen, so zu tun, als wäre nichts geschehen. Was sehr praktisch ist, da Sie sich so keinerlei Fragen stellen müssen. Sie können es auch bemerken, darüber lachen und es als Zufall abtun, der für Sie nichts weiter zu bedeuten hat. So ein Zufall kann schließlich ziemlich lustig sein. Oder aber Sie bleiben wie angewurzelt stehen, wie ich es getan habe. Ich fand keine besondere Zeichenhaftigkeit in der Tatsache, dass es sich um einen Hubschrauber und einen Bus handelte, sondern dass diese Synchronizität sich gerade jetzt ereignete, als wollte sie meine Nachmittagslektüre bestätigen und mich ermuntern weiterzulesen. Ich wusste nicht, woher sie kam, aber ich wusste, dass sie irgendwoher kam. Das Bedürfnis, mehr über dieses »Irgendwo« zu erfahren, ist seither zu einer Taschenlampe geworden, mit der ich fortan mein Leben zu erhellen versuche, zu einem Magneten, um ähnliche Erfahrungen anzuziehen. Die Offenheit für Zeichen des Lebens ist bei mir so zur Grundhaltung geworden.

Doch nicht alle Zufälle sind notwendigerweise sinngemäße Koinzidenzen. Man sagt, es gebe keinen Zufall, doch das glaube ich nicht. Nicht alle Ereignisse in unserem Leben sind zwangsläufig auf uns bezogen. Vieles geschieht ohne jeglichen Sinnzusammenhang, oder es bezieht sich auf jemand anderen. Wenn wir in allem Zeichenhaftigkeit suchen, werden wir schnell verrückt. Einige Psychosen manifestieren sich eben dadurch. Ich erinnere mich an folgende Unterhaltung zweier schizophrener Patienten auf der Terrasse einer psychiatrischen Klinik:

»Hast du die Wolke da gesehen? Unglaublich. Sie will uns was Bestimmtes sagen!«

»Quatsch! Das sagst du nur, weil du schizophren bist.«

In allem einen Sinn zu suchen, macht uns verrückt. Ihn nirgends zu suchen, macht uns dumm.

Als ich noch Deltaflieger war, fragte mich Wim Verstraeten, den Sie bereits aus den vorherigen Kapiteln kennen, ob ich als sein Copilot im Ballon den Atlantik überqueren wolle. Das Abenteuer reizte mich, doch ich hatte keinen Ballonpilotenschein, außerdem war ich mir nicht sicher, ob ich es hinnehmen konnte, dass der Wind den Kurs bestimmte und nicht ich ... Einen Monat vor der Ballonwettfahrt machte ich eine Studienreise nach Schanghai, um mich mit verschiedenen Aspekten der traditionellen chinesischen Medizin zu beschäftigen. Als ich einen Moment Zeit hatte, schlenderte ich durch ein Antiquitätengeschäft. Dort stieß ich auf eine Sammlung verschiedenster Talismane und Medaillen, auf die die Chinesen früher so versessen waren. Ohne genau zu wissen warum, griff ich nach einer Münze und bat den Verkäufer, mir die vier Schriftzeichen auf der einen Seite zu übersetzen. Zu meiner großen Verwunderung begann er folgendermaßen: »Wenn der Wind in deiner Wegrichtung weht ...« Ich war so ergriffen, dass ich die Münze bereits gekauft hatte, bevor der fassungslose Verkäufer den Satz beenden konnte: »... bringt er dir großes Glück.«

Woher kam plötzlich diese Botschaft? Nach 18 Jahren Delta- und Ultraleichtflugzeugfliegen, wo man auf Gegenwinde angewiesen ist und bei seinen akrobatischen Figuren häufig mit Turbulenzen zu kämpfen hat, wurde mir nun bestätigt, dass die Zeit gekommen war, um mit Rückenwind vom Atem der Natur getragen zu werden.

Als guter Wissenschaftler hätte ich eigentlich aus der Zahl

der chinesischen Schriftzeichen, der Menge der seit 200 Jahren produzierten Medaillen, der Anzahl von Antiquitätengeschäften sowie der Touristenmassen, die dieses Land besuchen, die Chance errechnen müssen, zufällig auf diese Nachricht zu stoßen. Und ich hätte nichts daraus gelernt! Statt die Offenbarung zurückzuweisen, indem ich mich auf irgendeine statistische Wahrscheinlichkeit berief, erinnerte ich mich lieber an die Metapher, die ich einmal im Gespräch aufgeschnappt hatte: »Der Zufall ist die Sprache der Götter!«

Halten Sie mich für abergläubisch? Aber was ist Aberglaube denn eigentlich, wenn nicht das Gefühl, nicht allmächtig zu sein, sondern im Gegenteil unter dem Einfluss universeller Kräfte oder Gesetze zu stehen, die uns dirigieren und die mit wissenschaftlichen Definitionen nicht greifbar sind?

Wie um mir zu beweisen, dass ich auf dem richtigen Weg und dass es nicht statistische Wahrscheinlichkeit war, die mir diesen Talisman in die Hände gespielt hatte, erlebte ich auf der Reise nach Bangor, dem Startort der Transatlantik-Ballonwettfahrt, eine weitere spektakuläre Synchronizität. Ich hatte Wim in London getroffen, mit meinen drei Gepäckstücken in den Farben seiner Landesflagge im Schlepptau: Schwarz, Gelb und Rot. Er konnte kaum glauben, dass das keine Absicht gewesen war. Aber ich war genauso erstaunt wie er. Als Psychiater habe ich mich natürlich sofort gefragt, ob es nicht eine unbewusste Handlung meinerseits war. Aber bei genauerem Hinsehen war das unmöglich. Den roten Koffer hatte ich ausgesucht, weil er der größte war, den ich besaß. Die gelbe Tasche war die einzige abschließbare Tasche meines Sponsors, in die ich meine wertvollen Geräte packen konnte. Und was die schwarze angeht, so hatte meine Frau sie im letzten Augenblick aus dem Keller geholt, weil die zunächst gewählte Tasche für den Rest meiner Arbeitsmaterialien zu klein war.

Auf jeden Fall zeigte mir diese Geschichte deutlich, dass

Belgien in jenem Jahr besonders bedeutsam für mich war, genau 60 Jahre, nachdem mein Großvater mit einem belgischen Assistenten in die Stratosphäre aufgestiegen war, finanziert vom belgischen Fonds National de la Recherche Scientifique. Diese Erkenntnis gab mir großes Vertrauen in die Zukunft und ließ mich verstehen, warum all die Hindernisse, die meiner Expeditionsteilnahme im Weg gestanden hatten, sich nach und nach in Luft aufgelöst hatten. Übrigens gewann unser Ballon das Rennen und kam als erster in Europa an, nachdem er den Atlantik von den Vereinigten Staaten aus in fünf Tagen und fünf Nächten überquert hatte.

War das Schicksal? Vielleicht, aber welche Erklärung gibt es für die anderen Beispiele?

Bei einem Ballonfahrertreffen signierte ich mein erstes Buch über die Transatlantik-Ballonfahrt, nahm eins nach dem anderen aus dem Karton und ließ mir für die Widmung jedes Mal den Vornamen nennen.

»Für Frédéric, bitte.«

Ich muss etwas abgelenkt gewesen sein, denn ich schrieb: »Für Dominique.«

»Sie haben doch Dominique gesagt, oder?«

»Nein, Frédéric.«

Ich legte das Buch zurück in den Karton und nahm ein anderes, in das ich diesmal die richtige Widmung schrieb. So weit nichts Außergewöhnliches, aber ein paar Wochen später folgte die Fortsetzung der Geschichte.

Ich hatte einen Vortrag vor einer Gruppe von psychiatrischen Patienten gehalten, von denen die meisten unter Psychosen litten. Ich erzählte die Geschichte der Transatlantikfahrt und erwähnte natürlich die Anekdote mit der chinesischen Medaille, als mich plötzlich ein Patient unterbrach: »Das ist eine Synchronizität! Und was für eine schöne! Ich habe ein Buch über dieses Phänomen geschrieben, aber da ich schizophren bin, nimmt mich keiner ernst ...«

Ich beendete meinen Vortrag und signierte danach meine

Bücher. Irgendwann war der schizophrene Patient an der Reihe. Ich nahm ein Buch aus dem Karton, schlug es auf und sagte zu ihm: »Oh, Entschuldigung. Ich muss Ihnen ein anderes geben, in dieses habe ich schon ›Für Dominique‹ geschrieben.«

»Das trifft sich gut, ich heiße Dominique!«

Am unglaublichsten an diesem Erlebnis fand ich, dass es keine Gleichzeitigkeit gab. Das Zusammentreffen der Ereignisse fand nicht im selben Moment statt. Es lagen zwei Monate dazwischen. Ich habe keine Ahnung, wie so etwas möglich ist. Ist der Zufall im Vorhinein bereits angelegt gewesen, mit einem festen Szenario, das sich genau so abspielen sollte? Oder kam das Zeichen aus einer Welt, in der es keine zeitliche Logik gibt?

Möchten Sie noch ein Beispiel?

Ich bin mit einer befreundeten Heilpraktikerin auf der Autobahn unterwegs, und sie erzählt mir Dinge, die ich kaum glauben kann. In dem Augenblick, in dem sie den Namen einer Person nennt, fahren wir auf gleicher Höhe wie ein Lastwagen, auf dessen Plane exakt dieser Name steht! Meine Skepsis löst sich sofort in Luft auf.

Abgesehen vom Fliegen über märchenhafte Landschaften sind Synchronizitäten die schönsten Augenblicke meines Lebens. Magische Momente, in denen ich das Gefühl habe, nicht allein zu sein, obwohl weit und breit niemand zu sehen ist. Ich bin Teil eines größeren Ganzen, das Dinge umfasst, die ich nicht begreifen kann.

Können wir uns vorstellen, geführt zu werden? Dass uns gezeigt wird, wohin wir gehen müssen, wie wir uns verhalten sollten? Dass wir zu einer Entscheidung ermuntert werden oder uns manchmal der Kopf geradegerückt wird, wenn wir übertreiben?

Das fragte ich mich eines Tages, als ich meiner Frau mit heftigen Worten ein Verhalten vorwarf, das ich ein paar Wochen zuvor ihr gegenüber selbst an den Tag gelegt hatte. Ein paar

Stunden später bekam ich eine E-Mail von einem Freund, der mir von seiner Bumerang-Sammlung erzählte ...

Man muss sich also in keinem tiefen Meditationszustand befinden, um Synchronizitäten erleben zu können. An jenem Tag ruhte ich nicht in mir, ich war sogar außer mir! Man muss vielmehr lernen, aufmerksam und offen gegenüber dem Unvorhergesehenen zu sein, um Synchronizitäten erkennen zu können. Meine Wut legte sich sofort, als mir klar wurde, dass Michèle es mir mit gleicher Münze heimgezahlt hatte. Das Karma wäre wesentlich leichter zu begreifen, wenn es uns jedes Mal eine erläuternde Synchronizität schicken würde, wie es diesmal der Fall war! Aber vielleicht tut es das ja, und wir erkennen es bloß nicht.

Die Annahme, dass Synchronizitäten aktiv und absichtlich ausgesandte Botschaften sind, ist durchaus verlockend. Doch davon weiß ich nichts. Diese Phänomene könnten genauso gut privilegierte Augenblicke sein, in denen wir eine Ahnung von einer höheren Welt mit ihren eigenen Regeln, Gesetzen und Funktionsweisen bekommen.

Es gibt so vieles, was wir nicht sehen. Haben Sie sich beim Betrachten einer weit entfernten Landschaft schon einmal all das vorgestellt, was zwischen Ihnen und dieser Landschaft liegt und trotzdem unsichtbar ist? Unsere Netzhaut nimmt nur eine begrenzte Bandbreite von Wellenlängen wahr. Das ganze Spektrum an hohen oder niedrigen Frequenzen wie Wärmestrahlung oder Radiowellen kann zwar von entsprechenden Geräten wahrgenommen werden, aber wir haben uns angewöhnt zu ignorieren, was unsere Augen nicht sehen. In Bezug auf die Zeichen des Lebens ist es noch schlimmer, denn diese lassen sich nicht einmal mit Geräten messen. Diese Tatsache nehmen manche zum Anlass, die Zeichen zu leugnen, ich jedoch interessiere mich dadurch nur umso mehr für sie!

Als ich nach meiner Weltumrundung im Ballon davon sprach, gab es eine Welle der Empörung. Der Erbe einer wissenschaftlichen Dynastie konnte doch nicht verkünden, ihm sei von »unsichtbarer Hand« geholfen worden!

Stellen Sie sich jemanden vor, der sein ganzes Leben unter einer Nebeldecke verbracht hat und sieht, wie die Wolken plötzlich aufreißen. Völlig verwundert wird er angesichts der Berggipfel aufschreien, überall erzählen, was er gesehen hat, auch auf die Gefahr hin, dass er fragende Blicke von seinen Mitmenschen erntet. Doch das Geheimnis liegt nicht darin, einen Zipfel blauen Himmels zu entdecken, sondern darin, die anderen bei ihrer Überzeugung bleiben zu sehen, das Universum sei noch immer grau und neblig.

Damals hätte ich mich sicher anders ausdrücken sollen, aber ich hatte einfach das Gefühl, »das«, was mich hat gewinnen lassen, zu betrügen, wenn ich es verschweige. Doch wie sollte man die Zeichen, die dieses Abenteuer begleiteten, auch anders erklären, ganz zu schweigen von denen, die mir vor der Atlantiküberquerung überhaupt die Welt der Ballonfahrt eröffnet hatten?

Beim zweiten Versuch der Weltumrundung starteten wir am Geburtstag meines Großvaters und scheiterten. Beim dritten Versuch starteten wir an meinem Geburtstag und waren erfolgreich – wie um mir zu zeigen, dass es hier wirklich um mein eigenes Schicksal geht.

Ein wahrhaft himmlisches Treffen mit Charles-André Ramseier, durch den alles begann, als er mich – damals noch Deltaflieger – in Château d'Oex zu einer Schnupperfahrt im Ballon einlud, und der mich aus dem Cockpit eines Linienflugzeugs über Funk kontaktierte, als er die Flugbahn des Breitling Orbiter 3 über Indien kreuzte.

Die Wand von drohenden Gewitterwolken, die sich wie von Geisterhand auflöste, und der Jetstream, der uns mit 230 Stundenkilometern über den Atlantik trieb, als uns beinahe das Gas ausging. Was einen unserer Meteorologen unvermittelt ausrufen ließ: »Es gibt also doch einen Gott!«

Und meine Lieblingszahl, die Fünf, die im quälendsten

Augenblick am Ende der Fahrt mehrfach auftauchte, als wir nicht wussten, ob wir das Risiko eingehen sollten, den Atlantik mit dem wenigen Gas zu überqueren, das noch übrig war. Die Flugüberwachung von Puerto Rico hatte uns den Code 5555 für den Transponder durchgegeben, und auf der Kraftstoffanzeige der beiden Gasbehälter mit der Nummer 5 wurden 55 Kilogramm verbleibendes Gas angezeigt.

Die Fünf war für mich schon immer mit Glück und Harmonie verbunden gewesen. In der glücklichsten Zeit meiner Kindheit, bevor meine Mutter starb, waren wir in der Familie zu fünft. Die Fünf ist zu meiner Glückszahl geworden und in entscheidenden Momenten meines Lebens aufgetaucht. Als sie dann dieses weitere Mal erschien, konnte ich nicht mehr an einen Zufall glauben. Ich habe mich ermutigt gefühlt, die Ballonfahrt fortzusetzen ... und erfolgreich zu beenden.

Das unglaublichste Auftreten der Zahl Fünf hatte jedoch ein Jahr zuvor stattgefunden. Ein Problem, das sich durch den Tod meiner Mutter ergeben hatte, hatte einen großen Streit mit meinem Vater ausgelöst. Wir hatten das Haus verlassen, um unsere stürmische Diskussion fortzuführen, als ich ein fünfblättriges Kleeblatt entdeckte. Es war das erste und letzte Mal in meinem Leben, dass ich eins fand. Ein vierblättriges Kleeblatt bringt bekanntlich Glück, und das fünfte Blatt kam an diesem Tag noch hinzu, als wollte es mir sagen: »Beruhigt euch. Ein bisschen mehr Harmonie, bitte ...«

Brauchen wir eine besondere Begabung, um Synchronizitäten zu bemerken? Ich hatte nie den Eindruck. Im Gegenteil, eher brauchen wir eine, um sie nicht zu sehen. Dafür reicht es schon, nie hinter den Vorhang aus Beweisbarem zu blicken und alles dem Zufall zuzuschreiben; überzeugt zu sein, dass es keine höhere Welt gibt und dass nur das existiert, was wir sehen, fühlen und messen können.

Man kann nur finden, was man sucht. Wir sollten also zugeben, dass wir nicht die gesamte Wirklichkeit überblicken, und wir sollten offen für das andere sein und so womöglich mehr wahrnehmen. Werden wir auf diese Weise mehr Synchronizitäten erleben? Ich weiß es nicht, aber in diesem Geisteszustand werden wir sie auf jeden Fall bemerken, wenn sie sich ereignen.

Ist das Ganze ansteckend? Man könnte es fast meinen. Ein paar Stunden, nachdem sie die erste Rohfassung meines Manuskripts gelesen hatte, stolperte die Lektorin von Éditions Stock zuerst über eine LP von Neil Diamond und kurz danach über ein Plakat von Gurdjieff!

Ich bringe diese Beispiele, weil ich in ihnen eine konkrete Schnittstelle zwischen sichtbarer und unsichtbarer Welt sehe, zwischen dem Zustand der Lethargie, in dem wir normalerweise leben, und dem Erleuchtungszustand, in dem sich der Sinn des Lebens offenbart.

Und was ist mit der Intuition? Sie ist der Moment, in dem der Schleier, der über uns liegt, ein paar Informationen durchlässt, in dem uns über ein paar Erklärungsfetzen die höhere Welt kurz zugänglich wird. Man fragt sich immer, wie Einstein, Newton oder Archimedes die berühmten Naturgesetze entdecken konnten. Haben sie nicht einfach die höhere Welt durch sich sprechen lassen?

Wir verstehen Phänomene wie diese kaum noch, weil uns die ganzheitliche Sichtweise fehlt. Häufig begreifen wir nicht, dass isoliert erscheinende Ereignisse oder Gefühle gemeinsamen Ursprungs sein können, so wie Punkte, die man durch eine Lupe betrachtet, aus der Entfernung ein komplexes Muster ergeben können. Wir verschwenden viel Zeit damit, jedes Phänomen getrennt von allen anderen verstehen zu wollen, um es zu berechnen, zu vermessen und seine Existenz oder Nichtexistenz zu beweisen. Die spirituelle Suche kann also als Bedürfnis definiert werden, Abstand von der Alltagswelt zu finden, um die Verbindung zwischen den wissenschaftlich unerklärlichen Phänomenen zu suchen und sie zu einem größeren Ganzen zusammenzufügen. Diese Suche zeigt uns, wie es ist, einen Blick hinter den Schleier des Sichtbaren, Rationalen zu werfen. Wenn wir die Dogmen und Ideen der Sekten und Konfessionen hinter uns lassen, grenzt es an Magie, wie wir auf einmal in der Lage sind, Übereinstimmungen zwischen den verschiedensten Dingen wahrzunehmen. Wie eine vierte Dimension, die völlig unterschiedlich aussehende Wege versammelt, um sie einem gemeinsamen Ziel und Sinn zuzuführen.

Wenn man in der Lage ist, die Dinge so zu sehen, kann man sich die Astrologie wie die Lehre der Synchronizitäten vorstellen, die zwischen dem Makrokosmos der Planeten und dem menschlichen Mikrokosmos bestehen. Das I Ging, die chinesische Kunst des Wahrsagens, würde dann durch das gleichzeitige Auftreten gewisser universeller Gesetze möglich, die sich im gleichen Augenblick in dem Fragenden mit offenem Geist sowie den Stäbchen des Spiels zeigen.

Ein anderer Erklärungsversuch wäre die Annahme, es gäbe zwischen unserem Leben und externen Ereignissen weder Ursache noch Wirkung, sondern lediglich gleichzeitige Manifestationen desselben übergeordneten Ganzen, die denselben Regeln folgen. In anderen Worten: Wenn uns etwas geschieht, worin wir keinen Sinn erkennen können, versuchen wir für gewöhnlich, eine Ursache dafür zu finden, auf die Gefahr hin, alles auf spiritueller Ebene abzulehnen, weil wir es uns nicht erklären können.

Ein Flug mit dem Ultraleichtflugzeug über den Poseidontempel auf dem Kap Sounion in Griechenland veranschaulichte mir auf faszinierende Weise diese Synchronizitäten von Makro- und Mikrokosmos. Während einer Unterhaltung zu diesem Thema fragte mich eine Freundin, die mich bereits mit ihren umfassenden astrologischen Kenntnissen erstaunt hatte, ob ich im Juni 1983 etwas Besonderes erlebt hätte. Sie erzählte, dass damals der Planet Neptun in Konjunktion mit meinem Geburtssaturn einen Transit durch das zwölfte Haus meines Horoskops vollführt hatte. Nun hat der Saturn ja eine enorme Bedeutung für mich, weil er meinen Aszendenten regiert. Und mir fiel ein, dass Neptun der lateinische Name des griechischen Gottes Poseidon ist, und ich erinnerte mich an den Flug über das Kap Sounion am 28. Juni 1983. Ich war wie vom Donner gerührt angesichts der Übereinstimmung, die sich auf unterschiedlichen Ebenen zugetragen hatte: Während ich auf Neptun traf, indem ich seinen Tempel aus einem kleinen Flugzeug heraus fotografierte, geschah ein ähnliches Zusammentreffen auf höherer Ebene, in meinem Sternzeichen, sozusagen im »Foto« meines Himmels. Und die Position des Saturns in meinem zwölften Haus erklärte auch, wie ich den Reisebericht geschrieben hatte, denn eine solche Konstellation konnte mir dabei helfen, unterbewussten Bildern oder inneren Zwängen eine konkrete, visuelle oder auditive Form zu geben: Während des Fluges hatte ich den Bericht zu Sounion komplett im Kopf entworfen und noch am selben Abend ohne Unterbrechung niedergeschrieben.

Als ich meiner Astrologie-Freundin zuhörte, war ich völlig fasziniert angesichts dieser sonnenklaren Anwendung eines alten hermetischen Gesetzes: Das, was sich an meinem astrologischen Himmel abgespielt hatte, war ebenso auch am Himmel über Sounion geschehen – das Zusammentreffen von Saturn und Neptun. Natürlich ist mein Horoskop nicht *die Ursache* dafür, dass ich am 28. Juni 1983 das Kap Sounion überflogen habe, aber ich habe das gleiche Erlebnis zur gleichen Zeit auf zwei unterschiedlichen Ebenen erlebt – einer konkreten und greifbaren Ebene und einer subtilen, nicht greifbaren Ebene.

Es sind also nicht die Bewegungen der Sterne, die die Bewegungen der Menschen bestimmen, sondern die Bewegungen der Sterne, der Natur und der Menschen werden von den universellen Gesetzen gesteuert. Auf jeder Ebene manifestiert sich ein Teil eines Ganzen.

Wir kommen zum letzten Konzept, das ich in diesem Kapitel gern behandeln möchte, bevor Sie womöglich glauben, ich hätte vollends den Verstand verloren. Für Kenner der mittelalterlichen Alchimie, denen die *Tabula Smaragdina* ein Begriff ist, handelt es sich um etwas ganz Offensichtliches. Dieser wegweisende esoterische Text, der wahrscheinlich durch die taoistische Kosmologie inspiriert ist, besagt bereits: »Das, was unten ist, ist wie das, was oben ist, und das, was oben ist, ist wie das, was unten ist, ein ewig dauerndes Wunder des Einen.«

Wenn wir über das nachdenken, was uns umgibt, kann es dann etwas Offensichtlicheres geben als diese Verbindungen zwischen unten und oben? Sehen wir denn nicht, dass alle Glieder der Kette vom Kleinsten bis hin zum Größten, vom Atom bis zum Kosmos, ähnlich beschaffen sind? Und dass sie vermutlich denselben universellen Gesetzen folgen – nicht denjenigen, die wir zu kennen glauben, sondern denjenigen, die wir kennen könnten. Der Begriff des Mikrokosmos hört auf, bloße theoretische oder metaphorische Vorstellung zu sein, sobald man die Ähnlichkeiten zwischen ihm und dem Universum beachtet. Atome bestehen genau wie die Sonnensysteme aus einzelnen Teilchen (Elektronen oder Satelliten), die auf einer Umlaufbahn um einen zentralen Kern kreisen. Auch der Mensch besteht aus einem physischen Körper, der von energetischen Hüllen umgeben ist, vergleichbar mit den Umlaufbahnen der Elektronen. Die neueste Forschung auf dem Gebiet der modernen Physik kehrt zu den ältesten Auffassungen der Kosmologie zurück. Man spricht heutzutage wieder von der Äquivalenz zwischen Masse und Energie, zwischen klein und groß, und vielleicht ist es eines Tages wieder möglich, dass der Mensch durch sein Streben nach Einheit die Verbindung zwischen den beiden Extremen herstellt. Vielleicht gelingt uns auch die Rehabilitation des alchimistischen Strebens, Göttliches von unserer Welt aus zu vollbringen – symbolisiert durch den Versuch, Gold aus Blei zu machen. Hermes Trismegistos und seine Anhänger haben ihr Leben dem Studium der universellen Gesetze und ihrer Anwendung im Größten wie im Kleinsten gewidmet, um Gott in ihrem Inneren empfangen zu können.

Die Alchimie, und dazu gehört auch die Astrologie, interessiert mich, da sie Physik, Psychologie und Spiritualität in sich vereint, um eine Erklärung für den Sinn der Dinge zu finden.

Sicher, ich hätte diese Konzepte von vornherein ablehnen können, wie viele andere Kartesianer auch. Dann hätte ich jedoch niemals mit dieser Freundin über Astrologie gesprochen, und mir wäre einiges verborgen geblieben. Auch hätte ich niemals verstanden, dass man ein Zeitschriften-Horoskop und ein ernsthaft erstelltes Horoskop in etwa so gut vergleichen kann wie einen Taschenrechner mit einem Computer.

Mir wäre auch nicht aufgegangen, dass wir Teil eines Ganzen sind und dass es Milliarden von Sternen gibt, die unserer Sonne ähneln. Und dass der Mensch sich trotzdem weiterhin für den Mittelpunkt des Universums hält, statt zu versuchen, diesem auf den Grund zu gehen. Ich hätte nie begriffen, dass wir von Gesetzen regiert werden, die über uns hinausgehen, und dass diese Erkenntnis unser Bewusstsein stärkt, statt unsere Freiheit einzuschränken.

Dennoch ist es erst der Anfang des Weges, der erste Schritt auf der Reise. Die Suche beginnt und dauert so lange an, wie wir den Mut besitzen, sie auf verschiedenen Flughöhen fortzuführen. Und wenn Ihnen angesichts der Unermesslichkeit dieser Aufgabe manchmal ein wenig schwindelig wird, benutzen Sie eine Ihrer neuen Fähigkeiten und verwandeln Sie den Schwindel in Abenteuerlust und Forschergeist.

ÖKOMANISMUS ALS ZIEL

Wie auch immer unser spirituelles Streben aussehen mag – wir leben in einer unvollkommenen stofflichen Welt. Da wir diese Welt nicht ändern können, müssen wir es schaffen, die Funktionsweise der Gesellschaft zu verbessern, damit unsere Lebensbedingungen so günstig wie möglich werden. Weil ein langfristiges Engagement für die Allgemeinheit nicht in der Natur des Menschen liegt, müssen wir den Einzelnen mit persönlichen und unmittelbaren Vorteilen zu erreichen versuchen. Der Kampf für eine bessere Umwelt für zukünftige Generationen wird also nicht sehr wirksam sein. Wir müssen uns einem »Ökomanismus« zuwenden, der Ökologie, Ökonomie und Humanismus verbindet. Diese Botschaft ist es, die das Projekt Solar Impulse statt Fluggästen transportiert. Sie soll so viele Menschen wie möglich dazu inspirieren, Pioniere ihres eigenen Lebens zu werden.

Die Macht der Kurzfristigkeit

Wir haben uns mit einigen der Bedingungen befasst, die notwendig sind, um im Wind des Lebens die Flughöhe zu ändern. Wir haben verstanden, wie wichtig es ist, den Ballast unserer vorgefassten Überzeugungen über Bord zu werfen, um besser mit anderen und uns selbst kommunizieren zu können. Und wir haben erkannt, wie nötig es ist, ein Bewusstsein für unsere inneren Kraftreserven und die Wahrnehmung einer spirituellen, höheren Welt zu entwickeln. Es ist in diesem Stadium ganz normal, dass wir uns fragen, wie all das unser Leben ändern soll. Es ändert ganz sicher unsere Beziehung zu uns selbst und anderen, vielleicht sogar unsere Vorstellung vom Leben, aber bedauerlicherweise nicht den Lauf der Welt selbst.

Die stoffliche Welt bleibt, wie wir bereits festgestellt haben, in ihrer Dualität verankert, und wir werden keinen Himmel auf Erden schaffen können. Doch wir können uns bemühen, die besten Bedingungen zu schaffen, um auf ihr zu leben und auf dem Weg zur Selbstverwirklichung voranzukommen.

Die Gesetze der spirituellen Welt sind zu hoch für uns. Bei der menschlichen Welt ist es genauso: Ihre Gesetze sind zwar weniger unbegreiflich, da wir jeden Tag mit ihnen zu tun haben, aber ebenso unveränderlich. Sie spiegeln wider, was wir sind und was wir – nicht als Einzelner, sondern im Kollektiv – mit der Stofflichkeit und Gespaltenheit in uns daraus machen.

Natürlich wollen wir das verbessern, was uns umgibt. Jeder will das, aber wem gelingt es tatsächlich? Pazifisten, Ökologen, Künstler und Philosophen haben ihre eigenen Herangehensweisen, die wir jedoch für utopisch halten. Die Politiker reden, ergreifen aber selten die nötigen Maßnahmen. Forscher haben schon immer davon gesprochen, wie zerbrechlich unser Planet in all seiner Schönheit und wie voller Wunder das Leben ist, und wir lauschen ihren Erzählungen, durch die sich doch nichts ändert.

Es ändert sich nichts, weil unsere jetzigen Prioritäten sich von den zukünftigen unterscheiden. In der Gegenwart müssen Staaten Konflikte lösen, Unternehmen müssen Löhne zahlen, Investitionen amortisieren und Märkte erschließen, und jeder Einzelne möchte Einfluss nehmen und Geld verdienen. Sind wir wirklich bereit, unsere Gewohnheiten oder unsere Bedürfnisse so zu ändern, dass wir die Welt verbessern können? Sind wir einverstanden damit, alle Reichtümer aufzuteilen, alle Grenzen zu öffnen, unseren Lebensstandard und unsere Mobilität zu vermindern und Konsum und

Wachstum zu reduzieren? Sollten wir mit Ja antworten – was mich sehr erstaunen würde –, wäre das das Ende unseres ökonomischen Reichtums. Wir würden Hunderte Millionen Arbeitslose in Kauf nehmen und die Entwicklung unserer Gesellschaft um mehrere Jahrhunderte zurückwerfen. Wenn wir es jedoch nicht tun, verdammen wir die Menschheit zur düsteren Zukunft erschöpfter natürlicher Ressourcen, untragbarer Umweltverschmutzung und Abermillionen von Klimaflüchtlingen. Wir befinden uns in einem Teufelskreis, wie ein Seiltänzer, der weiter Richtung Abgrund balancieren muss, um nicht zu fallen. Ist das Dilemma ausweglos? Ja, wenn wir nicht die Flughöhe ändern.

Matthieu Ricard hat gesagt, der Altruismus habe ein hervorragendes Potenzial, um die Lebensqualität der Menschen zu verbessern. Aber auch hier stehen dem langfristigen Qualitätsgewinn wieder die kurzfristigen Bedürfnisse entgegen. Auf der Ebene der Dualität scheinen niedere Instinkte immer stärker zu sein als das höchste Streben.

Wir haben eine Welt geschaffen, in der das psychologische und spirituelle Gleichgewicht weniger Wert hat als materieller Komfort und in der das Haben wichtiger ist als das Sein. Erfolg wird in Reichtum statt Weisheit gemessen, und Besitz zählt mehr als Harmonie.

Wie wollen Sie einen brasilianischen oder indonesischen Bauern davon abhalten, jahrhundertealte Bäume zu fällen, wenn er nicht einmal seine Familie ernähren kann? Es ist offensichtlich, dass der Mensch fähig ist, seinen Lebensraum zu zerstören, um seine unmittelbaren Bedürfnisse zu befriedigen. Während meiner Weltumrundung im Heißluftballon bin ich über die Grenze zwischen Haiti und der Dominikanischen Republik gefahren. Sie führt wie mit dem Messer geschnitten über Hügel, die auf der haitianischen Seite baumlos und auf der anderen Seite üppig bewaldet sind. Was haben sich diejenigen gedacht, die auf der Hälfte der ansonsten sattgrünen Insel die letzten Bäume gefällt haben? Die Armut hat einem noch größeren Elend den Weg gebahnt. Die Lösung von heute zerstört ihr Morgen.

Wie können wir es ihnen übel nehmen, wo wir in den Industrieländern doch genau dasselbe tun, und zwar in einem viel schlimmeren Maße? Um unseren Lebensstandard zu halten verbrennen wir Millionen Tonnen Öl pro Stunde – Gas und Kohle noch nicht mitgerechnet –, verschmutzen den Planeten, stören das klimatische Gleichgewicht. In ein paar Jahrzehnten werden wir die natürlichen Rohstoffe aufgebraucht haben, deren Entstehung Hunderte Millionen von Jahren gedauert hat, und vererben unseren Kindern einen kolossalen Schuldenberg, den sie niemals werden abtragen können.

Wir wissen all das ganz genau, weil es unmöglich ist, eine Zeitung aufzuschlagen, ohne daran erinnert zu werden. Doch ändern wir deshalb unser Verhalten? Nein, wir benutzen trotzdem unser Auto, fliegen mit dem Flugzeug in den Urlaub und kaufen uns alles zu den billigsten Preisen, egal, wo es herkommt und wie die Produktionsbedingungen waren. Worauf verzichten wir heute bereitwillig, um das Schmelzen der Polkappen und das Ansteigen des Meeresspiegels in 50 Jahren zu verhindern? Auf kaum etwas. Warum?

Weil wir Gefangene der Kurzfristigkeit sind. Unser Streben nach sofortiger Befriedigung und persönlichen Vorteilen drängt das Gleichgewicht der Gesellschaft und das Überleben der Menschheit in den Hintergrund. Es ist nicht mehr der Gegensatz zwischen reich und arm, der die Welt regiert, oder der zwischen Männern und Frauen, jung und alt, Norden und Süden. Es ist der Gegensatz zwischen Kurz- und Langfristigkeit, der die Prioritäten bestimmt, und er erweist sich als noch unvereinbarer als die anderen, weil wir ihn in uns tragen.

Die Welt wird nicht besser, weil wir sie verschmutzen und die Schwachen ausbeuten. Doch das geschieht selten aus der bewussten Entscheidung heraus, etwas Böses zu tun. Viel häufiger ist es Egoismus, und beinahe immer liegt es daran, dass kurzfristige Interessen den Vorrang haben. Es bringt nichts, jemanden, der sich heute weiterentwickeln will, an die Bedürfnisse der kommenden Generationen zu erinnern. Manchmal habe ich sogar den Eindruck, dass es eher kontraproduktiv ist und den guten Zweck herabwürdigt, indem man ihn zur Utopie macht. Wir sollten gar nicht erst versuchen, die Natur des Menschen ändern zu wollen, es wäre verlorene Liebesmüh. Man sollte sich die Natur des Menschen lieber zunutze machen, genau wie den Wind. Wenn der Mensch dazu neigt, seine eigenen Interessen zu verfolgen, dann verschaffen wir ihm eben eine unmittelbare Motivation, das zu verändern, was verändert werden muss.

Einen persönlichen Vorteil finden

Am vierten Tag meiner Weltumrundung im Ballon habe ich viel über dieses Thema nachgedacht.

Brian und ich überflogen gerade Mali mit einer Flughöhe von 8000 Metern. Wir bekamen ein Fax von unseren Meteorologen, die uns rieten, auf dieser Flughöhe zu bleiben, um die Geschwindigkeit von 60 Stundenkilometern beizubehalten. Wir brauchten keinen Computer, um zu berechnen, dass es unmöglich war, 45 000 Kilometer bei dieser Geschwindigkeit zu fahren, ohne unsere Gasreserven aufzubrauchen. Wir wussten, dass unsere Durchschnittsgeschwindigkeit bei mindestens 97 Stundenkilometern liegen musste. Also beschlossen wir, nicht auf die Meteorologen zu hören, sondern auf der Suche nach einem schnelleren Luftstrom aufzusteigen. Auf 9000 Metern Höhe fanden wir ihn: ein kleiner Jetstream von 120 Stundenkilometern. Ziemlich stolz schnappte ich mir das Satellitentelefon, um unsere Missionszentrale anzurufen:

»Tja, Jungs, da sieht man mal, dass hier oben die guten

Piloten sitzen, was? Wir fahren doppelt so schnell, wie ihr errechnet habt!«

Ich erwartete Glückwünsche, bekam allerdings eine scharfe Antwort: »Wir haben euch nicht gebeten, so schnell zu fahren.«

Und bevor ich irgendetwas erwidern konnte: »Öffne sofort das Ventil, geh wieder 1000 Meter runter und brems ab.«

Ich protestierte: »Kommt nicht infrage. Mit 60 Stundenkilometern geht uns kurz vorm Ziel das Gas aus. Lasst uns schneller fahren!«

»Du hast unsere Strategie überhaupt nicht kapiert, oder? Links von dir befindet sich ein Tiefdruckgebiet, und du musst dich mit derselben Geschwindigkeit fortbewegen. Wenn nicht, fährst du zwar 24 Stunden lang sehr schnell, aber was passiert danach? Du überholst es, und sobald du dich vor ihm befindest, fliegst du nicht mehr nach Osten, sondern gegen den Uhrzeigersinn um es herum, um dann Richtung Nordpol geweht zu werden.«

Der Meteorologe schwieg kurz und stellte mir dann eine Frage, die mein Leben veränderte. Vielleicht zum ersten Mal verstand ich wirklich die Bedeutung langfristiger Planung und nachhaltiger Entwicklung. Nicht im Kopf, sondern mit Leib und Seele: »Was willst du, der sogenannte gute Pilot da oben, wirklich? Sehr schnell in die falsche Richtung fahren oder langsam in die richtige?«

Auf diese Frage gab es nur eine richtige Antwort, und die war offensichtlich. Ich öffnete das Ventil, wir sanken um 1000 Meter und erreichten eine Geschwindigkeit von 60 Stundenkilometern. Dadurch blieben wir auf dem optimalen Kurs, um über dem Pazifik wieder einen Jetstream zu finden, der uns die Ziellinie mit 230 Stundenkilometern überqueren ließ.

Wir hätten es niemals geschafft, wenn wir nicht von unseren Meteorologen gezwungen worden wären. Ohne sie wären wir fröhlich mit Hochgeschwindigkeit Richtung Nordpol abgedüst.

Das Gleiche gilt auch für unsere Gesellschaft. In unserem ewigen Streben nach Reichtum, Macht, Mobilität und Komfort bewegen wir uns sehr schnell in die falsche Richtung. Wir machen weiter, als wäre nichts geschehen, bis die Katastrophe vor der Tür steht, es sei denn, wir werden durch einen äußeren Umstand dazu gezwungen, unser Verhalten zu ändern. Oder aber, wenn wir einen unmittelbaren Nutzen daraus ziehen können. Leider ist das der einzige Weg, um etwas für die Allgemeinheit zu erreichen.

Solange der Einsatz für den Umweltschutz und das Wohlergehen kommender Generationen unseren Lebensstil bedroht, wird er abgelehnt werden. Niemand akzeptiert zum Wohle der Natur oder anderer Menschen eine Einschränkung seiner Bewegungsfreiheit, seiner Vorteile oder seines Lohns. Da ist es nur logisch, dass diese Probleme in den politischen und ökonomischen Beschlüssen nur am Rande Beachtung finden. Jeder versucht, die unheilvollen Konsequenzen seiner Entscheidungen aufzuschieben und sie seinem Nachfolger zu überlassen. Bis es zu spät ist.

Deshalb deprimieren mich internationale Umweltkonferenzen so sehr. Die Staatschefs nehmen daran teil, um die immer gleichen Phrasen zu dreschen: »Sowohl Umweltverschmutzung als auch der Klimawandel stellen große Probleme dar, aber es ist sehr teuer, etwas dagegen zu tun, und wir wissen nicht, woher wir dieses Geld nehmen sollen.«

Wie soll man die Menschen motivieren, wenn man ihnen nur etwas von Problemen und Kosten erzählt?

Als Mediziner habe ich gelernt, dass ein Problem Symptom genannt wird, dass ein Symptom eine Ursache hat und man diese Ursache behandeln kann. Wenn man vom Klimawandel, von CO_2 und Luftverschmutzung spricht, dann handelt es sich nicht um die Ursache des Problems, sondern nur um das Symptom, durch das es sich äußert. Die Ursache hingegen ist unsere Abhängigkeit von fossiler Energie. Wir verbrennen viel zu viel umweltschädliche, nicht erneuerbare Energie. Und dafür gibt es eine Behandlungsmöglichkeit namens Cleantech. Darin zusammengefasst sind alle neuen sauberen Technologien, mit denen unser Energiekonsum verringert und erneuerbare Energien produziert werden können und die dabei auch noch Arbeitsplätze schaffen, Gewinn erzielen und einen exzellenten Lebensstandard garantieren.

Das ist eine der Botschaften, die durch Solar Impulse verbreitet werden sollen, ein Projekt, das ich im Anschluss an meine Weltumrundung im Ballon ins Leben gerufen habe: Es geht darum, mithilfe eines Solarflugzeugs konkret die Effizienz dieser Technologien zu zeigen. Auf spektakuläre Art und Weise zu beweisen, dass man mit erneuerbaren Energien und Energieeffizienz das Unmögliche schaffen kann. In der Luft wie auch auf der Erde. Alles, was dieses Flugzeug Tag und Nacht ohne Treibstoff in der Luft hält, kann auch am Boden genutzt werden. Unsere Hochleistungs-Elektromotoren, unsere Batterien, unsere ultraleichten Konstruktionsmaterialien aus Kohlenstofffaser, unsere LED-Scheinwerfer, unsere Schaumstoffisolation, unsere Solarmodule – alles, was wir benutzen, können Sie auch benutzen. Es gibt keine Geheimnisse. Wir benutzen Technologie, die für jeden im Alltag zugänglich ist. Allerdings unter der Bedingung, dass sie es aus den Start-up-Unternehmen, universitären Forschungslaboren und experimentellen Projekten auf den Markt schafft ...

Wenn man hört, es sei unmöglich, die absurde Energieverschwendung zu reduzieren, die für unsere Gesellschaft charakteristisch ist, bevor man nicht mehr in Forschung und Innovation investiert hat, sollte einem klar sein, dass dies völlig falsch ist. Es gibt bereits Lösungen in allen Bereichen von Mobilität über Baugewerbe, Wohnen und Industrie. Es gibt wärmeabsorbierende Scheiben, um den Bedarf an Klimaanlagen zu verringern, Farben, die den Widerstand von Schiffsrümpfen verringern, um schneller voranzukommen,

Materialien und industrielle Verfahren, um das Abfallaufkommen zu verringern, etc.

Wenn all diese sauberen Technologien weltweit Anwendung finden würden, könnten wir bereits heute den Verbrauch fossiler Energien halbieren und die andere Hälfte des übrigen Bedarfs durch erneuerbare Energien decken. Was bedeutet, dass wir mit einem Viertel der aktuell verwendeten fossilen Energien auskommen könnten.

Warum tun wir es nicht?

Weil wir uns noch nicht ausreichend klargemacht haben, wie vorteilhaft sich das auf Beschäftigung und Unternehmensgewinne auswirken würde. Und natürlich aufgrund dieser verdammten Angst vor dem Unbekannten, von der ich schon die ganze Zeit schreibe, und weil wir die Grenzen unserer Gewohnheiten und Überzeugungen nicht überschreiten wollen. Der fehlende Pioniergeist unserer Führungskräfte wird uns teuer zu stehen kommen.

Aber wir sollten nicht nur unseren Führungskräften die Schuld geben. Viele Menschen bringen die Begriffe Preis und Kosten durcheinander. Man hört, dass erneuerbare Energien wesentlich teurer sind als fossile Energien. Das ist ein folgenschweres Missverständnis. Im Preis erneuerbarer Energien sind die gesamten Kosten bereits enthalten, während dies beim Erdöl-, Gas- oder Kohlepreis nicht der Fall ist: Sie zahlen nicht für die 200 Millionen Jahre, die es gedauert an, um die entsprechenden Vorräte anzulegen, Sie zahlen nicht für die Ölpest, für die Kriege, die bereits um Erdöl begonnen wurden und die sich noch verschärfen, und Sie zahlen auch nicht für das katastrophale Ausmaß, in dem die Umwelt durch diese fossilen Energien belastet wird.

Es werden Dinge verglichen, die nicht vergleichbar sind. Der Ölpreis ist ganz offensichtlich immer günstiger als der Preis für Solarenergie, aber seine Kosten sind wesentlich höher als die entsprechenden Kosten von erneuerbarer Energie. Mit fossilen Energien leben wir auf Kosten unserer Enkel und brauchen unser Kapital nach und nach auf. Kein börsennotiertes Unternehmen darf so etwas tun, aber wir machen weiter, als wäre nichts geschehen.

Noch dazu sind wir so verblendet und wollen mehr Energie produzieren, statt unseren Verbrauch sparsamer zu gestalten. Unsere Gesellschaft ist wie ein Mensch in einer Badewanne ohne Stöpsel. Statt das Leck dichtzumachen, dreht er den Hahn auf, damit die Wanne immer voll bleibt. Das Paradox in unserem Fall ist, dass Energiesparen wesentlich rentabler ist als Energieproduktion, sowohl für Investoren als auch für die Gesellschaft im Allgemeinen. Allein Hongkong vergeudet drei Milliarden US-Dollar pro Jahr, um seine Räumlichkeiten auf 15 statt 25 Grad zu klimatisieren. Die Isolation eines Gebäudes oder die Modernisierung einer Fabrik bringt ein Plus von zehn Prozent, will heißen, sie sind eine profitablere Anlage als alles, was sich an der Börse abspielt, ganz zu schweigen von den Arbeitsplätzen, die geschaffen werden. Wie können wir also weiter so tun, als wäre nachhaltige Entwicklung zu teuer?

Mehr noch: Die sakrosankten Gesetze des Marktes funktionieren in einer globalisierten und spekulativen Welt nicht mehr. Früher, als die Entwicklung noch linear vonstatten ging, hätte man einfach warten können, bis die Marktgesetze eine Preisangleichung der unterschiedlichen Energieressourcen für einen kurzfristigen Umstieg zugelassen hätten. Heutzutage ist dies nicht mehr möglich, alles dreht sich nur noch um Beschleunigung, Krisen und Spekulationen. Die Subprime-Krise ist ein typisches Beispiel für einen Markt, der verrückt spielt, weil er nicht ausreichend gesetzlich reguliert ist.

Paradoxerweise kann eine liberale Gesellschaft nur überleben, wenn sie durch den Staat reguliert wird und das öffentliche Interesse an Langfristigkeit und Nachhaltigkeit ganz klar gesetzlich festgehalten ist. Heutzutage überschreitet der Staat allerdings zu häufig seine systemerhaltende Rolle und mischt sich grundlos in den Wirtschaftsbetrieb ein.

Natürlich kann man nicht mehr einfach eine rechte oder linke Grundhaltung einnehmen und blind die entsprechenden Doktrinen anwenden. In jedem politischen Programm, ob rechts oder links, gibt es Ansätze, mit denen man zu einer effektiven Lösung kommen könnte, wenn man sie klug kombinieren würde. Um die aktuellen Herausforderungen zu meistern, brauchen wir Unternehmergeist ebenso wie staatliche Auflagen.

Das Problem besteht darin, dass die Politik der Ansicht ist, die Industrie müsse den ersten Schritt tun und Verantwortung übernehmen. Und jeder Unternehmer wartet wiederum darauf, dass die anderen den ersten Schritt tun. Es birgt sicher ein Risiko, Pionier zu sein und auf eine saubere Produktion umzustellen, wenn man der Einzige ist. Die kritische Masse ist noch nicht erreicht, und man weiß noch nicht, welche Technologien die rentabelsten sein werden oder welche bahnbrechenden Erkenntnisse es demnächst geben wird. Man weiß nicht einmal, welche Entscheidungen die Regierung treffen wird, um die Wettbewerbsverzerrung zwischen denen, die das Spiel mitspielen, und den anderen zu vermindern. Denn genau an dieser Stelle liegt das eigentliche Problem. Also wartet man ab. Was zur Folge hat, dass nichts passiert, oder zumindest nicht genug …

Stellen Sie sich die Situation vor 150 Jahren vor, als man die Berggipfel zu Fuß oder auf dem Rücken von Maultieren überquerte und Kerzen zur Beleuchtung verwendete. Pioniere, Unternehmer und Politiker taten sich zusammen, um Tunnel zu bohren und Häfen und Staudämme zu bauen. Es war nie die Rede davon, das sei zu riskant oder teurer als Maultiere und Kerzen! Glücklicherweise, denn all das hatte eine enorme Steigerung unseres Lebensstandards zur Folge. Heute geht es um eine Revolution dank Cleantech, um Gebäudeisolation und um erneuerbare Energiequellen. Und was ist die mehrheitliche Reaktion? Zu teuer! Sicher, man kann sich fragen, warum man etwas Funktionierendes ändern sollte. Eine solche scheinheilige Frage kann allerdings auch nur von uns kommen, die wir komfortabel in unseren reichen Ländern leben. Aber gerade weil wir heute reich sind, ist es wichtig, dass wir in die Zukunft investieren.

Es ist verboten, Müll im Wald abzuladen, aber es ist erlaubt, massenhaft CO_2 in die Atmosphäre zu blasen und Energie zu verschwenden. Gesetzentwürfe dagegen werden von denen behindert, die Angst vor Veränderung haben. Es muss unbedingt einen gesetzlichen Rahmen geben, der Gesellschaft, Industrie und Konsumenten gesammelt dazu zwingt, ihre Abhängigkeit von fossilen Energiequellen zu verringern. Es müssen ehrgeizige und vor allem konkrete Ziele gesteckt werden, was den maximal erlaubten Energieverbrauch in den einzelnen Bereichen angeht. Auf diese Weise wäre die Industrie gezwungen, saubere Technologien auf den Markt zu bringen. Verbraucher könnten noch immer nach Belieben Autos, Häuser und technische Geräte kaufen, allerdings nicht mehr auf Kosten der Umwelt. Das ist es, was wir von nun an fördern müssen, wenn wir unsere Industrie dynamisieren, Arbeitsplätze schaffen und unsere Kaufkraft steigern wollen – ganz zu schweigen von einer Verbesserung unserer Handelsbilanz – und das alles, indem wir die Natur schützen.

Das ist alles nicht besonders philosophisch, oder? Ich weiß. Meine Frau wirft mir manchmal vor, ich sei in dieser Hinsicht zu pragmatisch. Sie vermisst die philosophischen Reden, die ich nach der Weltumrundung geschwungen habe. Doch ich glaube, dass Philosophie in diesem Fall nicht die richtige Herangehensweise ist. Uns dieses Problem schlicht bewusst zu machen bringt uns noch nicht zu einer Lösung. Ich wiederhole: Wir brauchen persönliche Vorteile oder gesetzliche Maßnahmen, um uns aus unserer misslichen Lage zu befreien.

Die politische Kluft

Wir werden es allerdings nie schaffen, solange die politische Kluft zwischen rechts und links besteht. In jedem Bereich neutralisieren sich rechts und links gegenseitig und bringen nichts als halbherzige Lösungen, obwohl wir eine vollständige Lösung dringend benötigen. Sie schlagen uns 1 + 1 = 0 vor, obwohl wir ein 1 + 1 = 3 bräuchten.

Warum müssen wir links wählen, wenn wir die Umwelt schützen wollen, und rechts, wenn wir die Unternehmer in die Pflicht nehmen wollen, neue Arbeitsplätze zu schaffen? Ist nicht beides notwendig?

Die Ökologie muss dringend aus den Fängen der Politiker gerettet werden, die sie in Geiselhaft halten. Wir brauchen keine ökologische Partei, sondern Spezialisten für Ökologie in allen Parteien.

Doch dieser Widerspruch beschränkt sich nicht auf die Ökologie, sondern breitet sich heutzutage auf alle Gesellschaftsbereiche aus. Für welche Partei entscheiden Sie sich, wenn Ihr Land zu einem weltoffenen Ort für Flüchtlinge werden soll, die in ihrem Heimatland verfolgt werden, wenn zugleich aber falsche Flüchtlinge, die nur vom System profitieren wollen, draußen bleiben sollen? Wenn Sie ein gerechtes Justizsystem wollen, ohne Kriminellen mehr Rechte einzuräumen als ihren Opfern? Wenn Sie für Prävention sind und gleichzeitig wissen, dass die effizienteste Prävention noch immer die absolute Gewissheit ist, dass Gesetzesbrüche bestraft werden?

Für all das gibt es keine Partei. Unsere Gesellschaft debattiert über die Frage der Diskriminierung, vergisst dabei jedoch, sich selbst zu schützen. Schwer kranke Menschen, die Verbrechen begehen, brauchen keinen Freiheitsentzug als Strafe, sondern einen Rückzugsort, um ihr seelisches Gleichgewicht wiederherstellen zu können.

Wen wollen Sie wählen, wenn Sie solidarisch die Schwachen und Benachteiligten schützen und gleichzeitig den systematischen Missbrauch von Unterstützungsleistungen ahnden wollen? Wenn Sie den Armen dabei helfen wollen, etwas gegen ihre Armut zu unternehmen, ohne den Reichen jedoch ihren Reichtum absprechen zu wollen? Wenn Sie finden, dass die Demokratie die Meinungsfreiheit garantieren muss, sich gleichzeitig aber mit geeigneten Waffen gegen diejenigen wehren sollte, die diese angreifen?

Es ist inzwischen unmöglich, ein Gleichgewicht zu finden; stattdessen pendeln wir von einem Extrem zum nächsten. Um daran etwas zu ändern, müssen wir uns vom Joch befreien, das uns durch diese politische Kluft auferlegt worden ist, und uns gegen den Zwang wehren, zwischen rechts und links zu wählen. Die Lösung sollte allerdings nicht sein, sich Richtung Mitte zu orientieren, die sich weder für die eine noch die andere Seite entscheidet. Ich glaube, dass man gleichzeitig rechte und linke Positionen einnehmen muss, dass man verschiedene Strömungen kombinieren muss, die wir aufgrund unserer Gedankenfreiheit auf synergetische Weise zusammenbringen können. Was uns hierbei am meisten fehlt, sind unabhängige Kandidaten, die unterschiedliche Ansätze vereinen, statt der Parteien, die in ihren Wahldoktrinen gefangen sind.

Wir müssen uns von den dogmatischen Positionen beider Seiten befreien. Die sozialen Beziehungen werden noch immer vom Beigeschmack des Klassenkampfes vergiftet. Wie soll sich eine konstruktive Dynamik entwickeln, wenn Neid die Bewunderung verdrängt und Privilegien an die Stelle der Gerechtigkeit treten? Es sollte nicht gezögert werden, übermäßige Arroganz und Egoismus zu ahnden, ebenso wie ungerechtfertigte Forderungen, die dem Wohl der Allgemeinheit schaden. Damit eine Gemeinschaft funktioniert, muss ein Gleichgewicht zwischen den Rechten und Pflichten aller Einzelnen bestehen. Doch wir betrachten unsere Pflichten inzwischen als Einschränkungen unseres Persönlichkeitsrechts, und unsere Rechte müssen als Rechtfertigung für alle Konflikte herhalten.

Unsere Gesellschaft hat einen derartigen Lähmungszustand erreicht, dass die allgemein vorherrschende Laxheit extremistische Reaktionen hervorbringt und die normalsten Einwände von der politischen Korrektheit erstickt werden.

Ähnliche Absurditäten finden sich auf dem Gebiet des Glaubens. Wir sollen gezwungen werden, uns zwischen zwei Schubladen zu entscheiden – der wissenschaftlichen oder der religiösen, der logischen oder der irrationalen –, obwohl es möglich sein sollte, sich allen Bereichen über eine spirituelle Dimension zu nähern. Egal, welchen Beruf und welche soziale Stellung wir haben: Die grundlegende Frage sollte die nach unseren spirituellen Wurzeln und dem Sinn unseres Weges über die Erde bleiben.

Auch die Schulmedizin und die natürliche Medizin werden einander gegenübergestellt, obwohl sie beide unterschiedliche Anwendungsgebiete haben und sogar kombiniert werden können, um die Wirksamkeit einer Behandlung zu verstärken oder Nebenwirkungen zu vermindern.

Wahrscheinlich versagt allmählich der gesunde Menschenverstand, bei der Gruppe wie auch beim Einzelnen. Das habe ich mir zumindest gesagt, als ich im Karton eines Computers einen Zettel fand, der mich über das Risiko in Kenntnis setzte, mir beim Ausrichten des Monitors an dessen Fuß die Finger zu klemmen ... Hilfe! Wollen wir wirklich alles vorgekaut und jede Verantwortung abgenommen bekommen?

Ökomanismus

Es ist heutzutage nötig, Ökologie, Ökonomie und Humanismus unter einem Dach zu vereinen. Die Gesellschaft muss »ökomanistisch« werden. Die Rechtschreibkorrektur meines Schreibprogramms kennt dieses Wort noch nicht und unterstreicht es deshalb rot. Aber wie schön ist es doch, seinen Wortschatz zu erweitern.

Im »Ökomanismus« machen wir uns klar, dass es allen voran der Mensch ist, der unseres Schutzes bedarf. Der Rest – Ökologie, Ökonomie, Pazifismus, Politik – sind lediglich Werkzeuge, die uns dabei helfen können. Der Umweltschutz darf nicht zum Selbstzweck werden und den Wohlstand systematisch gefährden. Die Grünen schießen sich häufig selbst ins Aus, indem sie den Schutz eines lokalen Sumpfgebiets oder eines landschaftlichen Details über das Allgemeinwohl stellen. Es gibt keinen Grund dafür, unseren Lebensraum in ein Naturschutzgebiet zu verwandeln, in dem es verboten ist, sich zu entwickeln. Warum? Weil die Natur widerstandsfähiger ist als der Mensch. Die Menschheit kann durch die eigene Dummheit, die Umweltverschmutzung, den Klimawandel oder durch eine Atomkatastrophe untergehen, aber die Natur überlebt immer. Wir sollten uns also auf die Dinge konzentrieren, durch die die Zukunft der Menschheit im Wesentlichen bedroht ist. Hören wir auf, vom Umweltschutz zu reden: Wichtig ist der Schutz der Menschheit in ihrem Lebensraum. Der Kampf gegen die Gefährdung von Ökologie und Ökonomie wird keine allgemeine Zustimmung finden, doch die Gefährdung der Menschheit wird die Allgemeinheit auf den Plan rufen. Sie allein wird niemals toleriert werden.

Wie kommen wir da hin? Was das menschliche Potenzial angeht, bin ich sehr optimistisch, doch wenn ich sehe, wie wir dieses Potenzial nutzen, wächst mein Pessimismus. Ganze Zivilisationen vor unserer Zeit haben sich bereits für unsterblich gehalten und sind aus Unfähigkeit, sich vor sich selbst zu schützen, dennoch untergegangen. Wird es uns genauso ergehen?

Ich habe bei den unterschiedlichsten Gelegenheiten erfahren, dass ich mit meiner Ansicht nicht allein dastehe. Viele Menschen sind nach meinen Vorträgen auf mich zugekommen und haben mir anvertraut, sie fühlten sich von den gleichen Gedanken angezogen, ohne jedoch zu wissen, mit wem sie sie teilen oder wie sie sie in die Tat umsetzen sollen.

Ich würde mir wünschen, dass das Abenteuer Solar Impulse ihnen eine Stimme verleiht. Dass es eine alternative Weltsicht und Lebensweise aufzeigen kann. Ein Projekt, das politisch ist, ohne parteiisch zu sein, spirituell, ohne dogmatisch zu sein, und ökologisch, ohne fanatisch zu sein. Dadurch wird es die Kraft haben, den Ökomanismus zu entwickeln und zu verbreiten.

Solar Impulse

Werden wir eines Tages mit Solarflugzeugen Passagiere transportieren können? Ich muss verrückt sein, wenn ich mit Ja antworte, und ein Idiot, wenn ich mit Nein antworte. Wir verfügen heute noch nicht über die nötige Technologie. Wir können lediglich einen einzelnen Piloten an Bord unterbringen. Doch als die Gebrüder Wright im Jahr 1903 ihren ersten Einsitzer im Tiefflug fliegen ließen, gab es die entsprechenden Technologien auch noch nicht. Dennoch transportierten Flugzeuge einige Jahrzehnte später Hunderte von Passagieren über Ozeane und Kontinente.

Zunächst einmal ist es auch nicht die Luftfahrt, die ich revolutionieren möchte, sondern das Bild, das die Menschen von erneuerbaren Energien und vom Energiesparen haben. Sollte Solar Impulse seine Mission erfolgreich erfüllen, dann nur deshalb, weil all seine Systeme so effizient sind, dass sie das Flugzeug durch reine Sonnenenergie ohne zusätzlichen Verbrauch von Brennstoff Tag und Nacht in der Luft halten können. Und dadurch wird es jeden Einzelnen ermutigen können, Pionier seines eigenen Lebens zu werden.

Doch das alles konnte ich nicht ganz allein auf die Beine stellen. Nachdem ich meine Vision eines Flugs nach dem Prinzip eines Perpetuum mobile an der Eidgenössischen Technischen Hochschule Lausanne vorgestellt hatte, wurde eine Machbarkeitsstudie in Auftrag gegeben. Unter der Leitung von André Borschberg, den Sie im Laufe dieses Buches bereits kennengelernt haben, kam man zum Ergebnis, dass wir für das Gewicht eines Autos eine Maschine mit der Spannweite eines Jumbojets konstruieren müssten, also eine Tragfläche von 72 Metern für ein Gewicht von 2300 Kilogramm. So etwas war noch nie da gewesen. Diese Tatsache schlug alle Flugzeughersteller in die Flucht. Und sie motivierte André und mich so sehr, dass wir mehrere Jahre unseres Lebens dafür investierten.

Sie sollten niemals auf diejenigen hören, die Ihnen weismachen wollen, etwas wäre unmöglich. Im Gegenteil – wenn alle Welt Ihr Projekt gut findet, waren Sie einfach noch nicht ehrgeizig genug! Nur wenn Sie selbst daran zweifeln, werden Sie scheitern.

Genau aus diesem Grund haben wir unser Projekt auf einer Pressekonferenz der Öffentlichkeit vorgestellt, als wir noch nichts hatten: weder Geld noch Team noch Technologie. Wir haben alle Brücken hinter uns abgebrannt, um im Laufe des Projekts keinen Rückzieher machen zu können. Wenn Sie sich eine Rückzugsmöglichkeit einräumen, ist es manchmal sehr verlockend umzukehren, glauben Sie mir. Außerdem ist man, wenn man bei null anfängt, völlig frei, etwas Revolutionäres zu schaffen.

Da kein Luftfahrtspezialist sich bereit erklärte, unser Flugzeug zu bauen, mussten wir unser eigenes Team zusammenstellen und die großen Kohlenstofffaserteile an eine Schiffswerft abgeben. Dort wusste wenigstens niemand, dass es sich um eine unmögliche Aufgabe handelte. Die Ingenieure und Techniker fingen unter der Leitung von André an, den ersten Prototypen zu entwerfen und zu konstruieren. Währenddessen reiste ich um die Welt, um Sponsoren zu finden und die nötigen Kontakte zu Politik und Medien zu knüpfen.

Unter der Zulassung HB-SIA schaffte Solar Impulse 1 den ersten Tag-Nacht-Tag-Flug mit Sonnenenergie, bevor es Europa, das Mittelmeer und die Vereinigten Staaten überquerte. Jedes Mal ging es darum, die Begeisterung derer zu schüren, die sich für eine ambitionierte Energiepolitik einsetzen. Die Landung in Brüssel geschah auf Wunsch von Europaparlamentariern, die mit Solar Impulse die Zustimmung für neue Gesetzesentwürfe gewinnen wollten. Der Flug über Marokko geschah in Zusammenarbeit mit der Marokkanischen Gesellschaft für Solarenergie im Rahmen des Baus des größten Sonnenwärmekraftwerks der Welt, das von König Mohammed VI. in Ouarzazate in Auftrag gegeben wurde. Das amerikanische Abenteuer von San Francisco nach New York wurde auf Einladung des UN-Generalsekretärs Ban Ki Moon in Anwesenheit des Energieministers am Hauptquartier der Vereinten Nationen beendet. Für André und mich, die wir uns im Einsitzer als Piloten abwechselten, waren es außerdem fantastische geräuschlose Flüge ohne jegliche Abgase über den Eiffelturm, das Matterhorn, Gibraltar, das Atlasgebirge, die Golden Gate Bridge und New York.

Jetzt, da ich diese Zeilen schreibe, absolviert das Flugzeug, das für die Weltumrundung vorgesehen ist, gerade seine letzten Testflüge vor dem großen Abenteuer. Wenn Sie dieses Buch lesen, ist Solar Impulse 2 hoffentlich im März 2015 in Abu Dhabi gestartet, um Indien, China, den Pazifik, die Vereinigten Staaten, den Atlantik und Südeuropa zu überfliegen, bevor es wieder zum Abflugort zurückkehrt. Die geplanten Zwischenlandungen auf jedem Kontinent geben uns die

Möglichkeit, unsere Philosophie in Schulen, Universitäten und bei Regierungen vorzustellen. Bei einigen Etappen, wie die über die Ozeane, müssen wir Piloten fünf bis sechs Tage in Folge allein an Bord verbringen. Das sei kompletter Wahnsinn, meinen Sie? Nein, Wahnsinn ist es, die Funktionsweise unserer Gesellschaft normal zu finden, ohne sie verbessern zu wollen.

Deshalb ist meiner Ansicht nach die Reaktion derer, die unser Abenteuer verfolgen, das Wichtigste. Sollten sie es als schlichten Weltrekordversuch im Bereich der Luftfahrt verstehen, empfände ich unsere Mission als gescheitert. Sollten sie es als gutes Beispiel dafür verstehen, was sie selbst im Bereich sauberer Technologien tun können, wäre das ein Erfolg für mich. Stellen Sie sich einmal vor, viele Millionen Menschen würden nach unserem Vorbild anfangen, zehn Prozent Energie zu sparen. Oder wenn sie sogar zur Tat schreiten und sich zu einer Macht zusammenschließen, die Regierungen dazu bringen kann, eine ehrgeizigere Energiepolitik umzusetzen. Dann wäre Solar Impulse wirklich nützlich gewesen.

Ich weiß nicht, wo ich mich in einem Jahr befinden werde. Erfolg, Desillusionierung, zweiter Versuch? Aber wenigstens weiß ich, ich werde es versucht haben. Für mich wäre es das Schlimmste, an meinem Lebensabend feststellen zu müssen, dass ich nicht mein Möglichstes gegeben habe. Dass ich durch Versäumnisse oder Mutlosigkeit Gelegenheiten habe verstreichen lassen.

Und was ist mit Ihnen?

Fragen Sie sich auch, wo Sie sich in einem Jahr befinden werden? Und an Ihrem Lebensabend? Was Sie im Rückblick auf Ihr Leben denken werden? Wie Sie hätten leben wollen?

Alles, was Sie dann nicht getan haben und bereuen, sollten Sie jetzt beginnen! Und den Rest sein lassen ...

Es gibt sicherlich noch viele andere Bereiche, in denen Sie sich verwirklichen wollen. Ich hoffe, dass zumindest einige der Lösungsansätze aus diesem Buch Ihnen dabei helfen können, ein besseres Leben zu führen.

Wer wir auch sein mögen, mit unseren Wegen und Hoffnungen, unserem Potenzial und unseren Handicaps, zumindest sollten wir uns eines sagen können: »Ich habe alles dafür getan, ein interessantes und nützliches Leben zu führen.« Interessant, um zu lernen, Fortschritte zu machen und sich zu entwickeln. Doch das allein reicht nicht, wenn man sich egoistisch auf seine eigene Welt beschränkt. Gleichzeitig sollte das Leben auch nützlich sein, um anderen die Energie zu verleihen, sich ebenfalls zu entwickeln, ohne jedoch durch übertriebenen Altruismus unsere eigenen Ziele aus den Augen zu verlieren. Beides ist wichtig: die Beziehung zu uns selbst und die Beziehung zu anderen.

Wie der Wind Ihres Lebens auch beschaffen sein mag, wichtig ist es, immer daran zu denken, dass es an Ihnen ist, die richtige Flughöhe für Ihr Leben zu bestimmen.

DANKSAGUNG

Viel mehr noch als Bücher haben mich Menschen inspiriert. Einige von ihnen taten dies im Rahmen persönlicher Treffen, durch Zeit und Aufmerksamkeit, die sie mir geschenkt haben:

Abbé Pierre
Prof. Jacques Besson, Psychiater
Ellen Brustlein, meine Patentante
Anne-Marie Chessex, humanistische Astrologin
Ronald Cicurel, Gründer der ESAM (European School for Advanced Management)
Paulo Coelho, Schriftsteller
Seine Heiligkeit, der Dalai Lama
Prof. Jean-Nicolas Despland, Psychiater
Dr. Yves Doutrelugne, Hypnotherapeut und Spezialist für Kurztherapie
Dr. Frank Farrelly, Begründer der Provokativen Therapie
Luc Ferry, Philosoph
Mgr. Germain de Saint-Denis, Bischof der Église orthodoxe de France
Cyrille Javary, Lehrer für I Ging
Jiddu Krishnamurti
Dr. Bruno Macherel, Akupunkteur
Dr. Dominique Megglé, Hypnotherapeut und Spezialist für Kurztherapie
Martin und Annie Muller, spirituelle Lehrer

Dr. N'Guyen, Arzt der traditionellen chinesischen Medizin
Domherr Gérard Payot
Jacques Pialoux, Fondation Cornelius Celsus
Marie-Claude Piccard, meine Mutter
Michèle Piccard, meine Ehefrau
Matthieu Ricard, buddhistischer Mönch
Dr. Ernest Rossi, Hypnotherapeut
Dr. François Roustang, Psychoanalytiker und Hypnotherapeut
Dr. Gérard Salem, Hypnotherapeut und mein Doktorvater
Michel und Josée de Salzmann, Schüler von Gurdjieff
Dr. Francine Shapiro, Entwicklerin von EMDR
Prof. Paul Watzlawick aus Palo Alto
Dr. Michael Yapko, Spezialist für Kurztherapie
Dr. Jeff Zeig, Hypnotherapeut und Schüler von Milton Erickson
Der Lehrkörper des Lectorium Rosicrucianum in Lausanne

Die folgenden Menschen habe ich nie persönlich getroffen; trotzdem inspirierten sie mich durch die Spuren, die sie hinterlassen haben:

Omraam Mikhaël Aïvanhov
Richard Bach
Jean Broutin
Leonard Cohen
Neil Diamond
Milton Erickson
Georges Gurdjieff
Carl Gustav Jung
Alfred Korzybski
Yann La Flèche
P. D. Ouspensky
Franco Zeffirelli

Schwebend zwischen Himmel und Erde.

Bertrand Piccard

Spuren am Himmel

Mein Lebenstraum

Aus dem Französischen von
Michael Bayer
Piper Taschenbuch, 304 Seiten
€ 12,99 [D], € 13,40 [A]*
ISBN 978-3-492-24253-0

Seit Bertrand Piccard als kleiner Junge den Start der Apollo-Mission mitverfolgte, wusste er, was er wollte: von der Erde abheben und die Welt von oben sehen. In allen Spielarten machte er seinen Traum für sich wahr: ob als Fallschirmspringer, Gleitschirmflieger oder mit dem Ultraleichtflugzeug. Gemeinsam mit Brian Jones umrundete er als erster Mensch die Welt mit einem Ballon. In diesem Buch erzählt er nicht nur von seiner Leidenschaft, dem Fliegen, und von der Faszination, sich von der Erde zu lösen, sondern auch vom Mut, seine Träume zu leben.

Leseproben, E-Books und mehr unter www.piper.de

Eine humorvolle philosophische Reise zu den großen Fragen des Lebens

Daniel Klein
Immer wenn ich den Sinn des Lebens gefunden habe, ist er schon wieder woanders
Philosophie für jeden Tag

Aus dem Amerikanischen
von Ralf Pannowitsch
Piper Taschenbuch, 224 Seiten
€ 10,00 [D], € 10,30 [A]*
ISBN 978-3-492-31086-4

Warum empfiehlt Aristippos unmoralische Freuden? Wieso mahnt Friedrich Nietzsche dazu, gefährlich zu leben? Und weshalb setzt David Hume unser Leben in Bezug zu dem einer Auster? Daniel Klein führt uns in diesem Buch zu den Philosophen, die ihn als sinnsuchenden jungen Mann inspiriert haben. Nun, mit Anfang 80, unterzieht er die Überzeugungen von einst einer harten Prüfung, um am Ende herauszufinden, dass der Sinn des Lebens immer schon wieder woanders ist, sobald man ihn gefunden hat.

Leseproben, E-Books und mehr unter www.piper.de